영화로 읽는 영미소설 2

세상이야기

신아사

영화로 읽는 영미소설 2 세상이야기 • 차례

『영화로 읽는 영미소설 2 세상이야기』를 발간하며

한국근대영미소설학회는 대학에서 영미소설을 가르치고 연구하는 교수들의 연구공동체로써, 그동안 『18세기 영국소설 강의』, 『19세기 영국소설 강의』, 『19세기 미국소설 강의』를 통해 18, 19세기 영미의 주요 소설에 대한 개괄서를 출판하였고, 『영국소설사』, 『미국소설사』를 번역하여 영미소설의 역사에 대한 주요 평가를 제시한 바 있습니다. 또한 『영국소설 명장면 모음집』과 『미국소설 명장면 모음집』을 출판하여 영미소설의 명장면을 소개하여 영미소설을 쉽게 접근할 수 있는 길을 제시하기도 하였습니다. 『영화로 읽는 영미소설』 시리즈는 한국근대영미소설학회가 그동안 주력해온 출판사업의 전통을 계승하여 영미소설에 대한 주제별 해설서를 기획한 데 따라 출판되는 것입니다.

오늘날 문자의 시대가 가고 영상의 시대가 되었다는 말을 흔히 합니다. 그러나 영상의 시대는 문자의 시대와 별개로 존재하는 것이 아니라, 근대에 크게 발전하여 인류의 사고와 문화에 엄청난 영향력을 발휘한 문자의 시대에 뿌리를 두고 거기에서 공급받는 자양분을 통해 잎을 기르고 꽃을 피우기 시작했다고 할 수 있습니다. 많은 영화들이 소설을 근거로 하고 있으며, 소설을 영화화하거나 소설의 상상력에 기대어 만들어지고 있음은 이를 잘 보여주는 예라고 할 수 있겠습니다.

<영화로 읽는 영미소설> 기획은 그런 의미에서 문자와 영상이 어떻게 교류하고 상호 보완하며 발전하고 있는지를 잘 보여주는 시의적 분석이 될 것입니다. 영화화된 소설들에 대한 분석을 통해 이 책은 소설이 어떻게 영화에 컨텐츠를 제공하고 있는지를 보여줄 것이며, 또한 영화가 어떻

게 소설에 대한 하나의 해석을 제공하고 있는지를 보여줄 것입니다. 영상 시대에 오히려 더 진가를 발휘하고 있는 영미소설들에 대한 깊이 있는 분석을 제공할 이 기획은 2010년 5월에 『영화로 읽는 영미소설 1 사랑이야기』로 첫 출판되었습니다. 이번에 출판되는 『영화로 읽는 영미소설 2 세상이야기』는 이 기획에 따른 두 번째 책으로서, 이를 통해 21세기 영미소설 분석에 또 하나의 방법론을 더욱 발전시켜 가게 될 것으로 기대됩니다.

기획과 출판에 참여해주신 교수님들께 심심한 감사를 드리며, 출판을 맡아주신 도서출판 신아사에도 특별한 감사를 드립니다.

2011년 5월

한국근대영미소설학회장

오정화

서론

이소영_이화여자대학교

영화로 읽는 영미소설 2권은 영미소설을 영화한 작품들이 현실세계에 대한 문제를 직접적으로 반영하거나 또 현실의 문제를 어떻게 예술적으로 승화하는지에 대해 고민하고자 한다. 소설과 영화는 물리적인 세계를 구체적으로 반영한다는 점에서는 큰 유사성을 지닌다. 소설은 서사와 세밀한 묘사나 심리적 사실성 등 여러 장치를 통해 현실세계를 옮겨놓은 듯한 환상을 우리에게 심어준다. 최초의 소설들이 새뮤얼 리차드슨(Samuel Richardson)의 『파멜라』(*Pamela*)와 같이 서간체로 되어 있거나 다니얼 디포(Daniel Defoe)의 『로빈슨 크루소의 모험』(*The Adventures of Robinson Crusoe*)에서와 같이 자신이 직접 경험한 일들에 대한 기록인 양 산문으로 기록한 점이 그러하고 또, 개인이기보다는 집단으로서의 독자를 의식하며 소설을 생산하였다. 이렇게 볼 때 영화 또한 그 발생과정에서 소설과 비슷한 양상이 있다. 영화는 무엇보다 현실세계를 최소한의 인위적인 개입을 통해 자동적으로 재현한다는 점에서 그 특질이 있다. 다시 말하면, 문학이나 회화는 현실세계를 다른 매체로 재현하는 것에 반해, 사진이나 영화는 있는 그대로를 객관적으로 기록한다. 첫 영화의 시초로 꼽는 뤼미에르 형제의 작품은 기차가 역에 들어오는 모습을 보여주면서 관객을 놀라게 하였고 심지어 관객들은 다가오는 기차의 실재성에 의해 앉았던 자리에서 뛰쳐나가기까지 하였다. 이루부터 영화는 실재적인 재현을 그 생명과 동기로 삼아 기술적인 발전을 거듭해 왔다. 유성영화의 출현, 클로즈업과 같은 촬영기법에서부터 이음새 없이 자연스러운 리듬으로 넘어가는 편집기술, 그리고 현대의 컴퓨터 그래픽, 입체영상의 3D나 움직임마저 느낄 수 있는 4D의 기술 등이 사실성을 목표로 하여 이루어낸 성과라 하겠다. 또한 가장 실재적인 연기를 펼친 연기자가 박수갈채를 받으며 현실성 있는 의상과 배경을 위해 막대한 연구와 자금이 투자된다.

한편, 영화는 소설과 마찬가지로 현실 너머의 우리 눈에는 보이지 않는 세계를 인지하며 이를 형식의 면에서는 예술적으로 새로운 형태를 가하며 발전해 왔다. 소설에서 현실을 그대로 그린 마치 삶의 일부분을 그대로 재현한 듯한 작품이 있다면 이와 반대로 그러한 진리를 진리로 믿게 하는 이데올로기나 담론들, 관습들을 비판하면서 대체적인 세상을 그리거나 세상을 맞선 우리 안의 욕망과 공포를 담는 새로운 세계를 창출해 내는 경향의 작품들이 존재한다. 예를 들면, 유토피아적인 소설은 현실의 문제에 대한 대안으로서 이상적인 미래세계를 그리며 고딕소설은 우리 안에 깊숙이 잔재해 있는 억압에 대한 공포, 미지의 세계에 대한 공포를 그리며 아동문학은 원초적인 우리의 갈망을 순수한 형태로 재현한다고 하겠다. 이와 유사하게 영화 발전의 축에는 있는 그대로 보이는 실재성 외에 환상과 꿈을 실제인 양 재현하고 예술적으로 승화하는 또 다른 큰 줄기가 있다. 뤼미에르 형제가 현실을 옮겨놓은 듯한 영화의 실제성을 대표한다면 마술가 출신의 멜리에스(Georges Méliès)는 환상적이며 창의적 형태로 현실을 재현하는 흐름의 시초가 된다. 그는 바다 속 신비의 세계에서 존재하는 인어를 영화 장면에서 포착하기 위해서 실제로 보았을 때는 우습지만, 어항 뒤에 인어복장을 한 여인을 배치시켜 이미지상 자연스러운 한 장면으로 연출할 수 있음을 착안하였다. 영화 장면들은 꿈이나 우리의 상상 속, 또 우리 내면 깊숙이 있는 심리에 살을 입혀 우리가 볼 수 있고 들을 수 있는, 개인이 아닌 관중이 공동으로 체험하고 나누며 확인할 수 있는 세계를 그린다. 보이는 세계 너머의 현실을 대중에게 심어주며 확인하는 소통의 최선의 작업으로 영화라는 형식이 존재한다.

이런 영화의 두 경향, 사실적으로 그려내고자 하는 영화의 한

| 사진 1 | 예수님의 상처를 사실적으로 표현한 <패션 어브 크라이스트>

욕망과 또 환상적으로 그려내고자 하는 다른 욕망은 예수님의 십자가의 수난을 그린 <패션 어브 크라이스트>(*The Passion of the Christ*)와 <나니아 연대기>(*Chronicles of Narnia: The Lion, the Witch, and the Wardrobe*)에서 볼 수 있다. 멜 깁슨(Mel Gibson) 감독의 <패션 어브 크라이스트> | 사진 1 | 는 12년 이상의 준비기간을 거친 후 가장 현실성이 있는 화면을 통해 예수의 수난을 표현하고자 하였다. 깁슨은 너무나 널리 알려져 각자의 선입견이 이미 존재하는 이야기를 많은 사람에게 호소력 있게 표현하기 위해서는 그 이야기를 고유한 방법으로 창의적으로 재현하되 또 가장 충실하게 접근해야 되었다고 밝힌다. “When you tackle a story that is so widely known and has so many different pre-conceptions, the only thing you can do is remain as true as possible to the story and your own way of expressing it creatively.” 깁슨은 예수님의 고난을 그대로 표현하고자 하여 예수님이 당한 고난에 대한 고증을 하며 그 시대의 고문도구를 연구하여, 미화되는 것 없이 예수님이 당한 고통을 그대로 적나라하게 보였다. 예수님을 연기한 배우 카비젤(Caviezel)은 고문을 당한 예수님의

| 사진 2 | 에드먼드를 용서하는 <나니아 연대기>의 아슬란

상처를 표현하기 위해 분장을 4-8시간이나 해야 했으며, 70kg정도의 무거운 십자가를 지고 구타당하고 침세례를 받으며 결국 공포에 떨게 되었다고 하였다. 그러나 이러한 쇼킹한 리얼리즘이 바로 이 영화의 힘이라 생각한다고 피력한다. "I do think the realism will probably shock some people but that is why the film is so incredibly powerful". 실제성을 위해 깁슨 감독은 언어도 당시 상황에서 사용했을 언어를—로마제국병사들은 이태리어, 유태인 종교지도자들은 히브리어, 그리고 예수님은 아람어—그 역의 배우들로 하여금 사용하게 하였다.

반면 C. S. Lewis의 원작을 기반으로 만든 <나니아 연대기> | 사진 2 | 에서는 은유적으로 예수님의 상을 아슬란(Asland)이라는 사자로 나타내며 사탄 대신 White Witch를 내세워 선과 악의 영적 전투를 상상력으로 환타지의 장르로서 그려낸다. 나르니아를 영원한 겨울로 뒤덮고 서로가 서로를 감시하게 만드는 독재자 White Witch는 사탄에 대한 형상화이며 4명의 형제자매 중 에드먼드(Edmund)는 마녀가 건네준 터키쉬 디라이트를 먹고는 마녀와 왕궁에서 나르니아를 함께 다스릴 욕망을 갖고 다른 형제들을 속이며 마녀 편으로 건너간다. 인간의 원

죄를 상징적으로 풀어낸 이 작품은 인간의 구원 또한 상징적으로 이어가는데, 구세주로서 나타난 아슬란은 나르니아에 눈을 녹이며 봄의 생명력을 다시 되돌리고 애드먼드를 따로 독대하며 용서하고 그를 구하기 위해 마녀와 거래를 한다. 밤에 조용히 마녀를 찾아간 아슬란은 그녀와 그녀의 수족에 의해 아름다운 갈기를 잘리며 빈난과 굴욕 속에서 죽임을 당한다. 그러나 동이 트면서 부활한 아슬란은 마녀의 입김에 의해 돌로 변한 나르니아인들에게 다시 생명을 넣어주며 이들과 함께 아이들이 싸우는 마녀와의 전투에 합류하여 마녀를 무찌른다. 많은 CG 기술과 역동적인 촬영 등을 통해 예수님의 수난과 부활과 성령세례 등을 은유로서 이야기한다.

『영화로 읽는 영미소설 1권: 사랑이야기』에서는 촬영기법과 미장센(Mise en Scene)을 포함한 영화의 여러 요소가 현실과 상상의 세계를 영화 안에서 어떻게 구현하는지 살펴보았다. 이제 편집과 장르에 대한 이야기로 문학을 영화로 옮길 때 어떤 재해석과 의미의 재창조가 일어나는지 살펴보겠다. 이에 대한 구체적인 예로 60년 정도에 걸쳐 있는『제인에어』를 원작으로 하는 3편의 영화를 보고 시대적 관념과 사회상이 어떻게 영화에, 특히 그 장르와 편집형식에 반영되는지 살펴본다. 마지막 장에서는 문학의 섬세한 표현과 깊은 생각이 과연 성공적으로 영화화할 수 있는지, 그리고 문학과 영화를 함께 연구하는 의의가 무엇인지 함께 생각하는 기회를 갖겠다.

I. 편집

영화가 문학 못지않은 사실성과 의미 전달력을 갖게 된 것은 영화의 문법이라고도 명할 수 있는 편집기술에 의한 것이다. 편집의 가장 기본적인 역할은 불필요한 시간과 공간을 제거하는 것이다. 영화의 발달 초기, 1890년대에서는 연극을 바라보듯 영화는 한 번의 롱 샷으로 촬영되었지만 이야기를 보다 다양한 각도를 통해 여러 생각을 이어줄 필요에 따라 여러 장면을 이어줄 편집 기술이 발달하게 되었다. 같은 장면이라도 어떻게 이어주느냐에 따라 새로운 의미가 창출될 수 있으며 또한 그 연결을 매끄럽게, 이음새 없이, 심리적 사실감을 바탕으로 사실주의적인 작품을 만들 수 있고 보다 인위적이고 추상적인 편집을 통해 감독의 의도가 더 형식적으로 드러난 상징성 있는 영화도 가능하다.

지아네티에 의하면 편집 스타일은 컷팅이 얼마나 자연스러운가, 아니면 인위적인가에 따라 분류할 수 있다고 한다.[1] 감독의 조작이 가장 적은 스타일이 **시퀀스 쇼트**(Sequence Shot)인데, 이는 아무런 편집이 가해지지 않는다. **연속 편집**(Cutting to Continuity)은 단순히 어떠한 행위에 따라 공간과 시간을 압축시키기 위해하며 **고전적 편집**(Classical Cutting)은 특정한 디테일을 다른 것에 비해 강조를 함으로써 어떠한 행위에 대한 나름의 해석을 표현한다. **주제적 편집**(Thematic Montage)은 어떤 논제를 펼칠 때—쇼트들을 상대적으로 주관적인 방법으로 나열한다. 가장 형식적인 편집 스타일은 **추상적 편집**(Abstract Cutting)인데, 이는 알아볼 수 있는 소재로부터 완전히 이탈되어 있다.

기차가 역에 들어오는 것을 그대로 연이어 촬영한 것을 보여주었던 <기차의 도착>(*L'Arrivée d'un Train en Gare de la Ciotat*)과 같은 영화 초기의 **시퀀스 쇼트**에서 모든 것을 보여주지 않으면서도 한 사

1 편집에 관한 내용은 Giannetti, Louis. *Understanding Movies.* New Jersey, Prentice Hall, 1999. 132-162를 참조하여 정리하였다.

건의 흐름을 보여주는 **연속 편집**의 기술이 20세기 초에 발달하게 된다. 예컨대, 어디에 운전하여 가는 것을 보여주는 장면은 실제로 45분 정도의 시간이 걸릴 수 있지만 어떤 장소를 떠나고 차를 타고 운전하는 장면, 그리고 도착하는 몇 개의 짧은 장면을 자연스럽게 이어가면서 어떤 중요한일을 놓치지 않으면서도 그 시간을 몇 분으로 단축할 수 있다. 물론, 행위가 연속적이고 논리적으로 이어지기 위해서는 혼동되는 장면이 있어서는 안 된다. 진행방향은 다 이어져야하며 컷 사이의 연속성은 유지되어야 한다. 장면 사이에는 분명한 인과관계가 설정되어야 하는데, 만약 예측하기 힘든 일이 일어난다면, 이를 설명하는 장면은 제시되어야 한다. 장면사이의 전환을 부드럽게 하기 위해서는 새로운 장면이 시작될 때마다 설정쇼트를 이용하여 배경이 되는 장소를 롱 쇼트를 통해 확립하며 이는 다른 확장이나 단축하는 컷에 대한 맥락을 제공해 준다.

영화의 아버지라고 불리는 그리피스(Griffith)는 물리적인 이유를 떠나 극적인 집중이나 정서적 강조 등의 심리적인 이유를 근거하여 편집을 하였다. 그의 **고전적 편집**은 하나의 행위를 심리적인 동기에 근거하여 분절된 여러 컷을 연결시켰다. 클로즈업을 통해 인물의 감정을 세부적으로 들어내는 등, 보다 관객의 반응을 조절할 수 있었다. 감독은 롱 쇼트로 먼 거리에서 기본적으로 촬영을 하지만, 또한 다른 카메라로 다양한 각도에서 촬영하여 여러 컷을 통해 이야기를 더 유연하게 만들어 나갈 수 있다. 두 사람이 이야기하고 있으면 먼저 둘이 어떤 상황에서 이야기 하는지 보다 원거리에서 촬영하고 한 사람이 격분해서 이야기 하는 컷, 그리고 이를 듣고 있는 사람의 반응을 보여주는 반대편에서의 컷 등 관객의 시각과 또 그 심리적 반응은 편집을 통해 조절될 수 있다. 특히, 대중적인 할리우드 스튜디오 체제에서는 여성인물은 클로즈업을 통해 형상화시키고, 남성은 롱 쇼트로 잡아 보다 능동적인 위치에 놓는 것은 많은 경우 남성으로 이루어진 제작자들의 편집을 통해서이다. 여러 각도에서 촬영 한 후 감독은 그의 해석을 반영한 첫 커트를 내놓더라도 제작자들은 다양한 각도와 거리에서 찍은 여러 컷을 다시 배열해서 또 다른 작품을 내놓을 수도 있는 것이다. 여성이 감독, 제작 과정에 참여하면서 남성중심적인 시점에서 벗어날 수 있었다.

시간의 동시성 또한 교차 편집을 통해 이루어 질 수 있다. 두세 개의 다른 장소에서 일어나는 장면 사이를 교차하여 보여줌으로써 동시에 일어나는 사건을 보여줄 수 있을 뿐만 아니라 느껴지는 속도와 긴장감을 높일 수 있다. 대체로 한 장면 안에 컷이 많으면 많을수록 속도감이 높아진다. 젊은 세대의 질풍노도와 같은 사랑을 표현한 루어먼(Luhrman)의 <로미오와 줄리엣>의 경우 파티의 여러 장면에 대한 컷을 과다할 정도로 병치하여 어지러울 정도의 속도감을 꾀했다. 한편, 정보가 많이 담아 있는 롱 쇼트의 경우, 관객이 그 정보를 받아들일 수 있는 시간이 필요하기 때문에 스크린 위의 시간이 더 오래 지속해야 한다. 남녀 사이의 사랑을 나누는 장면은 하나의 긴 장면일 경우가 많고 추격 장면과 같은 속도감이 느껴지는 장면은 컷이 많이 들어갈 것이다. 그러나 역설적이게도 실재 영화에서 차지하는 시간은 빠르게 진행되는 듯한 컷이 많은 장면이다.

주제적 편집은 시간적이거나 공간적인 이야기의 흐름 보다는 주제를 중심으로 생각을 연관지우는 것을 강조한다. 전혀 상관없는 이미지들이 그 배열에 따라 새로운 의미를 형성하게 되는데, 주제적 편집을 통해 문학의 의식의 흐름처럼 플래시백이나 플래시 포워드 등 시간을 초월할 수 있을뿐더러, 환상, 꿈의 세계로 자유롭게 이동할 수 있게 된다. 그리피스는 광범위하고 다양한 기능—장소 전환, 시간 격차, 쇼트 변형, 인물의 심리적, 신체적 특징 강조, 대체적 윤곽(overviews), 상징적 인서트(symbolic inserts), 화면의 병행과 대조, 결합, 시점 이동, 동시성, 동기의 반복(repetition of motifs) 등—의 편집기술로의 확장을 통해 영화편집 기술에 지대한 발전을 가져왔다.

그피피스의 몽타주는 그래도 어느 정도의 연관성을 가진 화면의 연결이었다. 클로즈업이나 시점의 이동 등은 인과적인 관계에 인해 새로운 장면이 삽입된다. 그러나 소비에트 몽타주파[2]는 새로운 쇼트는 그 독립적으로 새로운 의미를 가져야 된다고 주장하였다. 그리고 하나의 쇼트만으로는 의미가 형성되지 않으며 쇼트들의 다른 병치에 따라 새로운 의미가 창조된다고 주장하였다. 감독이 어떻게 배열하고 결국 관객이 어떻게 그 배열을 통하여 어떤 연상을 하게 됨에 따라 의미가 형성된다. 각기 다른 요소들의 갈등을 따라 역동적이면 대화적인 의미가 형성되는데, 특히 가장 다양한 요소로 이루어진 영화—시각적인 요소, 음악, 대화, 무용, 서술속의 인물과 행위—는 가장 종합적인 예술이라고 볼 수 있는 것이다.

편집기술에 의하여 영화안의 세상을 관객이 여과 없이 현실로 받아들이거나 감독의 개입에 의해 보다 뚜렷한 주제의식이 전달되는 다양한 영화를 파생시킨 문학작품의 예로 셰익스피어의 <로미오와 줄리엣>이 있다. 현실적으로 셰익스피어 당시 시대에 충실한 프랭코 제퍼렐리의 작품 (Franco Zefferelli, 1968년작)은 고증된 의상과 말투로서 두 어린 사람들의 순수하고 열정적인 사랑 자체에 초점을 두며 그려냈다. 16세인 레오나드 위팅(Leonard Whiting)과 14세인 올리비아 핫세

2 1920년대 V.I. Pudovikin, Lev Kuleshov Sergei Eisenstein이 펼친 이론. 더 자세한 설명은 Giannetti 150-162 참조.

(Olivia Hussey)를 셰익스피어 원작에 충실한 나이에 따라 캐스팅하며 셰익스피어의 언어를 영화 안에서 실재적으로 살려내고자 노력하였다. 둘은 너무나 어려 충동적으로 사랑하고 어리석은 판단을 통하여 운명의 장난 앞에서 사랑을 위해 순수하게 죽음을 맞이하는 것을 사실성 있게 관객의 감성에 호소하며 그려낸다. 편집은 대체로 장시간의 촬영(lengthy takes)을 하며 롱 쇼트로 다른 여러 인물들이나 배경과 어우러진 장면들을 볼 수 있다. 두 젊은이가 서로의 얼굴을 보며 서로의 시선에 사로잡힌 것과 같이 카메라는 청초하고 사랑스러운, 때로는 육감적인 얼굴과 육체를 클로즈업으로 자주 잡는다. | 사진 3 |

| 사진 3 | 풋풋하고 열정적인 사랑을 사실성 있게 그린 제퍼렐리의 <로미오와 줄리엣>(1969)

한편, 바즈 루어맨(Baz Luhrman)의 <로미와 줄리엣>(1996)은 셰익스피어 당시 시대보다는 상영되고 있는 그 시대의 욕망과 현실을 재생산해내며 강조하고자 하는 주제적 특질들을 화면 가득한 영화적 기

호들로 표현해 낸다. 영화의 기본적 분위기와 리듬을 이끄는 당시 시대 유행하는 장르와 뮤지션의 음악의 선택에서 가장 큰 차이점을 보이며 눈에 보이는 의상, 자동차, 도시의 풍경 또한 파격적인 셰익스피어의 해석이다. 이 영화는 두 젊은이의 사랑을 가로막고 비극의 원인으로 무책임한 어른들의 세계, 우리사회의 병폐에 초점을 둔

| 사진 4 | 역동적인 편집과 현사회의 절망을 그린 루어먼의 <로미오와 줄리엣>(1996)

다. 난무하는 춤과 분륜, 마약, 총기 싸움 등의 거친 등장은 속도감 있는 편집으로 구현된다. 여러 각도에서 잡은 커트, 빠른 음악에 맞추어 많은 커트가 등장하는 속도감 있는 편집은 어지럽고 혼동스러운 사회를 표현하지만, 로미오와 줄리엣 이 둘이 만나면서 찾는 평화는 고요한 음악과 함께 롱테이크를 통해 잡힌다. MTV의 뮤직 비디오와 같은 장면이 자주 등장하는 루어맨의 영화는 셰익스피어 원작에 대한 충실도가 1968년 영화에 비해 떨어진다고 평가하는 사람도 있겠지만, 순수한 사랑을 가로막는 어른들의 현실세계라는 주제를 우리 시대에 맞게 부각시키면서 셰익스피어 원작의 정신에 나름 충실하다고 볼 수

있다. 루어먼은 셰익스피어의 언어 또한 영화에 재치 있게 살리고자 하여 그 시적인 언어 또한 현대의 감각으로 재현하고자 한다. 음성은 셰익스피어의 단어를 사용하지만, 이미지는 현대적 이미지로 잡아 영상적 언어유희(punning)를 시도한다. 예를 들면, 긴 검은 현대 시대에 맞지 않으므로 이미지는 "긴 검"이라는 상표를 갖은 총에 초점을 맞추어 몽타주 편집을 통한 시적 유희를 만든다.

| 사진 5 | 제트파와 샤크라의 대결을 심미적 구도와 편집으로 표현한 <웨스트 사이드 스토리>

마지막으로 로버트 와이즈(Robert Wise)의 1961년 <웨스트사이드 스토리>(*West Side Story*)에서의 초점은 인종적 갈등의 문제로 백인 제트파와 포토리코 샤크파 두 갱의 충돌 속에서 피어난 마리아(Maria)와 토니(Tony)의 비극적 사랑을 뮤지컬이라는 좀 비현실적인 장르로 담아낸다. 노래와 춤이 현실과 거리를 만들기 보다는 현실의 갈등을 뛰어 넘을 수 없는 사랑의 힘을 더욱 애잔하게 그려낸

다. 음악의 리듬에 맞추어 역동하는 카메라와 편집의 역할은 또 하나의 댄서와 같다. 맨해턴(Manhattan)의 서쪽(West Side)을 배경으로 한 두 갱 간의 갈등을 표현하고자 한 프롤로그는 도시의 삭막한 배경아래, 제트파와 샤크파 간의 대립을 각 갱의 모습을 교차적 편집을 통해 그려낸다. 젊은 에너지, 끓는 적개심 등이 갱들의 무용을 다양한 각도로 잡아, 이 뮤지컬에 있어서 또 하나의 아름다움을 창조해 낸다. 가장 편집이 돋보이는 장면으로 제트파와 샤크파가 마지막 격투를 앞두고 있고 토니와 마리아는 서로를, 아니타(Anita)도 마리아의 오빠 버나도(Bernardo)와 만나기를 고대하며 부르는 "투나잇" 장면인데, 각자가 다른 곳에서 그 밤을 준비하는 모습을 교차적으로 보여주는 몽타주 편집이 그들의 긴장과 흥분, 설레임을 적절하게 표현한다. 이렇듯, 편집은 이야기를 발전시키면서 그 주제적 특질을 표현하고 감독의 시각을 보다 명확하게 관객에게 전달하기 위해서 꼭 필요한 요소이다. 원작에 대한 새로운 의미 해석과 창의적인 영상표현을 가능하게 해주기 때문에 특히 영화의 비평적인 분석에서는 간과해서는 안 될 요소이다.

II. 장르와 시대

영화의 리얼러티를 관객에게 심어주는 역할을 하는 여러 요소 중 장르 또한 큰 몫을 한다. 문학적 소재를 관객에게 전달하는 대중영화는 당시 유행하는 여러 장르의 틀로 문학 작품을 읽어내는 시도를 하기도 한다. 장르는 소재와 주제상의 관심, 성격묘사, 플롯 공식, 시각적 배경이 매우 비슷한, 하나의 특정한 영화 그룹에 속하는 영화를 일컫는다.[3] 장르는 그 장르에 따르는 어느 정도 예상할 수 있는 플롯 공식을 따르는가 하면, 내용을 다루는 방식 또한 예측 가능하다. 한편, 장르 영화에 포진하고 있는 것은 도상(icon)인데, 의상, 물건, 풍경, 또는 배우 등이 이에 속한다. 기관총은 갱스터의 거칠음을 표현해주는가 하면 이리의 울음은 위협을 환기시킨다. 이렇게 도상은 여러 영화를 통해 축약된 의미, 정서적 문제, 그리고 힘을 지니고 있어서 관객에게 많은 양의 서사 정보를 별다른 설명 없이도 전달해 준다.

문학이 영화로 재해석되면서 여러 장르를 차용할 수 있는데, 다음에서 보다 많이 쓰이는 장르를 소개하고자 한다. 코메디 중 **로맨틱 코메디**에서 사랑하는 남성과 여성은 결혼에 성공하기 위해 신분의 오해나 엇갈린 만남, 남녀 간의 옷이 뒤바뀜 등 여러 장애물을 극복해야만 한다. 로맨틱 코미디에서 낭만적 여주인공은 커플의 앞길에 놓인 여러 장애를 영리하게 다루면서 원하는 결혼에 이른다. 세상에서 고립된 남성을 현실의 세계로 끌어들이는 역할을 하고 있어 다른 장르 영화보다 로맨틱 코메디에서 여성이 보다 자신의 목표를 추구하는 주도적인 입장에 서 있는 것을 볼 수 있다. 제인 오스틴(Jane Austen)의 『오만과 편견』(*Pride and Prejudice*)의 엘리자벳은 이러한 여주인공의 효시로 볼 수 있어 근래에 헬렌 필딩(Helen Fielding)의 브리짓 존스(Bridget Jones)와 같은 로맨틱 코미디의 여주인공으로 다시 태어난 것을 볼 수 있다.

멜로드라마는 중세 문학의 로맨스에서 그 원천을 찾을 수 있는데, 그 원형적 이야기는 한 집단이 심각한 난관에 놓이게 되고 위대하고 특별한 능력을 지닌 주인공이 설정된다. 그는 장애를 극복하고 문제를 해결해서 집단을 구하는 임무를 떠맡고 매우 큰 싸움으로 치닫는

3 장르에 대한 이야기는 『영화란 무엇인가』(토마스 소벅, 비비안 C. 소벅, 주창규 외 옮김. 서울; 거름, 1998) 207-261쪽의 내용을 참고하여 정리한 것임을 밝힌다.

일련의 사건 속에서 임무를 달성하고 그 사회는 다시 조화롭게 된다. 악과 선의 대결에서 주인공의 궁극적인 승리는 개인의 영광으로 돌려질 뿐만 아니라 집단의 혼란을 해결하는 것으로 끝난다. 안정과 조화로 회귀하는 주인공의 승리는 개인적일 뿐만 아니라 세계 구원이라는 사회적인 의미를 갖는다. 소설의 많은 주인공에게 사회를 맞서는 이러한 임무가 주어지는 것을 볼 수 있는데, 각 사회의 병폐에 따라 주인공의 싸움은 규정되고 그의 승리 또한 주인공이 속한 사회에 따라 복잡한 양상을 갖게 되는 것을 볼 수 있다.

애초에 사실성을 의도하지 않는 **판타지영화**는 명백히 불가능한 사건과 존재를 다루고 있으며, 불가능한 것을 창조하는 마술적인 기법에 강조를 두고 특수효과가 전면에 쓰인다. 주인공의 모험이 극도로 비현실적인 맥락에서 이루어지는 까닭에 주인공의 승리는 사회와 무관하며 가장 도피주의적인 장르로 볼 수 있다. 이와 대조적으로 **공포영화**와 **공상과학영화**는 대개 도덕적, 사회적 현실과 관련을 맺고 있는데, 두 장르는 개인적인 욕망과 공동체의 욕망, 개인적인 욕구와 공동체의 욕구간의 갈등을 다루고 있다. 수없이 만들어진 프랑크스타인이나 드라큘라 영화에서 볼 수 있듯이 **공포영화**의 근간이 되는 주제 중 하나는 비합리적이고 원초적이며 이기적인 반사회적 존재 내부에 자리한 야수성인데, 이는 문명화된 삶의 허울을 뚫고 솟구쳐 나와 우리가 의지하는 모든 도덕적, 사회적 구성물을 파괴한다. 공포 영화가 폐쇄된 공간 안에서 신에 의한 도덕적 질서 가운데 선과 악 사이의 개인의 도덕적 선택을 시험한다면 **공상과학영화**는 인간에 의해 만들어진 사회적 질서와 제도, 예를 들면 정부, 대중 매체, 테크놀로지, 그리고 가정 등에 대한 도전을 다룬다. 공포영화에서 등장하는 위협은 개인적이고 국소적이라면 공상과학영화에서의 위협은 전지구적인 파급 효과가 있다. 공상과학 영화에서 환상적인 측면은 세계를 지배하는 가정된 사실에 기초하고 있기 때문에 공포영화보다는 현실에 기반을 두고 있다고 할 수 있다. 위협의 원인인 인간의 테그놀로지는 한편 두려움의 대상에 그치지 않고 경이의 대상이 되기도 하다.

위와 같은 장르영화는 사회적 요구에 희생적으로 헌신할 것을 거듭 확인하면서 끝나지만 어떤 장르는 사회적인 가치와 정면으로 대치되는 개인적인 욕망에 더 주목한다. 범죄영화와 행복을 추구하는 여인의 고투를 그린 가족 멜로드라마가 이에 속하는데, 어떤 면에서는 상반되는 두 장르는 자신을 지키려는 노력이 영웅적이면서도 비극적인 반사회성을 띠게 되는 야심에 찬 주인공을 다룬다. 가족 멜로드라마에서는 불법적인 것은 가정이라는 사회적으로 인정된 경계를 개인적인 욕심을 위해 넘어서고자 하는 여주인공의 욕망이다. 물불을 가리지 않고 무자비하게 성공을 이루지만 성공의 대가는 가정파괴와 고립, 사회적 매장과 죽음이다. 이러한 어두운 측면을 표현한 가족 멜로드라마는 1940년대 후반, 2차 세계대전 후에 제작되었는데, 전쟁 기간동안 여성이 쥐게 된 경제력과 권력에 대한 두려움이 표현된 것으로 볼 수 있다. "1940년대와 1950년대의 가족 멜로드라마는 제 2차 세계대전이 유발한 사회적 변화에 대한 염세적인 반응이자, 가족의 기쁨과 여성의 자발적인 봉사라는 미국의 대중적 신화에 대한 무의식적인 부정이다."(소벅 253) 여성이 처벌되는 비극적 결말은 대중적인 가정과 여성에 대한 신화를 강화하는 면도 있지만, 한편, 경계를 넘어선 여성을 그린 것은 대중적 신화에 대한 부정적인 반응, 도전의 성향 또한 있는 것으로 볼 수 있다.

범죄 장르 중 가장 반사회적인 갱스터 영화는 미국의 경제적 침체기인 1930년대에서 그 뿌리를 찾을 수 있다. 주인공은 밑바닥에서 시작하여 야망과 근면으로 꿈을 이루어 결국 조직의 우두머리가 된다. <대부> 시리즈의 감독 코폴라(Koppola)가 피츠제럴드(Fitzgerald)의 『위대한 개츠비』(*The Great Gatsby*)를 각색하면서 개츠비의 성공신화를 갱스터 영화의 영웅담으로 읽어낸 것을 볼 수 있다. 주인공이 일단 성공을 성취하면 그에게 남는 것은 고립과 고독이다. 소벅에 의하면 "갱스터 영화에서 성공의 또 다른 끝은 죽음이다. 갱이 정상에 도달한 뒤, 우열을 다투는 자신의 측근 또는 사회적 권력에 의해 죽음을 맞게 된다. 결국 갱스터 영화는 미국인들이 생각하는 성공이라는 기본 가치에 심도 깊은 질문을 던진다"(249). 주인공은 부패된 사회의 비극적인 희생자로서 남게 되면서 영화는 그 사회의 그릇된 가치관을 비판하게 된다. **탐정영화**는 범죄영화의 한 변이로서 탐정은 도덕적으로 불안한 사회를 맞서야 하기에 법의 편에 언제나 서 있기 보다는 개인적 원칙에 더 충실해야만 한다. 이런 모호하고 불안정한 사회를 배경으로 하는 탐정 영화는 밤의 이미지나 도시 풍경을 시각적 특징으로 하는 **필름 느와르(Film Noir)**와 연결된다. 2차 대전 후 1940-50년대 할리우드에서 발생한 이 도시적 장르는 구제해야 할 그 어떤 사람도 없고 도덕적이고 교양 있게 살아남으리라는 그 어떤 희망도 없는, 사회에서 협잡을 주로 일삼는 부패한 인물들에 초점을 맞추고 있다. 인간의 어두운 면, 폭력, 탐욕, 배신, 타락을 염세적으로 그리고 있으며 그 배경이나 스타일, 역시 이러한 어두움을 극대화하고 있다. 골목길, 터널, 더러운 셋방, 부두 등 비천한 도시 풍경을 통해 탈출구가 없는 절망적인 세계와 고독, 죽음의 기운이 강조되며 담배 연기, 창틀, 얇은 옷, 거울 등은 취약함을 상징한다. 밤과 그림자의 세계를 그리기 위해 어둡거나 극명히 대조되는 조명으로 처리되며 들쑥날쑥한 형태는 공포와 숙명적이고 편집병적인 분위기를 연출한다. 흔히 이러한 염세적이거나 절망적 세계를 그리는 영화에서 스타일적인 면모를 필름 느와르에서 빌려오는 경우를 흔히 볼 수 있다.

위에서 말한 장르 외에 다른 여러 장르가 존재하며 문학을 대중성 있는 영화로 옮길 때 기존하는 장르의 문법으로 재해석하는 경향이 있다. 장르는 기본적으로 당시 사회와 불과분의 관계에 놓여 있는데, 이는 영화 관람의 의식은 개인적이고 무의식적인 심리가 스크린에 투사되어 함께 보고 공유하는 집단적 신화로 변형되는 과정이기도 하기 때문이다. 문학에 뿌리는 둔 이야기를 스크린으로 옮겨 다시 말하는 것은 실제 삶에서는 해결되지 않는 어떤 기본적인 갈등과 꿈을 보다 대중적이며 현실적인 스크린을 통해 해결하고자 하는 욕망에 대한 반복적인 의식이다. 엄청난 수의 대중이 보게 되는, 많은 헐리우드 블록버스터(Hollywood blockbuster)는 사회와 대치되는 개인의 욕구를 영화안의 영웅에게 환원시켜 결국 그 개인적 소망이 집단적인 꿈으로 변형, 성공에 이루는 것을 체험하는 하나의 제의로도 볼 수 있겠다. 오늘날 우리의 문화에서 관객은 사회적이고 종교적인 제의에 참여하는 것과 비슷한 태도로 영화를 기다리며, 관람하고, 되뇌며 체화한다. 영화는 이분법적인 세계를 제시하면서 기존의 가치나 관념들을 관객에게 호소하며 이를 강화한다. 관객은 현실 세계 사회와 유사한 영화 속 사회에서 예측 가능한 플롯을 보며 심리적, 정서적, 사회적 편안함을 얻고 개인적인 염려와 두려움을 정화시키고 행복감이나 공동의 목표를 지닌 집단에 속해 있다는 느낌을 받게 된다. 현실의 세계에서는 서로 화해할 수 없는 갈등을 일시적으로나마 해결이 되기 때문에 우리는 반복적으로 영화관을 향해 간다. 장르 영화는 제의가 그러하듯이 개인의 불안을 누그러뜨려 주면서, 기존 사회에서 용인된 사물의 질서를 공고히 해준다. 특히 영화는 이미 널리 알려진 문학 속 이야기에 살을 입혀 각 시대에 맞게 원형적 이야기를 더 대중화시키고 심리적으로 각인시키는 경향이 있다.

III. 세 편의 <제인에어> 영화로 본 사회상과 장르, 편집

<제인에어>(1944)

이렇듯, 널리 알려진 이야기를 다시 영화로 반복하는 것은 그 시대의 무의식적인 긴장이나 분위기를 반영하면서 이를 잠시나마 해결하고 또 기존의 가치들을 공고히 하는 역할을 한다. 여러 다른 매체를 통해 각색되고 반복적으로 이야기되는 여러 문학 고전 중에 샤롯 브론테(Charlotte Brontë)의 『제인에어』는 스톤맨(Stoneman)에 의하면 100여 편 이상의 영화, 연극, 소설, 뮤지컬, 회화, 그리고 만화를 파생시켰다고 한다. 영화만 해도 17편 이상이 되는데, 각 시대에 따라 원작 『제인에어』를 읽어내는 방법이 다르고 이에 따라 강조되는 장르도 차이를 보인다. 예를 들면, 1944년 로버트 스티븐슨(Robert Stevenson) 감독의 <제인에어>는 헐리우드 스튜디오 시스템이 지배적이었던 시대의 작품으로 남성으로 이루어진

| 사진 6 | 필름 느와르 형식의 건물에 의해 위축된 제인

제작자가 시대 담론에 따라 원작을 크게 변화 시킨 것을 확인할 수 있다. 2차 대전이 끝나면서 남성들이 유럽의 전쟁터에서 미국으로 돌아오고 그 동안 여성이 사회와 일터에서 대신해왔던 자리들을 찾아가는 시기에서 여성을 다시 집안으로 복귀시켜야 한다는 시대정신은 결국 원작의 여성주의적 요소들은 침묵시키고 남녀 성역할에 대한 기존 담론을 관객에게 강화, 유지시키는 역할을 하였다. 특히 로맨틱한 남자주인공이 여자 주인공을 궁핍한 처지로부터 구해준다는 로맨스 장르의 대표공식은 이 영화에서도 적용되어 기존의 성역할을 강화시키며 제인을 수동적이고 의존적인 인물로 만드는 결과를 낳게 되었다.

제인의 궁핍한 처지를 강화하기 위하여 1944년의 이 영화는 필름 느와르식의 흑백 대비를 강조하고 빛과 그림자를 표현주의적으로 사용하여 공포와 소외의 고딕적인 분위기를 더 강조한다. | 사진 6 | 어린 제인을 왜소하게 잡으면서 리드(Reed) 숙모나 브로컬허스트(Brocklehurst) 원장을 괴물처럼 그리거나 로우드(Lowood) 기숙학교나 쏜필드(Thornfield)를 여성을 가두었던 기괴한 성으로 그려진다. 원작에서 제인에게 부

여한 여러 가지 여성적 힘과 지지 기반을 제거한 이 영화는 남성 권력에 대항하는 버싸(Bertha)를 하나의 독립된 존재로 취급하지도 않고 어두운 그림자로 처리한다. 버싸의 얼굴은 한 번도 화면에 비춰지지 않으며 악의 세력으로 그리며 뒤에서 조명을 받아 후광이 있는 제인은 로체스터에게 안전과 진리, 행복을 안겨 줄 천사로 그린다. 이러한 흑과 백, 악과 선의 대비는 거행되지 못한 결혼식 후의 장면에서 첨예하게 그려지는데 왼쪽, 백색 드레스를 입은 제인은 로체스터를 어둠으로 몰아넣는 버싸와 대조된다. | 사진 7 | 원작에서 가부장제의 억압에 대한 반항 에너지를 상징하고 가부장제로 규정되지 않는 여성 영역에 대한 가능성을 시사한 버싸는 이 영화에서는 공포적인 부정적 대상에 지나지 않는다.

| 사진 7 | 어두움으로 처리된 버싸

| 사진 8 | 로체스터의 권력에 순종적인 제인의 모습을 강조

당시 헐리우드 스튜디오 영화의 관습은 관객의 시선을 남성의 것으로 여기며 여성은 이미지화 시키고 남성은 롱 쇼트로 활동적이고 지배적인 위치에 놓았다. 비균형적인 캐스팅을 통하여 여성의 순종적

위치와 남성적 권력을 극대화시키는데, 현모양처 상의 존 폰테인(Joan Fontaine)은 대사를 힘 빠진 속삭임으로 전달하며 로체스터를 처음 만나는 순간 제인은 로체스터의 손동작 하나에 무릎을 꿇고 그의 시중을 든다. | 사진 8 | 반면 이미 재산과 신분 등 남성적인 권력을 갖춘 로체스터 역을 거구의 오슨 웰스(Orson Wells)가 연기함으로써 그 대조가 극대화 된다. 그는 황제처럼 등장하며 그에게 수반되는 음악은 웅장하다. 제인을 중심으로 흘러갔던 사고의 흐름은 로체스터가 등장하는 순간 그에게 기울어지면서 그가 주인공이 된 듯한 착각이 든다. 로라 멀비(Laura Mulvey)가 일반적인 헐리우드 영화에 대해 지적한 대로 관객의 시선은 남성의 시선과 동일시되고 여성은 이 시선의 대상이 되는 현상이 일어난다. 눈물에 젖은 제인의 얼굴은 빈번히 클로즈업 되면서 제인은 점점 수동적으로 변하고 말수도 줄어든다. 반면 로체스터의 오고가는 능동적인 모습은 롱 쇼트로 잡히며 화면을 지배한다. 그의 대사는 명령조의 우렁찬 목소리로 전달되며 은밀해야 하는 두 사람 간의 사랑 장면에서도 그를 상징하는 웅장한 음악이 압도한다.

제인이 동일시할 수 있는 템플 선생님이나 그의 사촌들과 같은 여성인물들이 영화에서 삭제된 것과 마찬가지로 당시의 여성 관객에게도 자신들의 사회적인 처지를 확인하는 제인의 예속적인 위치 이외의 다른 대안이 없는 듯하다. 이 영화에서는 사촌과의 만남이나 신분과 재산의 회복이라는 내적, 외적 성장의 이야기가 제거되어 제인은 쏜필드로부터 도피 후 갈 곳이 없어 다시 게이스해드로 돌아오고 브로컬허스트 원장에게 직장을 부탁해야 하는 처지에 놓이게 된다. 이렇게 오갈 때가 없는 제인에게 들리는 자신을 부르는 로체스터의 목소리는 구원의 목소리이다. 자아의 성장이나 재산, 신분상의 성장이 없는 제인의 행보를 통해 얻어지는 교훈은 여성의 자리는 다른 곳에 있지 않고 바로 남성가장의 보호 아래, 가정에 있다라는 메시지이다. 마지막 장면에서 제인이 로체스터를 찾아 왔을 때 그의 눈이 멀었지만 외관상 그의 남성성에는 아무런 손상이 없고 결혼 후 빨리 회복된다. 결국 제인이 영화를 통해 찾은 행복은 당시 여성 관객에게 요구되었던 것—전쟁터에서 돌아온 남성에게 가정의 행복과 안위를 통해 그 이전의 상태, 즉 그들의 주인으로 회복시키는 일—을 강화시킨다고 할 수 있다.

델버트 맨(Delbert Mann) 감독 1970년 작 <제인에어>는 1944년과는 확연히 다른 관객을 상대로 하고 있고 영화 기법적인 면에서도 많은 차이가 있다. 일단, 컬러 영화의 등장, 그리고 보다 사실적인 배경 그리고 심리적 사실주의를 기반으로 하여 인물들에게 더 인간적인 깊이가 있다. 그리고 가장 활발하고 낙관적인 단계에 돌입한 70년대의 여성주의 또한 그 몫을 하는 것을 볼 수 있다. 대본을 쓴 잭 풀맨(Jack Pulman)은 그의 작품에서 가장 중요한 목표는 신분상으로는 완전히 다르지만 인간적으로는 완전한 평등을 이룬 제인과 로체스터의 관계를 표현하고 싶다고 하였다. 대사에 들어있는 재치와 유머는

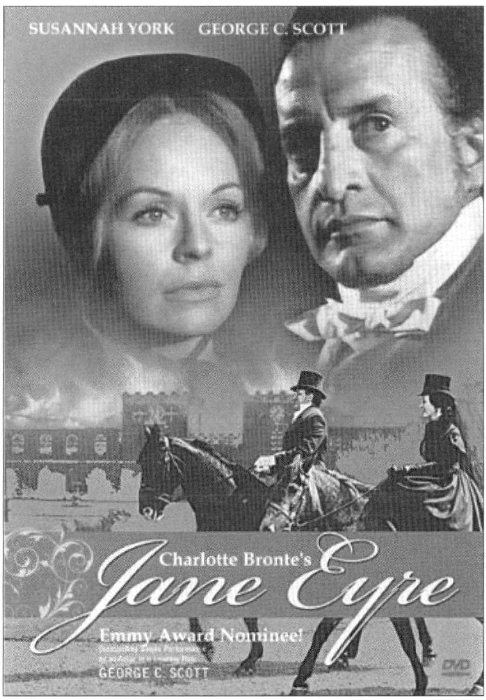

<제인에어>(1970)

가정교사와 그 주인간의 사랑에 존재하는 신분적, 경제적 차이를 감소시키고 이 둘 사이에 존재하는 일치성, 조화를 더 강조 하는 것을 볼 수 있다. 줄거리 상, 이 영화는 궁핍했던 게이스해드 시절은 지우고 제인은 로우드에서 이미 위엄, 뚜렷한 주장을 지닌 상태로 출발한다. 조지 스코트(George C. Scott)분의 로체스터 또한 나이가 들고 나약한 외모이며 1944년 작에서 등장한 성과는 사뭇 다른 아늑한 저택에서 살고 있다. 브론테가 작품을 통해 자신의 시대의 독자에게는 어렵게 전달하였던 두 인물 사이의 평등은 영화에서는 이미 기정사실화가 되어 있다.

제인은 자신의 주장을 확실히 내세우는 여성으로 그려진다. 가장 대표적인 장면은 센 존(St. John) 목사와의 관계에서다. 센 존은 절대적인 말씀으로 무장한 강한 가부장적인 인물로 그려진다. 제인에게 향한 그의 집요한 구혼은 가장 높은 권위를 배후에 두고 있다. "나와 함께 가요. 나의 주를 섬기기 위해 당신을 차지하겠소!(Come with me! I claim you for my Sovereign's service!)" 하나님을 거부하고 있다는 그의 권위에 맞서는 제인의 주장은 강한 주체성을 보여준다. "아니에요, 전 하나님을 그의 백성과 그들 서로의 사랑에서 발견하고 있어요. 하나님만을 사랑할 수는 없어요…" 70년대의 제인은 자신에 대한 위엄과 평등에 대한 자기 의견을 브론테의 소설보다도 분명하고 정확하게 표현한다. 그녀는 로체스터의 정부로서는 자신이 그에게 의지하면서 살 수밖에 없고 어떠한 권리도 갖지 못하며 아무리 사랑하는 사람을 위해서라도 동등한 입장에서가 아니면 자신을 낮출 수 없다고 한다. 70년대의 제인은 당시 여성권리운동의 정신과 주장들을 몸소 이야기하고 실천한다.

카메라는 보다 능동적인 모습의 제인을 잡아낸다. 아델(Adele)과 모턴(Morton)의 학생들을 가르치는 모습, 자연을 바라보고 이를 자신의 화폭에 담아내는 등 제인의 에너지가 넘치는 장면들이 빈번하게 등장한다. 제인과 로체스터를 자주 한 화면에

| 사진 9 | 욕망하는 버싸를 재현한 1970년 <제인에어>

잡고 제인은 로체스터 만큼의 롱 쇼트를 받게 된다. 카메라 또한 평등의 주제를 반영하고 있음을 알 수 있다. 70년대의 카메라는 또한 버싸에게 실체를 준다. 보이지 않는 정체에 대해 남의 이야기에 의해 버싸를 판단하기보다 관객은 직접 버싸를 보게 됨으로써 그녀와 동일시할 수 있는 기회를 갖게 된다. 버싸가 제인의 결혼에 걸림돌이라는 단순한 존재를 넘어서 현존하는 로체스터의 부인임을 우리에게 상기시켜준다. 그렇게 됨으로써 로체스터, 제인, 버싸 모두의 비극이 전면으로 떠오른다. 로체스터에 대한 버싸의 기습은 공격적이기 보다는 성적인 면도 있어 둘 사이에는 제인이 침범할 수 없는 어떤 친밀감이 존재함을 볼 수 있다. | 사진 9 |

이렇듯, 70년대의 제인 에어는 자신을 주장할 수 있는 힘을 시작부터 갖추고 신분과 재산에 관계없이 평등은 전제되어 있는 것을 볼 수 있다. 이는 관객의 평등에 대한 인식이 어느 정도 발전해 왔음을 암시한다고 할 수 있다. 소설에서 그려진 제인의 자신에 대한 회의나 자신감의 결여 등은 70년대의 작품에서는 전혀 등장하지 않으며 제인은 굳이 유산을 얻거나 신분을 되찾을 필요도 없다. 제인은 이미 자신의 주체성

이 강한 예외적인 여인이다.

70년대의 liberal feminism(자유주의, 개량주의적 남녀동권주의)이 위의 작품을 특징짓는다면, 1996년의 프랑코 제퍼렐리(Franco Zeffirelli) 감독의 <제인에어>에는 권력에 대한 보다 성숙한 이해가 보인다. 남녀 사이의 이분법은 성적 차이로 생기는 생물학적, 근본적인 것이 아니며 주체의 위치는 고정되어 있지 않다는 견해가 비추어진 작품이라 하겠다. 1996년 <제인에어>는 이러한 남녀 욕망의 차이를 거부하고 제인이 자신의 힘의 성장까지의 과정을 충실히 그려준다.

제퍼렐리의 1996년 작 <제인에어>는 현 사회와 그 담론을 규정짓고 있는 젠더관계에 대한 보다 복합적인 이해를 반영하고 있다. 이 영화의 가장 두드러진 특색은 로체스터와 제인 모두가 성적 욕망의 주체가 되고 있다는 것이다. 브론테의 소설에서 그랬듯이 이 작품의 제인은 로체스터를 포함한 세계를 자신의 주관적 관점에서 관찰하고 표현한다. 카메라는 제인의 시선을 따라 흐르는 것을 자주 볼 수 있으며 그녀의 감정을 통하여 세상은 여

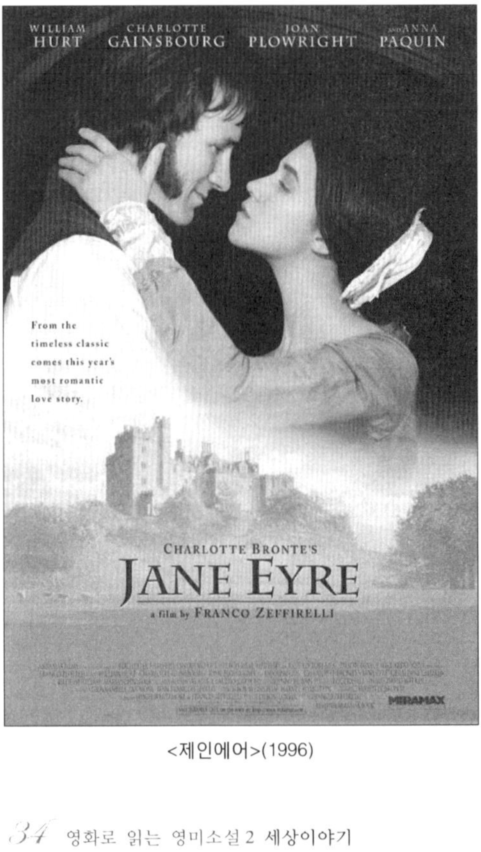

<제인에어>(1996)

| 사진 10 | 익스트림 클로즈업으로 표현된 제인과 로체스터의 욕망

과되어 관객에게 비추어진다. 제인의 이러한 시선을 살리기 위하여 감독은 우리의 시선을 끌지 않는 원작에 충실한 여주인공을 캐스팅하였다. 샬롯 갱스부르(Charlotte Gainsbourg)의 외모와 검은 의상과 모

자는 베일과 같이 그녀를 드러내지 않게 하는 역할을 하고 있고 크고 호기심이 가득한 눈은 그녀의 응시의 행위를 강조한다. 그녀의 감정에 따른 영화의 진행속도, 그리고 제인의 시선방향으로 잡은 시점 쇼트(point of view shots)와 달리 쇼트(dolly shots) 등의 편집은 관객에게 제인의 시선을 재현해준다. 그녀의 시선의 대상은 대부분 로체스터인데, 우리는 그를 각기 다른 앵글로 보게 되고 그는 그녀의 섬세한 스케치의 대상이 된다.

제인과 로체스터사이의 욕망은 빈번한 클로즈업 쇼트로 표현된다. 한 장면에 두 인물을 등장시키어 둘을 점점 극단적인 클로즈업(extreme close up)으로 잡음으로써 서로에 대한 욕망과 상대방으로부터 욕망되기를 바라는 욕망이 표출된다. | 사진 10 | 1944년 작이 비균형적인 쇼트로 정의되고, 1970년 작에서는 롱 쇼트가 특징이라면 1996년 작에는 제인의 상대방에 대한 욕망 또는 상대방에 대한 동일시가 익스트림 클로즈업으로 관객에게도 재현된다고 하겠다.

제퍼렐리는 이전의 작품보다 여성 공동체를 제인을 지지하는 긍정적인 힘으로 그려낸다. 나란히 브로컬허스트에 대항하는 헬렌과 제인, 이들에게 환경을 넘어서는 희망과 용기를 격려하는 탬플 선생님, 그리고 비슷한 인상과 의상을 한 페어팩스 부인과 사촌 메리 리버스는 다 같이 제인을 치유하는 힘으로 연장선상에 있다. 제인을 포함한 이 모든 여성들이 창밖을 내다보는 장면이 빈번히 나오는데 이는 여성들이 가정이라는 틀에 갇혀 지내는 동시에 그 밖의 세상을 동경하는 같은 운명 아래에 놓여 있는 것으로 해석할 수 있다. 이러한 같은 연장상에 있으면서도 제인과 가장 대체적인 위치에 있는 인물로는 버싸가 있다. 제퍼렐리는 버싸와 제인의 관계를 서두에서부터 강하게 설정한다. 제인이 숙모에 의해 방에 가두어지자 거울의 틀 안의 자신을 보며 공포에 질리며 붉은 빛은 화면 위로 겹친다. 제인은 이러한 면에서 다락방에 감금되어 방화적인 성향을 가진 버싸와 연결될 수 있다. 제퍼렐리는 편집을 통해 버싸와 제인사이에 존재하는 상징적인 관계를 영상적으로 표현하고자 한다. 버싸가 탈출하여 로체스터의 방에 불을 지르거나 오빠인 리처드 메이슨(Richard Mason)을 공격하는 만행을 저지를 때 마다 제인의 형상은 거울에 비추어 진다. 결과적으로 버싸의 만행은 제인이 로체스터와 가까워지는 계기를 마련해 주기도 한다. 이러한 제인과 버싸의 정체성에 대한 연결은 제퍼렐리의 전략적인 플롯의 변화로 강조된다. 제인이 버싸의 구체적 존재를 확인하면서 로체스터와의 옛 관계를 끊어야겠다는 결심을 할 때, 버싸는 제인의 로체스터와의 결부 관계를 상징하는 웨딩드레스에 불을 지른다. 제퍼렐리는 제인이 쏜필드로부터 도망가는 행위와 버싸가 쏜필드를 불태워 없애는 행위가 동시에 일어나게 편집함으로써 둘 사이의 관계를 극대화한다.

1996년 작 <제인에어>에서 제인은 리드 숙모와 화해하고, 재산과 신분을 회복하며, 센 존의 구애도 받는 등 그녀의 주체성의 성장 과정이 비교적 구체적으로 그려진다. 그리고 무엇보다 로체스터의 화상을 구체적으로 담아 로체스터의 권력이 어느 면에서는 감소되었음을 시사한다. 카메라는 여러 자세, 여러 구도의 병치를 통해 제인과 로체스터가 결혼에 이르는데 여러 복잡한 역학이 작용하고 있음을 시사한다. 그리고 마지막 장면들은 제인의 보이스 오버와 그녀가 그린 듯한 그림으로 맺음으로써 제인의 시각적, 언어적 힘의 성장을 보여준다. 이 작품은 가부장제의 틀 안에 갇혀진 여성 상황을 재현하고 이를 극복하고 자신의 욕망과 시선을 행사하는 방법을 구체적으로 관객에게 제시하는데 나름대로 성공을 거둔 것으로 평가할 수 있겠다.

1944년부터 1970년, 1996년, 반세기를 걸쳐 있는 세 편의 영화를 통해 여성 주체성에 대한 담론들이 어떻게 발전 해왔는지를 살펴보았다. 영화는 각 시대와 역동적인 관계를 맺고 있는 가장 대중적인 매체이기 때문에 이에 대한 분석은 우리의 주체성이 사회구조에 의해 어떻게 형성되는지를 인식하게 해준다. 문학 원작을 대중에게 연결하는 과정에서 각 시대의 장르와 관객의 심리와 욕망을 반영하여 그 주제적 특질을 강조하고 영상적인 방식이 규정되는 것을 살필 수 있었다. 편집과 다양한 카메라 작업을 통해 여성적 공동체, 제2의 자아로서의 버싸 등 원작의 상징적 내용은 물론, 주체적인 여성으로서의 제인의 시각의 성장 등에 대한 표현 방식들이 변화해왔음을 볼 수 있다. 영화를 통한 문학 작품에 대한 다시 읽기는 각 시대의 독자반응이 어떻게 변화하고 있는지 보여주는, 그리고 새로운 각도로 원작을 보게 하는 열려있는 비평작업이 될 수 있다.

IV. 왜 영화와 문학을 함께 읽을까?

많은 영화 작품은 예나 지금이나 소설이나 연극, 또는 만화 등 다른 매체로 된 작품을 그 뿌리로 하고 있다. 문학 강의에서도 적어도 플롯을 익히고 또 주제적 특질을 토론하기 위한 기반으로 영화가 많이 상영되고 있다. 그러나 보다 적극적인 의미에서 우리는 문학을 영화화한 작품에 대한 읽기를 시도해야 하는데, 이는 문학을 영화한 작품을 하나의 비평도구로 삼아 연구하는 것은 문학작품을 보다 입체적이고 다양한 요소의 잣대로 해체시키는 역할을 하기 때문이다. 원작소설에는 당시 시대의 정신과 작가의 이데올로기가 담겨져 있다면,

이를 영화한 작품은 대중의 욕구, 시장의 원리와 함께 감독의 분석, 연기자의 체화 등으로 해체된다. 다양한 요소로 이루어지는 영화는 하나의 힘에 의해 규정되기를 거부하며 의미가 어려 복합적인 요인으로 결정됨을 보여준다. 영화는 감독, 제작자, 시나리오 작가, 연기자뿐만 아니라 여러 기술자, 배급자 등이 함께 의미를 생산하고 있다. 삶을 있는 그대로 보여주기보다는 생산 방식과 제작에 있어서의 경제적인 문제와 또 시대정신, 욕망들로부터 자유로울 수 없기 때문에 문학작품을 보다 대중에게 연결시켜 줄 수 있다. 특히 여러 시대를 거쳐 소설을 영화한 작품이 존재한다면 원작을 어떻게 변형하고 강조 했는지 비교분석하면서 각 시대의 대중은 어떠한 사회적 문제와 열망을 갖는지 알 수 있다.

영화는 진화에 진화를 거듭하여 소설로부터 이야기를 빌려 이에 살을 입히고 생명을 불어 넣었다. 소설의 사회적, 심리적 리얼리즘은 영화의 복합적인 요소에 의해 담아진다. 그러나 언어로 이루어진 소설의 깊이가 시각에 의존하는 영화로 재현하는 것이 과연 가능한지에 대한 의문은 오래 동안 지속되어 왔다. 언어적 기호가 개념적이거나 상징적으로 작용할 때, 영화적 기호는 감각적이며 지각에 의존한다는 논리이다. 톨스토이(Tolstoi)는 이 두 기호 사이에서 더 직접적인 소통의 능력을 지닌 영화의 손을 들어주었다. "영화는 문학의 옛 방법에 대한 직접적인 도전이다⋯ 그러나 나는 이를 선호한다. 장면의 재빠른 전환, 감정과 경험의 혼합—이는 우리가 익숙한 길게 늘어지는 글쓰기보다 훨씬 좋다. 더 삶에 가깝다"(Griffith 16에서 재인용). 한순간에 전달되어지는 정보와 압축된 지각은 단어의 나열을 따라가면서 얻어지는 글보다는 영화의 속도가 적합한 것이다.

그러나 버지니아 울프(Virginia Woolf)는 영화의 한계를 들면서 톨

스토이와는 반대의 의견을 피력했다. “둘의 연합은 부자연스럽다. 힘들게 함께 일하고자 하니, 눈과 두뇌는 갈기갈기 찢겨진다. 우리의 머리는 주인공을 그녀의 내면을 통해 인지한다—그녀의 매력, 열정, 그리고 절망… 이 모든 것은 오직 언어로 표현될 수 있기에, 영화는 이를 피해야한다”(Griffith 16에서 재인용). 이러한 울프의 언급을 다시 요약하자면 문학에서의 한 인물은 생각을 통하여 알게 되지만 영화에서는 그를 외모와 행동을 보면서 인지하게 된다는 것이다. 이러한 피상적인 것이 내면의 복잡함을 표현할 수 있는가? 조지 블루스톤(George Bluestone) 또한 울프와 유사한 맥락에서 지각적 생각은 그 강도에서 차이가 나는 것이 아니라 종류가 다르다고 한다. “정신적 상태—기억, 꿈, 그리고 상상—에 대한 표현은 영화보다는 언어가 더 적합하다 … 영화는 외부적 기호를 우리의 시각적 인지를 위해 배열하거나 대사를 보여줌으로써 생각을 유추할 수 있게는 해준다. 그러나 생각을 직접적으로 보여줄 수는 없다” (47-48). 즉, 위의 논지는 다음과 같이 요약될 수 있다: 정신적인 이미지인 생각은 영화의 시각적인 이미지로는 표현되지 못하고 오직 언어로만 가능하다.

반면, 맥화래인(McFarlane)은 매체의 내재적인 차이에도 불과하고 두 분야 모두 선형적 서사로 이루어짐으로 문학의 영화로의 각색은 가능하다고 본다. 바르트(Barthes)가 서사의 ‘고유의 기능’(즉, 행동과 사건)은 한 매체에서 다른 매체로 직접적으로 옮겨질 수 있으나, 그 ‘지표’들(존재적 기능에 대한 언급)이 각색된 작품에서 더 중요한 분석의 대상이라 한다. 그에 따르면 고유의 기능은 행동과 사건을 의미하며 이는 선상으로(linear) 연결될 수 있다. 한편, 지표는 보다 분산되었지만 이야기의 의미에 꼭 필요한 개념을 일컫는다. 예를 들어 인물의 심리적 정보나 그들의 정체성에 관한 정보, 그리고 분위기에 대한 기록, 장소에 대한 묘사 등을 포함한 개념이다. 지표의 본질은 '수직적,' 점진적이기보다는 구석구석 만연하게 우리의 읽기 과정에 영향을 준다. 지표는 어떤 작용보다는 존재 상태에 대해 언급한다(McFarlane 13). 문학과 영화의 표현기법의 차이는 각기 다른 방식으로의 전환을 요구한다. 소설의 서술적 화자나 시점 등의 지표는 감독의 미장센의 통제에 의해서 전달될 수 있다. 영화는 의미를 조절하는데 필요한 문법체계나 다른 관습이 결여되더라도, 영화의 다른 다양한 기호들, 어조와 같은 언어적 기호, 시각적 기호, 문화적 기호 그리고 언어 넘어서의 다른 기호들은 여러 의미의 층을 가능하게 하는 동시에 방향성을 제시한다(McFarlane 29). 또한, 영화의 다양한 기호들은 화면의 전경뿐만 아니라 배경, 심지어 화면 밖에도 포진해 있다. 관객의 눈은 영화감독이 의도하지 않는 요소도 충분히 감지한다. 결국 불확정성 또는 열린 해석이 영화의 의미 과정에 있어 중요한 부분이 되기 때문에 관객의 적극적인 개입을 요구한다고 볼 수 있다.

제임스 그리피스(James Griffith)도 어떠한 의미든 그 물리적 상태가 아닌, 우리 안에서의 의미 체계가 각색의 대상이 되기 때문에 각색의 가능성에 대해 긍정적이다. 우리가 소설을 읽을 때 독자는 자신의 머리에서 이를 상상으로 받아들이기 때문에 소설과 영화 작품을 비교할 때에 그 비교는 책과 영화 사이에 일어나기 보다는 각기 작품에 대한 우리의 해석 사이에 일어나는 것으로 볼 수 있다. 에스록(Esrock)은 우리가 텍스트의 의미를 머릿속에 구성하는 것은 단어가 아니라 이미지나 다른 지각을 통해서임을 지적한다. 그러므로 머릿속의 문자 텍스트나 영화 텍스트는 원래의 문자나 영화 작품만큼 다르지는 않다는 것이다(186-191). 그리피스는 소설과 영화는 시각적인 유사성을 지닐 뿐만 아니라 결국은 같은 매개(agency) 즉 "의식의 흐름, 인간의 상상력"으로 이루어진다고 지적한다(43). 이 비교는 매체가 아닌 근원에 관한 것이지만, 의미전달의 결과를 보았을 때는 매우 중요한 것이다. 그리피스는 앞서 언급한 블루스톤의 지적의 한계를 생각을 언어와 동일시한 점에서 발견한다. 사고에는 언어를 넘어서는 추상적인 개념뿐만 아니라 시각, 촉각, 후각과 같은 지각의 차원도 존재한다. 언어는 언어로 표현될 수 있는 생각을 그려낼 수 있지만 영화는 여러 차원의 표현이 가능하다는 것을 감안하면 영화는 사고를 보다 자유롭게 표현할 수 있는 새로운 방식인 것이다.

언어를 새로이 하는 방법으로서 영화에 대한 개념은 클루즈, 리츠, 린케(Kluge, Reitz, and Reinke)에 의해 발전되는데, 그들에 의하면 언어는 언제나 변화하고 있는 현실을 담을 수 있는 능력을 잃어버리고 결국은 이에 대해 "면역"이 되었다고 한다. 그러나 사고와 표현의 유희가 영화에서는 가능한데, 이는 시각뿐만 아니라 지각의 다른 차원이 서로 혼합이 되어 긴장감을 이루어, 어떤 의미도 생명을 잃어 진부한 표현이 되는 것을 방지할 때 가능하다고 본다. 이들 이론가는 영화는 문학과 견줄 수 있는 그만의 상징체계를 확립해야 한다고 주장하지만, 영화는 언어에 생명을 불어넣을 수 있으며 기존의 어휘와 문법적 관습들로부터 해방될 수 있다고 표방한다(238). 영화의 시각적인 면에만 고집하거나 이미지와 언어를 대항시키는 순수주의적인 태도를 버리면 영화적 언어는 문자, 구두 언어의 복잡성과 정확성과 견줄 수 있을 뿐만 아니라 현실을 표현할 수 있는 능력마저 뛰어넘게 될 것이다. 이들 이론가는 언어의 응결시키며 비유적으로 표현하는 능력이 시각에서는 제한되어 있지만, 청각적 언어나 몽타주와 같은 다른 요소와 혼성적 형태로 작용할 경우 비유적 의미는 충분하다고 한다. 영화의 각기 다른 여러 요소 사이에 존재하는 틈을 통해 시각과 청각이, 카메라의 다양한 각도, 주관성과 객관성 사이가 응축되어 표현될 것이다. 관객이 각기 다른 장면들을 종합해 의미를 생산해 내듯이, 그 긴장감과 의미의 복합적인 층위는 관객의 머릿속에 담게 된다. 개념과 감각적 지각 사이에 존재하는 긴장은 계속적인 대화관계를 유지하여 의미는 언어에서 그러하듯 고정되지 않을 것이다. 의미의 정확성을 꾀하고자 한다면 이는 높은 도상성을 지닌 구체적 이미지를 통해 가능할 것이다. 그러나 그들은 이러한 전형화는 현실을 왜곡시킬 수 있기 때문에 피해야 한다고 주장한다. 구체적이면서 복합적인 표현을 성취하기 위해서는 영화생산자는 다른 매체와의 겹침을 통해 이미지를 낯설게 만들어야 한다. 예를 들면, 음성은 비관습적인 기능으로 사용될 때 현실을 보다 풍부하게 표현할 수 있으며 인물간의 대화는 서사를 발전시키는 역할 외에도 회고에 대한 매개로 사용될 수 있다. 이와 유사하게, 보이스오버(화면에 나오지 않는 인물의 목소리)는 이미지를 어떻게 보아야 하는지 방향성과 정확성을 주지만, 이러한 음성언어와 시각적 이미지의 겹침은 서로를 낯설게 하는 효과를 낳을 수도 있다.

이들 이론가의 주장대로 영화언어는 문학의 추상성과 미묘한 차이를 표현할 만큼 발전했을 뿐만 아니라 이제는 현실과 의미를 표현하는 새로운 방법 창출에서는 앞장서고 있다고 해도 과언이 아닐 것이다. 영화는 그 안의 존재하는 다양한 매체의 대화적인 관계를 통해 언어를 확장시키고자 한다. 프레임 안과 밖, 전면과 후면, 조명, 카메라 각도, 배경과 의상의 스타일 등 미장센의 각개의 요소, 이 모든 요소들 사이에 존재하는 긴장감은 영상적 이미지를 규정되지 않고 보다 복합적으로 만든다. 이미 문학을 각색한 영화작품은 문학이 담은 현실을 적합하게 표현해내거나 문학의 능력을 뛰어넘는 경우도 보여주었다. 영화가 문학을 충실하게 표현할 수 있는가의 문제는 이제 접어두고 문학과 영화 두 영역 모두 변화하는 현실을 담을 수 있게 각 영역에 도전을 주며 해방시키는 보다 대화적이고 상호적인 관계를 꾀해야 한다.

우리는 문학을 영화로 한 작품과 관련하여 문학작품을 새롭게 해석하게 하는 영화의 각기 다른 표현의 매체, 다른 장르, 그리고 다양한 문화적 역사적 조건 등을 살펴보았다. 문학을 영화로 읽어내는 것과 같이 픽션을 다른 매체의 픽션으로서 읽어내는 비평적 행위의 가치는 의미를 축소하거나 틈을 메우기보다는 긴장과 차이를 드러내는 역할에 있다. 문학을 보다 대중문화에 연결할 수 있는 고리가 바로 이러한 비평적 역할을 하는 각색 작품이다. 역사와 기술이 발전하며 독자/관객의 의식이 변함에 따라 문학과 영화의 역사는 단지 소재나 이야기를 주고받는 관계가 아니라 주체를 인식하며 표현하는 방법 또한 서로 나누는 관계가 되었다. 영화적 언어가 혼성적인 매체로 자라 급속히 변화하는 세상에 대처하는 우리의 심리와 사고를 담고 표현하는 도전을 거듭하고 있다. 문학과 영화의 상호 읽기는 이러한 의미에서 경계를 허물면서 병행과 갈등이 새로운 표현방식들을 파생시키며 다른 장르와 매체간의 상호 관계를 증진시키는 적극적인 비평행위라 볼 수 있겠다. 또한 문학을 다른 체계의 픽션으로 옮긴 예술 작품은 글쓰기에 의한 과학적인 비평이 지적하지 못한 텍스트의 요소를 드러낼 수 있는 좋은 비평 자료가 되기에 문학과 영상의 병행 연구는 앞으로 더욱 적극적으로 추진되어야 할 것이다.

참고문헌

Esrock, Ellen J. *The Reader's Eye: Visual Imaging As Reader Response.* Baltimore: John Hopkins University Press, 1994.

Giannetti, Louis. *Understanding Movies.* New Jersey: Prentice Hall, 1999.

Griffith, James. *Adaptations as Imitations: Films from Novels.* Newark: University of Delaware Press, 1997.

Kludge, Alexander, Edgar Reitz, & Wilfried Reinke. "Word and Film" *Film and Literature: An Introduction and Reader.* Ed. Timothy Corrigan. New Jersey: Prentice-Hall, 1999. 229-245.

McFarlane, Brian. *Novel to Film: an Introduction to the Theory of Adaptation.* Oxford: Claredon Press, 1996.

Stoneman, Patsy. *Brontë Transformations: The Cultural Dissemination of* Jane Eyre *and* Wuthering Heights. London: Prentice Hall, 1996.

토마스 소벅, 비비안 C. 소벅, 주창규 외 옮김. 『영화란 무엇인가』 서울: 거름, 1998.

트리스트람 섄디 *Tristram Shandy*

원작의 정신에 충실한 각색

양원경_서울여자대학교

I

마이클 윈터바텀(Michael Winterbottom) 감독의 영화 <트리스트람 섄디: 터무니없는 이야기>(*Tristram Shandy: A Cock and Bull Story*)는 로렌스 스턴(Laurence Sterne)의 『트리스트람 섄디』(*Tristram Shandy*)에 대한 유일무이한 각색영화다. 1970년대 중반에 킨더(Marsha Kinder)와 휴스톤(Beverle Houston)이 트리스트람을 18세기 영국 작가에서 영화제작자로 탈바꿈시킨 영화 대본을 공동으로 쓰고, 스스로도 황당한 "시간왜곡"(487)임을 시인한 이 대본을 바탕으로 "각색에 관한 영화"(a film about adaptation, 486) 제작을 계획한 적이 있으나 결국 계획에 그치고만 것으로 보인다. 이들이 쓴 대본이나 각색에 대한 자신들의 생각을 밝힌 이들의 논문 「트리스트람 섄디에 대한 비평적 각색」("A Critical Adaptation of Tristram Shandy")을 윈터바텀이 읽어보았는지 그 여부는 알 수 없지만, 일반 대중을 상대로 2006년 초 개봉된 그의 영화는 30여 년 전 논의되었던 "각색에 관한 영화" 계획이 마침내 실현된 것이라고 할 수 있다. 왜냐하면 소설의 중심소재 가운데 하나인 트리스트람 탄생 에피소드가 영

<트리스트람 섄디: 터무니없는 이야기>(2005)

화 속 영화를 통해 재현되는 가운데, 이 영화 속 영화를 제작하는 과정이 고스란히 영화화된 메타시네마의 형태를 띠고 있기 때문이다.

트리스트람의 자의식적인 서술과 중간 중간 빈번하게 삽입되는 수많은 여담의 존재는 많은 사람들로 하여금 『트리스트람 섄디』를 "영화화할 수 없는"(unfilmable)[1] 소설로 간주하게 만들었다. 그러나 윈터바텀은 영화화에 장애물과도 같은 원작의 메타픽션적 요소를 메타시네마 형식을 통해 효과적으로 재현했다. 소설의 18세기적 상황들을 각색한 영상들이 영화 전반부에 30여분 동안 이어지다가 갑자기 핸드헬드(hand-held) 카메라를 손에 든 감독이 "감사해요. 매우 감사합니다. 좋아요, 됐습니다."라고 말하는 모습이 화면에 나타남으로써 이제껏 보여 졌던 영상들이 영화 속 영화의 장면들이었음이 밝혀진 다음, 영화는 이 영화 속 영화를 제작하는 과정과 영화 속 영화에 출연하는 배우들의 사생활이 진짜처럼 보이도록 만들어진 가짜 다큐(fake documentary), 즉 다큐멘터리의 형태를 모방한 허구적 이야기인 모큐멘터리(mockumentary) 형식을 띤다.[2] 2005년 뉴욕영화제를 통해 영화의 북미지역 첫 상연 시 있었던 인터뷰에서 윈터바텀은 처음부터

1 영화에서도 『트리스트람 섄디』를 가리켜 TV 인터뷰어가 이렇게 정의 내리는 장면이 나온다.

2 영화 속 영화에서 트리스트람과 월터(Walter)를 동시에 연기하는 스티브 쿠간(Steve Coogan)과 토비(Toby) 역을 맡은 롭 브라이든(Rob Bryden)은 영국의 유명한 코미디언들이다. 그런데 이들이 모큐멘터리에서 자신들의 본명을 유지함으로써 결국 스티브 쿠간과 롭 브라이든이라는 실제상의 영국 배우들이 자신과 동일한 이름을 가진 허구의 배우들을 연기하는 셈이 된다. 이들 두 사람 외에도 영화 속 영화에서 배역을 맡은 배우로서 모큐멘터리에 등장하는 배우들은 모두 자신의 이름을 그대로 쓰고 모큐멘터리에만 등장하는 배우들은 모큐멘터리에서 맡은 배역의 이름을 갖게 되는데, 영화 속 영화 즉 『트리스트람 섄디』의 각색영화를 만들고 있는 감독 역을 맡은 배우 제레미 노덤(Jeremy Northam)이 모큐멘터리에서 제레미가 아닌 마크라는 이름으로 불리는 것이 한 예이다. 모큐멘터리에서 배우가 직업인 사람들로 등장하는 배우들이 본명을 그대로 사용함으로써 실제와 허구사이에 혼란이 오고 특히 스티브 쿠간에 대한 다큐멘터리처럼 혼동되는 것에 대해서, 윈터바텀 감독은 자신의 영화가 "영화를 만드는 것에 대한 일종의 허구"로서 절대 다큐멘터리가 아님을 국립 영화관(National Film Theater)에서 가졌던 관객과의 대화에서 분명히 밝히고 있는데, 이렇게 실제와 허구사이의 경계를 장난스럽게 흐리는 것도 영화의 재미를 위한 의도적인 혼란으로 볼 수 있다.

영화제작과정을 다루는 영화를 만들 생각은 아니었는데, 글쓰기 작업에 대한 스턴(트리스트람)의 집착이 영화제작과 유사하다는 생각에 메타시네마를 시도하게 되었다고 밝히고 있다(Porton 30). 이미 하디(Thomas Hardy)의 소설 『비운의 주드』(*Jude the Obscure*)를 원전에 충실하게 각색한 <주드>로 호평 받은 바 있는 윈터바텀은 <트리스트람 섄디: 터무니없는 이야기>의 경우 소설에 충실하기보다는 소설의 "정신(the spirit)"에 충실한 작업을 하고자했고, 소설의 팬이라면 책의 내용을 있는 그대로 옮겨놓은 영화를 원하지는 않을 것이라면서, "출발점은 책이되 그 이후 전혀 다른 방향으로 나아간 영화"에 대해서 소설의 팬들뿐 아니라 스턴 연구자들도 매우 좋아했다는 자신감을 보인다(Porton 29-30). 이런 윈터바텀의 자신감은 그의 영화가 공식적으로 개봉되기 전 영국 콕스월드(Coxwold) 섄디홀(Shandy Hall)에서 있었던 시사회에서 파넬(Tim Parnell)이 내린 "매우 훌륭하다"(bloody good)는 평가나 고우(James Gow)의 "굉장하다"(wonderful)는 평가에 비추어 볼 때 근거 없는 자신감은 아니다(Gow 14). 특히 고우는 소설 내용에 대한 "수고스러운 모방"의 결여가 영화 내내 느껴지는 "스턴의 정신"(the spirit of Sterne)에 의해 충분히 보상되는 점을 이 "전통적이지 않은 각색영화"(no conventional adaptation)의 강점으로 평가하고 있다(10).

그렇다면 윈터바텀이 말하는 『트리스트람 섄디』의 정신, 또는 "스턴의 정신"이란 무엇인가? 윈터바텀 자신이 밝힌 생각들을 종합하여 한마디로 말하자면 그건 "장난기"(playfulness)이다(Porton 30; 32). "매우 익살맞은"(quite silly) 톤의 소설을 영화화하면서 "진정성(authenticity)에 집착할 필요를 못 느낀 채" 스스로도 "장난하는"(play around)듯 작업한 자신의 영화는(30) 부제 "터무니없는 이야기"(A Cock and Bull Story)가 시사하고 있듯이 "너무 심각하게 받아들여지지 않도록" 만든 영화라는 것이다(32).[3] 각색의 충실성을 텍스트의 문자에 충실한 것과 텍스트의 정신에 충실한 것으로 구분한 앤드루(Dudley Andrew)에 따르면, 원작의 톤, 가치, 이미지, 리듬 등 원작의 정신에 대해 충실하기가 더욱 어려운데 왜냐하면 이런 미묘한 원작의 느낌에 대응하는 영화 양식상의 등가물을 찾기가 힘들기 때문이다(148). 하지만 윈터바텀은 원작이 표방하는 가치 가운데서 비록 그것이 외골수적인 집착의 형태를 띠긴 하지만 아들에 대한 아버지의 사랑을 택하여 이것의 등가물로 영화 속 영화에서 트리스트람과 월터를 동시에 연기하는 배우 쿠간이 부성애 내지 가족애를 획득하는 과정을 모큐멘터리를 통해 보여주면서, 원작에 묘사된 이미지 "모머스의 창문"(Momus's glass)의 등가물로 창문이 달린 거대한 모형자궁을 고무로 제작하여 모큐멘터리의 중요한 세팅으로 사용한다. 그러는 가운데 "근거 없이 획기적인 것"은 하나도 없다(Gow 10)고 할 정도로 원작의 소재들을 모큐멘터리 영상을 통해 암시적으로 재현하는 한편, 원작 텍스트의 정신이 아닌 문자에 충실한 각색을 시도한 영화 속 영화에서는 원작소설의 소재 중에서도 현대 관객들이 공감할 수 있는 출산과 자식에 대한 아버지의 집착을 중점적으로 재현하고 있다. 그리고 영화 속 영화와 그것을 제작하는 과정을 그린 모큐멘터리라는 구조 자체에서 느껴지는 장난스러움에 다양한 편집기법을 동원한 장난스러운 화면들을 더함으로써 원작의 익살맞은 톤까지 성공적으로 재현하고 있다. 따라서 본 논문은 우선 편집기법을 중심으로 영화 속 영화와 모큐멘터리의 다양한 화면구성을 살펴보고, 월터의 부성애가 어떻게 모큐멘터리에서 쿠간의 인격적 성장으로 대체되어 그려지고 있는지 분석한 뒤, 궁

3 미국 이외의 지역에서는 영화 제목으로 단순히 "A Cock and Bull Story"가 쓰였다고 한다(Porton 32).

극적으로 윈터바텀의 영화를 『트리스트람 섄디』의 정신인 장난기에 충실한 웃기고 재미있는 각색영화로 자리매김하고자 한다.

II

쿠간과 브라이든이 분장실에서 각기 트리스트람과 토비로 분장을 받으며 대화하는 장면 이후, 영화는 섄디홀을 배경으로 카메라를 향해 걸어온 쿠간을 미디엄 숏으로 보여주고 | 사진 1 |, 트리스트람으로 분장한 쿠간이 다음과 같은 대사를 함으로써 영화 속 영화—물론 이 시점에서 관객은 이 시작이 단지 영화 속 영화의 시작 부분인지 알지 못한다—해설자로서의 역할을 시작한다.

| 사진 1 |

그라우초 막스(Groucho Marx)[4]가 한번은 이렇게 말했습니다. 자기 자신에 관한 책을 쓰는 것의 문제점은 장난을 칠 수가 없다는 거라고요. 왜 그럴 수 없다는 거죠? 사람들은 늘 자기 자신과 장난을 치는데 말입니다. 저는 트리스트람 섄디입니다. 이 이야기의 주인공이죠.

4 1900년대서부터 1950년대까지 활동한 미국의 코미디언으로 형제들과 함께 막스 브라더스(Marx Brothers)로 잘 알려져 있다.

처음부터 장난을 치는 글쓰기를 역설하는 트리스트람은 자신이 자신에 대한 글을 쓰고 있다는 것을 끊임없이 언급함으로써 독자들이 소설을 읽고 있다는 것을 의식하게 만드는 『트리스트람 섄디』의 자의식적인 일인칭 화자 트리스트람의 등가물이다. 그리고 이후 이어지는 영화 속 영화는 숏과 씬을 자연스럽게 연결하여 편집된 시퀀스에 혼란스런 단절이 없게 하는 연속커팅 대신 공간과 시간의 관점에서 혼란을 일으키는 점프컷(jump-cut) 편집기법(Giannetti 146-7)에 의한 영상들로 채워져, 원작소설의 독자들이 그랬던 것처럼 영화관객들로 하여금 영화를 보고 있다는 것을 끊임없이 의식하게 만든다. 다시 말해 원작소설의 메타픽션적 요소가 영화제작 과정을 그린 모큐멘터리라는 큰 틀을 통해 재현되는 것뿐만 아니라, 소설의 18세기적 상황들을 각색한 영상들로 영화 전반 30여분을 차지하는 영화 속 영화에서도 영화적인 기교를 통해 재현되고 있는 것이다.

시간 순서가 뒤죽박죽인 채 "여담이 끼어들면서 또한 진행적이기도 한"(digressive, and it is progressive too, 81) 원작소설의 독특한 서술은 서로 다른 시간과 공간을 배경으로 하는 숏들을 혼란스럽게 연결한 점프컷 편집으로 재현된다. 트리스트람이 자신을 소개한 뒤 트리스트람의 어머니 엘리자베스(Elizabeth)가 진통이 시작됐음을 하녀 수잔나(Susannah)에게 알리는 장면이 이어지고, 곧바로 볼링그린에서 모형요새를 만들고 있는 토비와 트림(Trim)을 보여주면서 트리스트람이 두 사람을 소개하고 "자신들이 참전했던 나무르(Namur) 전투 현장을 만들고 있는 중이죠"라고 말한 뒤에 토비가 샅에 상처를 입었던 과거 전투장면을 보여주는 식이다. 영화 초반에 진통이 시작된 것으로 그려졌던 엘리자베스의 진통 모습은, 어린 트리스트람이 창문 밖으로 소변을 보다가 갑자기 내려온 내리받이 창문에 성기를 다치는 시퀀스

후, 토비와 소년시절의 트리스트람이 볼링그린에서 대화를 나누는 장면 이후에나 볼 수 있는데, 그녀의 재등장은 화면의 전환에 사용된 영화적 기교에 의해 매우 장난스럽게 처리되고 있다. 영화는 일단 나무르전투에서 정확히 신체의 어느 부위에 상처를 입었는지 궁금해 하는 소년 트리스트람에게 상처를 입은 장소로 요새 지형의 한 지점을 가리키는 토비를 사진 2와 같이 정지화면으로 잡는다. 그리고 외화면(off-screen) 화자 트리스트람이 바깥소리(voice-over)로 들려주는 "제가 너무 앞서갔네요."라는 대사 후 토비의 정지화면이 방에서 진통을 참으며 서성거리고 있는 엘리자베스를 보여주는 사진 4의 화면으로 전환될 때, 찰칵하고 화면이 넘어가는 효과음과 함께 사진 3

| 사진 2 |

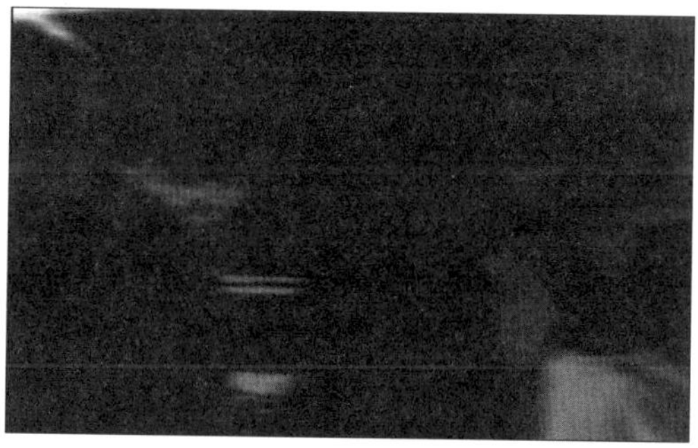

| 사진 3 |

| 사진 4 |

에서처럼 미끄러지듯 전환된다. 영화 속 영화의 시작부터 트리스트람의 해설을 보고 들으며 점프컷 편집 화면들에 몰입해왔던 관객들은 찰칵 소리가 곁들여진 화면전환에 주의가 환기되며 영화 속 영화 플롯의 발단인 엘리자베스의 진통을 기억하게 되고, 전환된 화면과 함께 들려오는 트리스트람의 바깥소리 대사 "전 아직 태어나지도 않았는데 말이죠."는 장난스러운 화면 전환을 익살맞게 마무리한다.

화면에 모습을 드러낸 상태에서 또는 위에서처럼 바깥 소리로 트리스트람이 제공하는 상황설명은 점프컷 편집에 따른 시공간적 혼란을 최소화하는 장치라고 볼 수 있는데, 어린 트리스트람이 성기를 다치는 장면에서는 트리스트람이 해설자 역할 이상으로 그 상황에 개입함으로써 관객들에게 혼란을 일으킨다. 트리스트람이 다섯 살 되던 해에 당한 내리받이 창문 사고를 재현하는 장면에서는 당연히 아역배우가 어린 트리스트람을 연기하는데 이때 이 어린아이의 연기를 지켜보던 성인 트리스트람이 "저인척하는 아역배우입니다. 나중에 가서야 제가 저를 연기할 수 있지요. 18, 19세 때까지는 일련의 아역배우들에 의해 연기될 겁니다. 이 꼬마가 형편없는 아역배우들 중에서 그래도 제일 낫죠. 하지만 사건의 고통이나 충격을 제대로 전달하질 못하고 있네요."라고 말한다. 그러자 아역배우가 연기를 하다말고 문간에 서있는 트리스트람에게 다가와 "전 잘하고 있는데요. 수잔나가 당신이 했던 것과 똑같이 하고 있다고 말했단 말이에요."라고 항의하고, 이에 트리스트람이 감정이 실려 있지 않다고 타박하면서 아역배우가 지켜보는 가운데 연기시범을 보이자 | 사진 5 |, 아역배우는 펜토마임을 할 생각은 없다는 말과 함께 다시 비명을 지르며 연기로 돌아간다.

해설자 역할의 트리스트람이 다른 등장인물들과 이런 식으로 대화를 나누는 장면은 관객들로 하여금 영화를 보고 있다고 의식하게 만

| 사진 5 |

드는 자의식적인 영화 속 영화에서도 유일한데, 이때 아역배우와 대화를 나누는 트리스트람이 여전히 영화 속 영화의 해설자로서의 트리스트람인지 아니면 모큐멘터리 상의 배우 쿠간인지 혼동이 올 정도로 관객의 극적 환상을 깨뜨리는 "거리 두기"(distanciation, Hayward 23) 효과는 극에 달한다.

점프컷 편집이나 해설자 트리스트람의 존재와 함께 거리 두기 효과를 내는 또 다른 영화적 기교는 화면분할이다. 진통이 시작된 엘리자베스의 지시에 따라 마을의 나이든 여산파를 부르러 가는 수잔나를 본 월터는 하인 오바댜(Obadiah)에게 당장 말을 타고 가서 남자산파인 슬롭(Slop)을 데려오라고 시킨다. 원작소설에서 화자 트리스트람은 이 상황을 묘사하면서 월터가 오바댜를 심부름 보낸 지 2분 13과 5분의 3초 밖에 지나지 않았다고 주장하는 비평가들로부터 "시간의 통일성 또는 개연성을 위반했다"(119)는 혹평을 들을까 염려한 나머지 오바댜가 마구간에서 60야드도 채 가기 전에 해산이 임박한 샌디 부인의 소식이 궁금해 샌디홀로 오고 있던 슬롭과 마주친 거라는 설명을 덧붙인다. 실제의 시간과 무대 위에서 벌어지는 사건에 걸리는 시간이 같아야 한다는 시간의 통일성(unity of time)을 억지로 지킴으로써 이것이 얼마나 불합리한 고전 비평 법칙인지를 간접적으로 풍자하고 있는(김일영 64) 이 상황이 영상으로 재현됨에 있어서는 슬롭과 오바댜 행보의 시간적 동시성이 화면분할 기법을 통해 표현되고 있고, 이를 통해 거리 두기 효과뿐만 아니라 원작의 풍자가 갖고 있는 익살맞은 분위기까지 효과적으로 재현되고 있다. 영화화면은 우선 말을 타고 섄디홀로 오는 중인 슬롭을 풀숏으로 보여준다. 그러고 나서 월터의 지시를 받은 오바댜가 마구간으로 뛰어가는 모습을 말을 타고 오고 있는 슬롭과 나란히 화면분할로 보여주고, 오바댜가 말을 달리는 모습을 계속해서 슬롭과 함께 화면분할로 보여준 뒤, 오바댜가 타고 있는 말의 얼굴이 클로즈업 된 다음 화면분할은 끝난다. 이후 말을 타고 달려가는 오바댜의 뒷모습과 십자로에서 맞부딪친 슬롭과 오바댜의 충돌, 그리고 슬롭이 말에서 떨어지는 장면으로 전체 시퀀스가 종료된다. 유유자적하게 말 잔등에 앉아있는 슬롭과 최대속력으로 말을 달리는 오바댜의 대조적인 모습이 화면분할로 재현됨으로써 그 이후 이어지는 슬롭의 낙마 장면이 더욱 우스꽝스럽게 와 닿는다.

화면분할이나 찰칵 소리와 함께 미끄러지듯 전환되는 화면, 동그랗게 모아졌다 펴지며 전환되는 화면, 그리고 피어오르는 화염으로 전투지역을 표시한 지도화면 | 사진 6 | 등과 같은 장난스러운 화면구성은 원작소설에서 스턴이 시도하고 있는 다양한 "인쇄

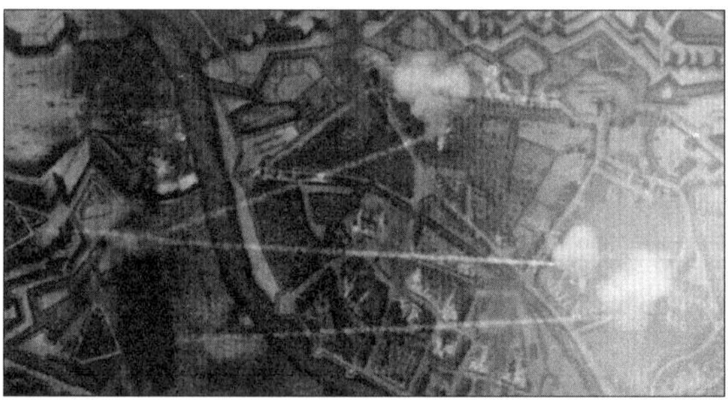

| 사진 6 |

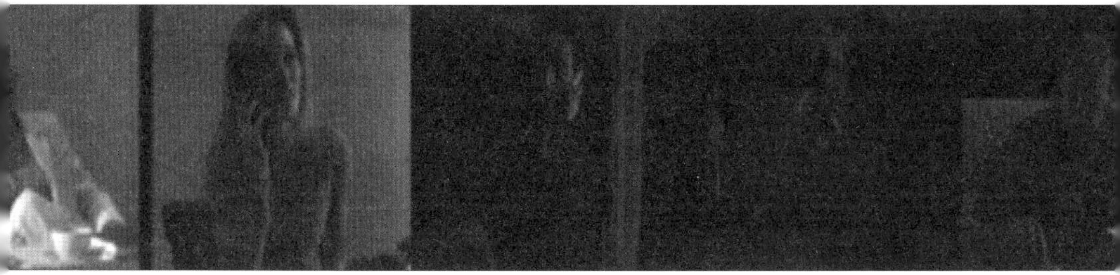

| 사진 7 |

술적인 장난” (typographical games)의 영화적 등가물로도 볼 수 있는데(Spencer 17), 이런 화면들은 영화 속 영화뿐 아니라 모큐멘터리에서도 활용된다.

원작소설에서 요릭(Yorick)의 묘비명 뒤에 이어지는 검정색 페이지 두 쪽을 어떻게 재현할 수 있을까 하는 영화 속 영화 제작진의 고민은 검은색 화면, 즉 암전상태와 함께 “검은색 화면이 관객들에게 얼마나 흥미로울지 모르겠다”는 감독의 목소리로 재현된다. 토비와 미망인 워드맨(Wadman)의 로맨스를 추가하기로 결정한 뒤 워드맨 역에 헐리웃 스타인 질리안 앤더슨(Gillian Anderson)[5]을 전화로 캐스팅하는 장면에서는 슬롭과 오바댜의 충돌 장면에서처럼 화면분할 기법에 의해 시간적 동시성이 표현되면서 풍자적 효과까지 거두고 있다 | 사진 7 |.

L.A. 사무실에 함께 있는 앤더슨의 에이전트 조아나(Joanna)와 앤더슨, 그리고 촬영장 옆 숙소의 한 방에 모여 있는 감독 마크와 제작진 중 한명인 사이먼(Simon), 그리고 대본작가 조(Joe) 이렇게 다섯 명이 왼쪽부터 차례로 다섯 개로 분할된 화면을 통해 보이는 가운데, 전화상으로 이어지는 대화는 다음과 같다.

5 TV 시리즈 <엑스 파일>(*X-Files*)의 FBI 요원 데너 스컬리(Dana Scully)역으로 유명한 배우인데, 윈터바텀은 앤더슨을 설득하는 일이 실제로도 매우 간단했다고 밝히고 있다(Porton 31).

마크　　안녕하세요, 질리안?

앤더슨　　안녕하세요, 마크!

마크　　제가 『트리스트람 섄디』에 대해서 얘기했던 거 기억하죠?

앤더슨　　아, 그 소설 저 참 좋아해요.

마크　　미망인 워드맨 이야기를 영화에 포함시키기로 했어요.

앤더슨　　제가 좋아하는 등장인물인데요.

마크　　제가 당신의 열렬한 팬 인거 알죠?

앤더슨　　아, 너무 감사한 말씀이에요.

사이먼　　분명하게 해두자면 우린 저예산 영화를 찍고　있어요.

조아나　　아, 그런 건 걱정 마세요.

앤더슨　　괜찮아요.

조아나　　질리안은 작품의 질에 관심을 두지 돈만 밝히진 않는다고요.

앤더슨　　맞아요.

사이먼　　잘됐네요. 당장 와줬으면 좋겠는데요.

앤더슨　　내일 비행기로 갈게요.

사이먼　　좋아요, 안녕히 계세요.

앤더슨　　네, 안녕히 계세요.

조아나　　안녕히 계세요

전화 한 통화로 앤더슨 같은 일류배우가 개런티에 대한 세세한 협상도 없이 너무 간단하게　섭외되는 위의 장면은, 실제로는 배우를 캐스팅하는 작업이 매우 힘든 과정임을 역설적으로 풍자하고자 윈터바텀이 "가능한 한 현실과 동떨어진 우스꽝스러운" 상황으로 연출한 것인데(Porton 31), 전화대화에 참여하고 있는 네 명의 사람과 함께 같은 시각 같은 장소에서 식사를 하고 있는 대본작가까지 보여주고 있는 장난스런 화면분할 기법에 의해 의도했던 풍자효과가 더욱 강화되고 있음을 볼 수 있다. 결론적으로, 시간순서가 무시된 채 서술된 원작소설의 사건들을 재현한 점프컷 편집의 영상들과 원작의 익살맞은 톤을 효과적으로 재현한 장난스런 화면들은 윈터바텀의 영화를 원작의 정신인 장난기에 충실한 재미있는 각색영화로 자리매김하는 결정적인 요소들이다.

III

원작소설에서 남편의 작은 코에 불만이었던 월터의 할머니가 남편에게 요구했던 과부급여 300파운드에 대한 책임을 대를 이어 이행해야 했던 월터는 코의 크기에 대해 강박적으로 집착한다. 월터의 이 강박증은 영화 속 영화에서 그 가족사적인 원인에 대한 설명 없이 슬롭의 겸자에 의해 콧마루가 내려앉은 신생아 트리스트람의 코에 반창고가 붙어있는 장면으로만 재현됨으로써 그 의미가 슬롭의 형편없는 분만 실력을 풍자하는 것으로 제한되었다. 대신 쿠간이 자신의 코에 강박증을 갖고 있는 것으로 모큐멘터리에서 그려지고 있는데, 콧마루가 정상일리 없는 트리스트람을 연기하기 위해 영화의 시작부터 분장실에서 코에 보형물을 붙이고 있던 쿠간은 “내 코를 좀 더 곧고 똑바르게 고쳐야 하는 거 아닐까?”라며 성형수술을 고려할 정도로 코의 생김새에 민감하다. 이런 고민에 대해 “맙소사!”라고 대꾸하며 또 시작이냐는 식으로 반응하는 그의 여자 친구 제니(Jenny)에게 한 술 더 떠 “내 코가 그냥 단순한 배우의 코 같아 아니면 주연배우다운 코 같아?”하고 묻는 쿠간은 영화의 마지막에서까지 트리스트람으로 분장했을 때처럼 자신의 코가 진짜로 그렇게 생겼어도 자신과 자고 아기를 가졌겠냐고 제니에게 묻는다.

이와 같은 쿠간의 코에 대한 집착은 원작에서 코가 갖는 성적인 의미와 무관하지 않다. 월터의 할아버지가 코가 작다는 이유 하나만으로 겨우 2000파운드의 지참금을 가져온 부인에게 매년 과부급여로 300파운드를 지불해야하는 터무니없는 결혼 계약에 대해 불만을 터뜨리자 부인은 "당신의 코는 거의 없는 거나 마찬가지"(257)라며 뜻을 관철시킨다. 이때 트리스트람은 증조부의 코로 의미하는 바가 "냄새를 맡는 외부 기관, 또는 사람 얼굴에서 돌출된 부분"(262)일 뿐 "그 이상도 그 이하도 아님"(258)을 강변함으로써 오히려 코라는 단어에 내포된 남성 성기의 의미를 강조하고, 여성 성기를 의미하는 칼집을 잃어버린 채 "벌거벗은 언월도"(naked scymetar, 291)를 들고 다니는 커다란 코의 소유자 디에고를 주인공으로 하는 슬러켄벌지우스 이야기(Slawkenbergius's Tale)를 곧이어 소개함으로써 코가 갖는 성적인 의미를 한층 강화시킨다. 결국 원작에서 희화화 된 작은 코, 즉 왜소한 남성 성기는 샌디가 남성들의 성적 무기력을 암시하는데 한 달에 한 번 날을 정해놓고 부인과 성관계를 갖는 월터, 나무르 전투에서 샅에 부상을 입은 토비, 태어날 때 이미 콧마루가 납작해진 것도 모자라 어린 시절 내리받이 창문에 성기를 다치는 사고로 할례를 받은 트리스트람은 모두 성적 능력에 대한 의심에서 자유롭지 못하다. 그리고 이러한 원작의 소재들은 "선택된 소재"(subject matter; Giannetti 400)로서 영화 속 영화를 통해 재현되고, 더 나아가 코에 대한 강박증과 함께 성적인 문제에서도 자유롭지 못한 것으로 그려지고 있는 쿠간과 연결됨으로써 남성의 성적 무기력이라는 원작의 모티프가 모큐멘터리에서도 주요 모티프로 재현되고 있음을 볼 수 있다.

위에서 언급한 대로 쿠간에게는 제니라는 여자 친구가 있으며 그녀와의 사이에는 6개월 된 아들이 있다. 제니라는 이름은 원작에서 트리스트람의 여자로 등장하는 제니(Jenny)와 동일한데, 모큐멘터리에는 제니(Jennie)라고 불리는 또 하나의 여성이 존재한다. 그녀는 촬영장의 자잘한 일들을 돌보는 심부름꾼과도 같은 스텝으로 쿠간을 전담한 듯 그를 그림자처럼 따라다니며 일정을 챙긴다. 이렇게 쿠간 주변의 두 여자 이름을 동일한 발음의 이름으로 설정한 것은 원작에서 제니의 정체성이 모호한 점을 반영한 것으로 보인다. 그리고 원작의 제니와 철자가 같은 여자 친구 제니를 원작 제니의 영화적 등가물로 본다면, "난 너랑 자려고 아기랑 200마일을 기차로 달려 왔어"라고 말하는 여자 친구와 잠자리를 갖는 대신 『트리스트람 섄디』를 뒤적이는 쿠간의 모습은 원작에서 그려지고 있는 트리스트람과 제니의 성공적이지 못한 성관계를 암시한다고 볼 수 있다. 쿠간의 라이벌 배우 브라이든이 제니와의 소원함을 두고 쿠간에게 리비도를 상실하는 것은 갓 아빠가 된 남자들에게 흔한 일이라고 말하자 정색을 하며 단지 시간이 없을 뿐이라고 반박하는 쿠간은 사실 성적으로 무기력한 상태는 아니다. 제니가 아기와 함께 촬영장으로 찾아오기 바로 전날 스텝 제니에게 키스를 한 쿠간은 여자 친구 제니에게 스텝 제니를 소개하면서 "연애질하던 사이였는데 네가 왔으니 한동안 멈춰야겠다"며 농담 아닌 농담을 한다. 또한 무릎 춤을 추는 무희와 하룻밤을 보낸 사실로 인해 타블로이드 신문 기자가 촬영장에까지 쫓아다니는 위기의 상황이기도 하다. 불미스런 스캔들이 터지는 것을 막기 위해 쿠간의 에이전트는 신문기자에게 아들을 얻은 뒤 변모한 쿠간에 대한 특집기사를 약속하고, 처음엔 아들을 이용하고 싶지 않다며 거부하던 쿠간도 기자를 직접 만난 자리에서는 언제 그랬냐는 듯 취재약속을 잡는 뻔뻔함을 보인다. 원작의 성적 무기력과는 거리가 먼 그러나 긍정적인 대안은 결코 될 수 없는 성적 문란함을 보여주는 쿠간이 건강한

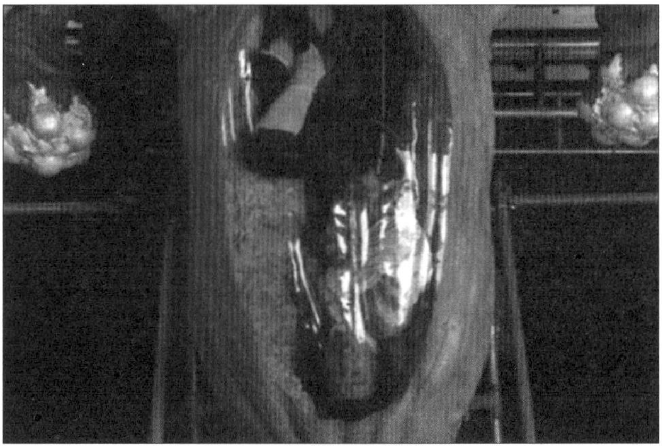

| 사진 8 |

의미의 리비도를 회복하고 "가정적인 남자"(family man)로 거듭나기 위해서는 꿈을 통한 치유가 필요하고, 이 과정에서 중요한 역할을 담당하는 것이 바로 거대한 모형자궁 세팅이다.

모큐멘터리 초반에 쿠간은 스텝 제니의 안내로 고무로 만들어진 커다란 모형자궁이 있는 소품제작 창고에 간다. 거기서 그는 물구나무 자세로 와이어에 매달린 채 모형자궁 속으로 들어가는 연습을 하는데 | 사진 8 |, 자궁 전면에 나있는 투명한 창문을 통해서 쿠간이 카메라를 향해 대사를 말하는 것이 감독의 계획이라는 말을 소품 담당자로부터 듣게 된다.

거꾸로 매달리는 것도 힘든 마당에 모형자궁 내부에 몸이 끼자 소품 담당자로부터 살이 쪘나보다는 소리까지 듣게 된 쿠간은 몸을 똑바로 해서 찍고 나중에 필름을 180도 회전하면 되지 않겠냐고 제안해 보지만, 감독인 마크와 상의해 봐야한다면서 소품 담당자가 덧붙이는 말은 "그가 원하는 건 사실주의인 것 같아요"이다. "구체적인 현실세계의 겉모습을 재현함에 있어 왜곡의 한계를 극소화"하는 것이 사실주의 영화의 목표(Giannetti 12)인 것을 감안하면, 현실 왜곡의 극치라고 할 수 있는 모형자궁을 두고 사실주의 운운하는 것은 실소를 자아내기에 충분하다. 하지만 이 모형자궁이 애초에 관객들로 하여금 영화를 보고 있다는 것을 끊임없이 의식하게 만드는 영화 속 영화의 소품으로 제작된 것이라는 설정을 상기하면, 관객의 극적환상을 깨는 데 매우 효과가 있는 비현실적 이미지임에는 틀림없는 사실이다.

모형자궁을 "좀 바보 같다"며 비판적 시각으로 바라본 뉴(Melvyn New)는 슬러켄벌지우스의 코를 소품으로 만들었다면 그 시각적 효과가 훌륭했을 텐데 그 이야기 전체가 재현대상에서 제외되고 말았음을 안타까워한다(581). 하지만 이미 살펴보았듯이 원작에서 코가 갖는 성적 의미는 모큐멘터리에서 충분히 암시적으로 재현되고 있고, 뉴가 못마땅해 한 모형자궁도 원작에 묘사된 "모머스의 창문"에 근거하여 만들어진 소품으로 볼 수 있다. 자신의 글쓰기에서 여담이 갖는 중요성을 역설하던 트리스트람은 갑자기 인간의 가슴에 모머스의 주장처럼 창문을 냈더라면 인간의 성격파악이 쉬웠겠지만, 실제로는 인간의 가슴이 "불투명한 살과 피로 어둡게 쌓여 있어" 성격을 논하기 위해 다른 방법을 쓸 수밖에 없다고 말한다(82-83). 이렇게 창문이 달린 인간의 가슴이라는 원작의 이미지는, 가슴과 마찬가지로 여성의 몸속에서 살과 피로 쌓여있는 장기인 자궁을 고무로 크게 제작하여 "모머스의 창문"에 대응하는 투명한 창문을 단, 원작의 이미지만큼이나 우스꽝스러운 모형자궁 소품으로 대체되고 모큐멘터리에서 쿠간의 인격적 성장의 세팅으로 활용되는 것이다.

모형자궁에 들어가는 연습을 하기 전 "전망 있는 자궁"(womb with a view)이라며 흥미를 보이던 쿠간은, 실제 촬영 시에는 연습 때와 달리 옷을 다 벗은 알몸의 상태로 자궁 속에 들어가야 한다는 소품 담당자의 말에 충격을 받고 이에 대한 꿈까지 꾸게 된다. 쿠간의 꿈에서

| 사진 9 |

모형자궁은 그 크기가 축소되어 나타나고, 알몸으로 그 안에 거꾸로 매달려 있는 쿠간의 크기 역시 매우 작다. 이런 쿠간의 모습이 브라이든과 앤더슨을 비롯한 영화제작진의 눈에 띠어 조롱을 당하는 순간 쿠간의 꿈은 악몽이 된다 | 사진 9 | .

앤더슨　당신이 이렇게 작은 줄 몰랐어요.
브라이든　저보다 아주 많이 작죠. 그가 얼마나 작은지 와서 보세요.

....

쿠간　내가 왜 이렇게 작은지 모르겠어.
브라이든　(제작진들과 함께 쿠간을 두고 가면서) 낸들 아나.
앤더슨　그가 이렇게 작은 줄은 몰랐네요.
브라이든　정말 작죠?
앤더슨　조그마하네요.
쿠간　롭? 롭?
브라이든　저게 진짜 그의 크기죠.
쿠간　롭, 난 당신이 내 친구인 줄 알았는데.

비록 알몸 연기를 해야 한다는 충격으로 인해 모형자궁이 “낮의

잔여물"(day residue, Corsini and Wedding 34) 이미지로 꿈속에 등장하게 되지만, 위에 인용된 대화에서 조롱의 초점은 알몸이 아니라 축소된 모형자궁 속에 애처롭게 매달려 있는 쿠간의 작디작은 몸집이다.

원작에 나타난 월터의 작은 키를 반영하듯 모큐멘터리에서 쿠간 역시 키가 작은 것으로 그려지고 있는데, 그의 "나폴레옹 콤플렉스"는 동료배우 브라이든과의 경쟁심으로 이어져서 마침내는 "토비와 함께 있는 장면이란 장면에서는 모두 월터가 위압적인 모습을 보여야 한다"며 브라이든의 구두 굽은 잘라내고 자신의 구두 굽은 높여야 한다고 주장하기에 이른다. "등장인물들 간의 위상"을 내세우는 쿠간의 오만함은 트리스트람과 월터를 동시에 연기하는 자신이 주연이고 토비를 연기하는 브라이든은 조연에 불과하다는 자신감에서 비롯되는데, 이 자신감은 토비가 출연하는 전투장면의 재촬영계획과 토비와 미망인 워드맨의 로맨스 촬영계획이 추가됨으로써 크나큰 타격을 입는다. 더구나 미망인 워드맨 이야기는 원작소설을 제대로 읽지 않아 그 상대가 토비인줄도 모르는 쿠간 자신이 감독과 대본작가에게 제안하는 바람에 추가된 데다가, 워드맨 역할을 스타급 배우인 앤더슨이 맡게 되자 쿠간은 더할 수 없는 충격을 받는다. 부랴부랴 토비와 워드맨 이야기를 소설에서 찾아 읽다가 잠들어 꾸게 된 위의 꿈에서 앤더슨과 브라이든에게 놀림의 대상이 된 쿠간의 작은 몸집은 따라서 신체적으로 작은 키뿐만 아니라 경쟁자인 브라이든에 비해 점점 그 비중이 줄어들고 있는 그의 배역을 상징하는 것이다.

악몽에서 소스라쳐 깨어난 쿠간은 자신에게 외면당한 채 침대에서 홀로 자고 있는 제니를 놔두고 호텔방을 나선다. 전투장면 재촬영 준비로 떠들썩한 야외세팅을 배회하던 쿠간은 스텝 제니를 만나게 되고, 키스를 퍼부으며 애정공세를 펴는 그녀에게 "당신은 정말 매력적이지만...... 난 제니에게 가봐야겠어요."라고 말하고 호텔방으로 돌아온다. 어디에 다녀왔는데 이렇게 몸이 차갑냐고 묻는 제니의 품속을 파고들며 쿠간은 "악몽을 꿨어"라고 대답하는데, 이때 악몽은 말 그대로 위에서 살펴본 꿈일 수도 있지만 성적으로 문란했던 자신의 과거와 그로 인해 처하게 됐던 곤경, 그리고 더 나아가 동료배우와 벌였던 자존심 경쟁 등을 포괄적으로 지칭한 것으로 볼 수 있다. 그리하여 마치 꿈속에서 경험한 모형자궁을 통해 인격적으로 성숙한 인간으로 거듭난 듯 쿠간은 꿈꾸기 이전과는 달라진 모습을 보인다. 악몽 직후 스텝 제니와의 관계를 단호하게 정리한 쿠간은, 그의 아들을 낳았고 그가 그리워 촬영현장까지 아기를 데리고 찾아온 제니와 비로소 성공적인 잠자리를 가짐으로써 건강한 리비도를 회복한다. "스티브 쿠간의 생애와 견해"라는 제목으로 쿠간을 조명하는 기사를 쓰기 위해 쿠간을 인터뷰하는 신문기자에게 가족은 자신에게 전부라고 대답하는 쿠간의 진지한 표정에는 어린 아들을 이용해 추잡한 스캔들에서 벗어나고자 했던 뻔뻔함은 더 이상 존재하지 않는다. 아직 정식으로 결혼한 것은 아니지만 여자 친구 제니의 성실한 남자로서 그리고 아들의 기저귀를 갈아주고 안아서 잠을 재우는 다정한 아버지로서의 책임을 깨달은 쿠간은 진정한 의미의 "가정적인 남자"로 거듭난 것이다. 이러한 쿠간의 인격적 성숙은 배우로서의 그의 태도에도 변화를 가져오는데, 구두 굽을 높여서라도 자신이 브라이든보다 커 보이려던 이기심에서 벗어난 쿠간은 분장담당이 구두 굽을 높게 고쳐 가져와도 신기를 거절한다. 또한 트리스트람 탄생 장면에서 자신이 맡은 월터가 주변인물로 그려지는 것 같아 노심초사하며 갓 태어난 아기를 월터가 안아보는 장면이 들어가야 한다고 주장해온 그였지만, 전날 중단되었다가 재개된 탄생 장면 촬영 시에는 부인의 다리 사이로 피가 엉겨 붙은 아기 머리가 나오는 것을 목격하고 그대로 기절해버리는 월터 역할을 기꺼이 소화한다.

IV

정신을 잃은 채 바닥에 누워있는 월터의 얼굴을 클로즈업한 화면은 사진 10과 같은 화면으로 이어진다.

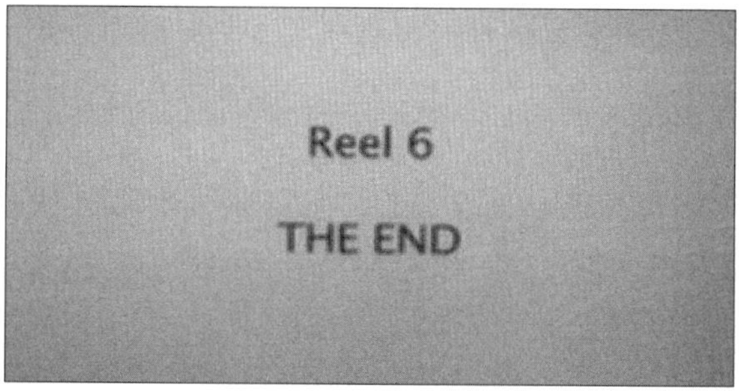

| 사진 10 |

위의 화면 이후 이어지는 화면은 띄엄띄엄 들리는 박수소리와 함께 영화 속 영화에 출연한 배우들과 스탭들, 그리고 영화 속 영화 제작에 자금을 댄 투자자들이 객석에 앉아 있는 모습을 보여줌으로써 위의 화면이 영화 속 영화 편집용 필름의 마지막 화면이고, 제작진을 대상으로 한 편집용 필름 시사회가 이제 막 끝난 상황임을 알려준다. 영화 속 영화에서 슬롭을 연기한 배우 딜런 모런(Dylan Moran)과 나란히 앉아있던 앤더슨은 자신이 연기했던 미망인 워드맨 이야기가 어떻게 된 건지 의아해하고, 얼마동안 촬영했냐는 모런의 질문에 2주정도 촬영했는데 "이게 영화의 전부라니 믿을 수가 없다"며 황당하다는 듯 웃음을 터뜨린다. 30분 정도 분량의 영화 속 영화와 마지막 시퀀스 촬영 장면에만 노출된 관객의 입장에선 앤더슨이 말하는 "영화의 전부"가 구체적으로 어떤 내용들을 포함하는지 알 수 없지만, 당혹스

러움을 감추지 못하는 앤더슨의 반응을 통해 추가한다던 토비와 워드맨의 사랑이야기가 편집을 마친 영화 속 영화 필름에서 극히 작은 부분에 지나지 않음을 추측할 수 있다. 시사회에 참석한 투자자들의 반응 또한 영화 속 영화의 내용을 짐작가능하게 하는데, 투자자들이 월터와 아기 트리스트람의 감동적인 장면은 어떻게 된 거냐고 묻자 마크는 "원작에 충실하기 위해서" 넣지 않았다고 답한다. 위에서 살펴 본 대로 월터와 갓 태어난 트리스트람의 첫 대면은 감동과는 거리가 먼 우스꽝스러운 기절 장면으로 연출되었고, 원작에도 없는 이런 상황설정은 마크의 터무니없는 이유와는 달리 재미를 추구하는 연출에 다름 아니다. 투자자들의 더 큰 불만은 재촬영에 돈을 쏟아 부은 전투장면이 온데간데없다는 것인데, 촬영을 다시 하고도 편집과정에서 빼버린 것에 대한 마크의 변명은 바로 "웃기지 않아서"이다. 영화촬영과정 중 사이먼이 왜 이 영화를 만드느라 고생을 해야 하는지 모르겠다며 근본적인 회의를 드러내자, "웃기니까요. 충분한 이유 아닌가요?"라고 되묻는 마크는 모큐멘터리 상에서 『트리스트람 섄디』의 각색영화를 만들고 있는 영화감독으로서 결국 윈터바텀의 영화적 등가물이고, 이런 점에서 마크가 추구하는 재미있고 웃기는 영화는 바로 윈터바텀이 『트리스트람 섄디』 각색을 통해 지향하는 영화라고 볼 수 있다. 또한 바로 이 장면에서 허구의 감독 마크가 만들고 있는 각색영화와 윈터바텀이 만들고 있는 각색영화, 즉 영화 속 영화와 모큐멘터리의 차별화가 섄디홀 큐레이터의 입을 통해 이루어진다. 마크를 비롯한 영화 속 영화 제작진이 섄디홀 방문 당시를 상기할 때, 패트릭(Patrick Wildgust)[6]이 다음과 같이 원작소설의 주제를 설명하는 모습이 소개된다.

6 섄디홀 큐레이터의 실제 이름이며, 영화 속 영화에서 요릭을 연기하는 스티븐 프라이(Stephen Fry)가 이중배역을 맡았다.

> 트리스트트람 섄디의 주제는 매우 간단한 것으로 인생은 혼란스럽고 무정형적이라는 것입니다. 아무리 노력해도 어떤 형태에도 끼워 맞춰지질 않는다는 거죠. 트리스트트람 자신도 자신의 삶에 관한 이야기를 쓰고자 하지만, 인생이라는 것이 예술의 손아귀에 들어오기엔 너무 충만하고는 함축적이어서 달아나 버리고 맙니다. 그의 아버지 월터도 트리스트트람의 탄생과 수태와 어린 시절 등등에 관한 모든 일들을 계획하고자 하지만, 그의 계획들은 모두 잘못되고 마는 겁니다.

정작 이 장면 이후 이어지는 제작진들의 모습에선 패트릭이 언급한 주제에 대해 반추해 본 기색을 전혀 찾아볼 수 없지만, 관객들은 패트릭의 설명을 통해 이제까지 보아온 영화의 혼란스런 이중구조와 이후에도 계속되는 혼란스럽고 장난기 넘치는 화면구성에 내포되어 있는 원작에 근거한 존재론적 유머를 파악할 수 있게 되는 것이다.

하지만 원작에 담긴 철학적 유머에 대한 이해가 결여된 투자자들은 편집된 필름에 계속 불만을 표하며 마지막으로 원작소설은 도대체 어떻게 끝이 나는지 묻는다. 이에 대해 마크는 "훌륭한 결말을 갖고 있다"고 대답하고 곧이어 소설의 마지막 부분을 거의 그대로 재현한 시퀀스가 이어진다. 섄디홀에서 함께 식사 중이던 토비와 요릭, 슬롭, 그리고 엘리자베스에게 월터가 인간의 성적욕망을 열등한 것으로 개탄하는 가운데 오바댜의 암소가 월터의 황소와의 사이에서 새끼를 낳지 못한 이유로 황소의 성적 무기력이 의심된다. 이때 엘리자베스가 도대체 이게 다 무슨 이야기냐고 묻자 요릭이 "터무니없는 이야기"(A COCK and a BULL)인데 "내가 들어본 그런 이야기들 가운데 최고"라고 답하고, 식탁에 놓여있던 촛불 다섯 자루가 작은 원형 안에 클로즈업된 옆으로 "디 엔드"(the end)라는 자막이 나타나면서 엔딩 크레딧이 뜨기 시작한다. 영화 속 영화의 시퀀스로 촬영되었다가 월터의 기절 장면에 밀려 편집되어 잘려나간 부분으로 설정된 이 시퀀스가 원작 소설의 결말을 궁금해 하는 투자자들의 질문에 대한 대답처럼 소개되면서 모큐멘터리의 엔딩 시퀀스를 차지하게 되고, 궁극적으로는 윈터바텀의 영화에 대한 결론을 내리고 있는 것이다.

익살맞은 톤의 일인칭 화자 트리스트람의 자의식적인 서술로 이루어진 원작소설『트리스트람 섄디』의 정신을 장난기라고 파악한 윈터바텀은 영화 속 영화와 그것을 제작하는 과정을 담은 모큐멘터리라는 장난스러운 이중구조를 설정하여 원작의 메타픽션적 요소를 재현하였다. 그리고 점프컷 편집을 비롯한 다양한 편집기법을 동원한 장난기 넘치는 화면들과 원작에 묘사된 이미지에서 착안한 자궁모형과 같은 우스꽝스러운 소품을 통해 원작의 소재들을 직접적으로 또 암시적으로 재현하였다. 그 결과 원작의 정신인 장난기에 충실한 재미있고 웃기는 각색영화를 만들어내는데 성공하였고, 이런 점에서 볼 때 원작에서 스턴이 소설의 마지막 장에서 요릭의 입을 통해 자신의 소설에 대해 내린 평가처럼, 윈터바텀이 영화의 마지막 시퀀스에서 요릭의 입을 통해 자신의 영화에 대해 내리고 있는 터무니없는 이야기의 영화들 중 최고의 영화라는 평가는 자화자찬 이상의 설득력을 지닌 평가라고 할 수 있다.

참고문헌

김일영.『영미소설 해설총서 1: 트리스트람 섄디』. 신아사, 2005.

Andrew, Dudley.『영화이론의 개념들』. 김시무 외역. 시각과 언어, 1995.

Corsini, Raymond J. and Danny Wedding. *Current Psychotherapies.* Belmont, Thomson Brooks/Cole, 2005.

Giannetti, Louis. *Understanding Movies.* 7th ed. Prentice-Hall, 1996.『영화의 이해』. 김

진해 역. 현암사, 2001.

Gow, Jim. "Observations on the First Public Screenings of Michael Winterbottom's *Tristram Shandy: A Cock and Bull Story." The Shandean* 16 (2005): 9-17.

Hayward, Susan. *Key Concepts in Cinema Studies.* 『영화 사전[이론과 비평]』. 이영기 역. 한나래, 1997.

Kinder, Marsha, and Beverle Houston. "A Critical Adaptation of *Tristram Shandy.*" *Eighteenth-Century Studies,* Vol. 10, No. 4. (1997): 484-492.

New, Melvyn. "A Cock and Bull Story." *Eighteenth-Century Studies,* Vol. 39, Iss. 4. (2006): 579-581.

Porton, Richard. "In Praise of Folly: An Interview with Michael Winterbottom." *Cineaste* 31. 2 (2006): 28-32.

Spencer, Liese. "The Postmodernist Always Wings It Twice." *Sight and Sound,* Vol. 16, No. 2 (2006): 14-17.

Sterne, Laurence. *The Life and Opinions of Tristram Shandy, Gentleman.* Eds. Melvyn New and Joan New. 2 vols. Gainesville: UP of Florida, 1978.

Winterbottom, Michael. dir. *Tristram Shandy: A Cock and Bull Story.* United States. Picturehouse, 2005.

_______. The Interview at the NFT. 21 March 2006. http://www.bfi.org.uk/features/interviews/winterbottom.html

주드 *Jude the Obscure*

사회 비판 주제와 수(Sue)의 변형

고영란_수원대학교

1. 토마스 하디(Thomas Hardy)의 『무명의 주드』(*Jude the Obscure*)

『무명의 주드』에서 주드가 비극적 죽음을 맞는 데는 높은 이상을 세워 놓고도 본능적인 충동을 이겨내지 못할 만큼 의지가 약하며 현실적인 인식이 부족하다는 그의 개인적인 약점 탓도 있지만 당대 사회 체제와 제도의 경직성 및 관습의 편협성 또한 큰 영향을 미친다. 그렇지만 이들은 주드의 비극을 초래하는데 결정적인 요인으로 작용하지는 않는다.

그렇다면 주드를 비극으로 몰아넣은 직접적인 원인은 무엇인가? 주드는 임신했다며 책임질 것을 강요하는 아라벨라(Arabella)와 "명예"를 위해 원치 않은 결혼을 한다. 사회 규범상 피할 수 없었던 아라벨라와의 결혼은 주드로 하여금 사회를 비판적으로 인식하게 만든 계기가 된다. 그 결혼이 환멸로 끝난 후 주드는 일반적인 통념이나 사회적인 관행에 문제가 있음을 깨닫는다. 그 후 사촌이자 이제는 필롯슨(Phillotson)의 아내가 된 수를 향한 열정을 억누를 수 없는 상황에서 그녀와 격정적으로 키스한 주드는 종교적 법을 지키는 사도가 되려는 생각을 완전히 버리고 자기가 옳다고 생각하는 방식에 따라 살아가기로 결심한다.[1] 크라이스트민스터(Christminster)에 대한 꿈의 좌절, 법적 결혼을 원치 않는 수와의 동거 때문에 그에게 가해지는 주위 사람들의 편견과 관습의 압력, 그리고 경제적 궁핍과 병마 속에서도 그는 의연하게 삶에 대한 강한 의지를 보인다. 크라이스트민스터에 다시 돌아와 군중에게 연설할 때 적대적인 주위 환경으로 인해 고통 받았

1 Thomas Hardy, *Jude the Obscure*. 1895; rpt. (New York: Norton, 1999), 171-72. 이후 인용시에는 괄호 안에 면수만 표기한다.

음에도 불구하고 그 고통에 괘념치 않고 자신을 변호할 수 있을 정도로 의연한 주드의 태도가 그 예이다. 그는 숱한 시련을 통해 삶이나 사회인습 및 제도에 대해 독자적인 인식에 도달한 것이다. 이와 같이 인습이나 적대적인 환경을 넘어설 수 있었던 주드를 비극적 죽음으로 몰아넣은 것은 아이들의 죽음을 계기로 표면화된 수의 심리적 문제점과 이로 인한 그녀의 변화이다.

수는 일견 모호하게 보일 정도로 모순되고 다층적인 결을 지닌 복잡한 인물이다. 그녀는 연약하고 예민하며 기분변화가 급격하고 충동적이며 불안한 심리 상태에서 예상치 못했던 행동도 서슴없이 한다. 일반화하고 추상화하는 경향이 있어서 자신의 얘기를 하면서도 이를 보편적인 '여성'의 속성으로 설명한다. 또한 그녀의 본질적인 문제가 거론될 상황에 처하게 되면 그것을 애매하게 일반화하는 가운데 정당화하기도 한다. 자신 내부의 근본적인 문제에 맞닥뜨리는 것을 피하고 책임을 전가해 버리는 것이다. 또한 수에게는 현실을 애써 외면하려 하는 이상주의적 성향과 자신만의 세계에 안주할 수 있는 유아기로 퇴행하고 싶은 심리가 있다.

이와 더불어 주드와의 심리적 역학관계에서 가장 결정적인 영향을 미치는 수의 특징은 성을 억누르고 성관계를 거부한다는 것이다. 주드는 수를 육체적인 면이 거의 없는 유령 같은 존재 혹은 정령으로 보지만 실상 수는 건강한 성본능을 갖고 있다. 수는 무성의 존재라기보다는, 법적 결혼에 수반되는 성관계가 임신을 초래하고 결국 출산과 육아라는 생물학적 자연 법칙에 얽매이게 만들 것이라는 불안감이 있기 때문에 이를 피하고 자연스러운 본능을 억누르고 있다. 필롯슨을 떠나 주드와 함께 살게 되었을 때 수는 결혼이라는 틀에 얽매이지 않은 자유와 육체를 초월한 사랑을 원칙으로 내세운다. 그렇지만 수는 아라벨라가 등장하자 그녀에게 주드를 빼앗길지 모른다는 위기감에서 육체관계를 허용해버린다.

아이들의 죽음 후 수는 이러한 자신의 행위를 다음과 같이 참회한다. 본능 안에서 즐기는 것이 자연의 존재이유라고 생각하면서 자연을 "말 그대로" 받아들여 본능과 감정에 따라 주드와 함께 산 자신이 바보였다는 것이다(266). 더 나아가 수는 세상을 무관심하다기보다는 "인간의 형상을 하고 있는" 적대적인 "가해자"로 간주하며 그로부터 도망치고자 한다(269). 아이들의 죽음을, 분노한 신이 자신과 주드에게 복수하기 위해 벌을 내린 결과로 해석하는 것이다. 기독교적 율법을 곧이곧대로 받아들인 수는 "세상을 만족시키기 위해서", 또한 "형식을 위해서" 주드를 떠나 '법적 남편'인 필롯슨과 다시 결혼하려고 마음먹는다(283). 주드가 지적하듯이 수는 "문자에 따라"(306) 행동했다. 인습적인 종교의 묵인을 받아온 법적 결혼제도와 형식에 굴복한 수는 주드가 지적한 것처럼 "형식의 노예"(315)가 된 것이다.

주드는 아이들의 죽음 후 수가 정반대로 바뀌었다고 생각하지만 이는 그가 수를 제대로 이해하지 못한 데서 연유한다. 수는 주드가 생각한대로 돌변한 것이 아니라 예전부터 이렇게 변화할 수 있는 조짐을 보여 왔으며 그 변화는 다음과 같이 점진적으로 진행된다. 법적으로 결혼하지 않은 채 주드와 실질적인 부부관계를 맺게 된 수는 성관계에서 비롯되는 출산과 육아 문제에 부딪히게 되면서 생물학적 '자연 법칙'의 지배를 받게 되고 사회 관습상의 여러 형식에 얽매이게 된다. 사회 관습이나 냉정한 '자연 법칙'의 지배를 받고 있는 현실을 불가피하게 맞닥뜨리지 않을 수 없게 되었을 때 수는 힘없이 무너진다.[2] 이후 수는 "자연의 법"에 대해 언급하기 시작한다. 법적으로 결혼한 부부 관계가 아니라는 사실이 밝혀져 실직한 후 다른 곳으로 일자리를 찾아 떠나고자 경매를 할 때 수는 도살꾼에게 팔린 새를 풀어 준 후 "자연의 법은 상호학살"(243)이라고 말한다. 그 후 2년 반이 지난 시간 동안 주드는 이곳저곳 일자리를 찾아 일을 하다가 병석에 눕게 되고 그가 만든 과자와 빵을 시장 좌판에서 팔던 수는, 우연히 만나게 된 아라벨라가 셋째 아이의 임신 사실을 알아채자 울먹이며 사람을 세상에 태어나게 하는 것은 매우 비극적인 일이라고 말한다. 이 장면은 관찰자적 관점으로 서술되어 수의 내면을 직접적으로 드러내지는 않지만, 수가 "자연의 법" 앞에서 언제라도 허물어질 듯이 약해져 있는 상황에 처해 있음을 시사한다. 이러한 함의를 읽어낼 때 크라이스트민스터의 군중 속에서 필롯슨을 본 수가 그를 두려워하면서 "믿지 않은 인습적 위압감이나 공포"(258)가 "오싹하는 마비감"(258)으로 엄습해온다고 말할 때 이를 그녀 내면에서 일어난 점진적인 변화의 자연스러운 귀결로 받아들일 수 있게 된다. 취약한 심리 상태에서 수는 어렵사리 얻은 방의 주인에게 주드와 실제로 결혼한 사이가 아님을 밝혀 버린다. 주드와 법적 부부관계에 있지 않고 이는 인습에 위배된다는 사실이 그녀에게 큰 중압감으로 작용하고 있었는데 이를 무시해버릴 힘이 이제 그녀에게는 남아 있지 않았기 때문이다. 이는 불과 얼마 전 결혼 사실을 묻는 아라벨라의 질문에 수가 "물론"(245)이라고 대답했던 것에 비해 크게 달라진 모습이다.

"자연의 법" 앞에서 허약해져 있는 상태에서 수의 문제점 즉 일반화하고 추상화하는 경향이 더 증폭되어 드러나게 된다. 법적 부부가

2 원작 소설에서는 '자연'이 본능이나 임신 및 출산과 일관성 있게 연관된다. 교원양성학교 학생들을 묘사하는 부분에서 여성은 "냉혹한 자연법칙"에 따라 아무리 노력해도 결코 강해질 수 없고 여성으로서의 "몸이 형성되면서 주어진 성의 형벌"을 타고난 존재라고 서술된다(112). 여성은 불가피하게 생물학적 자연의 지배를 받게 된다는 의미를 함축하는 이 대목에서는 여성인 수가 생물학적 "임신"과 육아의 문제에 봉착하고 결국 아이들의 죽음이라는 "상실"을 겪게 될 것임이 시사된다.

아니라는 이유로 힘들게 구한 여관방에서도 쫓겨나게 될 비참한 상황에서 "저는 태어나지 말았어야 했어요, 그렇죠?"(260)라고 묻는 파더 타임(Father Time)이, 사람들은 왜 아이를 낳느냐고 묻자 수는 그것도 "자연의 법"이기 때문이라고 답한다. 또한 수는 비관적인 생각이 어린 아이에게 미칠 영향을 고려하지 않은 채 "모든 것이 걱정이고 역경이며 고통이다"(261)라는 추상적인 얘기를 무심코 한다. 그녀 자신이 인정하듯이 자기 나름으로는 정직하고 솔직하게 말한 것이지만 사실은 진실된 것이 아니었으며 "섬세한 양 하면서 너무 모호하게 얘기한 것이었다"(266). 결국 수의 이 말은 파더 타임을 자극하여 궁극적으로 아이들의 죽음을 초래한다.

아이들의 죽음 후 수가 필롯슨에게로 돌아간 다음, 본의 아니게 아라벨라와 다시 결혼하게 된 주드는 여전히 수를 잊지 못해 쏟아지는 폭우 속에 그녀를 찾아 나선다. 수는 자신이 주드를 여전히 사랑하고 있음을 새삼 확인하자 그를 향한 육체적 욕망을 억누르기 위해 그날 밤 필롯슨에게 처음으로 성관계를 허용한다. 이 사실을 전해들은 주드는 수의 인습에의 굴복이 더 이상 돌이킬 수 없을 만큼 극단화되어 감을 확인하고 자포자기 상태에 빠진다. 주드는 아라벨라가 돌팔이 의사인 빌버트(Vilbert)를 새 남편으로 점찍고 축제를 즐기러 나간 사이에 욥기의 구절을 읊으며 쓸쓸히 죽음을 맞는다.

아이들의 죽음이 주드가 삶에 대한 의욕을 잃고 죽게 된 직접적인 원인은 아니다. 다시 돌아온 크라이스트민스터에서 행한 주드의 연설에서 드러나듯이, 인습적인 종교가 옳지 못함을 간파하는 등 관습에 구애받지 않은 안목을 견지해온 주드는, 아이들의 죽음을 계기로 종교적 교리나 관습에 대해 더욱 강한 비판적 인식을 갖게 된다. 그렇지만 아이들의 죽음 후 수의 태도가 극단적으로 변모되어 감에 따라 삶에의 의지를 상실한 주드는 의사의 치료도 거부한 채 절망과 체념 속에 저주의 말을 뇌까리며 처절하게 죽어간다. 소설 『무명의 주드』에서는 주드를 비극으로 몰고 간 수의 심리적 갈등 및 모순, 이의 표출과 이로 인한 그녀의 변모, 그리고 그 과정상의 인과관계가 일관성 있게 탐색되는 것이다.

2. 마이클 윈터바텀의 영화 <주드>(*Jude*)

영화 <주드>는 하디의 소설 『무명의 주드』를 토대로 마이클 윈터바텀(Michael Winterbottom)이 감독하고 호세인 아미니(Hossein Amini)가 각색하여 1996년 개봉했다. 윈터바텀은 강한 사회비판의식으로 현대 사회의 어둡고 타락한 면을 주로 그려왔다.[3] <주드>에서는 '필름 느와르'적인 색채를 가미하여 현대인의 감수성에 호소한다. '필름 느와르'는 1930년대와 1940년대 미국 시나리오 작가들에 의해 쓰인 것으로 고전 헐리우드 영화의 전통적 서사와 스타일상의 관행에서 벗어나 하드보일드 스타일을 구사하는데, 이로 인해 관객에게 불안과 불편함 그리고 조바심을 불러일으킨다.

각색 작 <주드>는 19세기 영국 사회를 배경으로 한 원작 소설 『무명의 주드』를 차용하면서도 영화가 제작된 20세기 후반에 걸맞게 상당 부분 현대화시키는 변형을 가했다. 19세기 후반 영국의 시, 공간적

3 인마 버그만(Ingmar Bergman)에 대한 두 편의 TV 다큐멘터리로 감독 데뷔를 한 윈터바텀은 범죄자의 비정상적인 심리를 파고 들어가는 범죄 드라마를 감독하여 관객들에게 깊은 인상을 남겼다. 1995년에 개봉한 <버터플라이 키스>(*Butterfly Kiss*)에서는 레즈비언 연쇄 살인범의 이야기를, 1997년 <웰컴 투 사라예보>(*Welcome to Sarajevo*)에서는 보스니아 전쟁의 아픔을 다큐멘터리 기법으로 차분하게 그려냈다.

배경을 사실적으로 재현해내는 가운데 인물은 지극히 현대적으로 변형한 것이다. 따라서 20세기의 관객은 시간적 배경이 19세기 후반이라는 사실을 잊고 동시대인의 이야기로 착각하게 된다 (Berardinelli). 윈터바텀은 <주드>에서 19세기뿐 아니라 현대에도 유효한 사회 문제에 초점을 맞춘다. 인습적 체제와 제도에 따르지 않는 개인을 배척하는 사회를 비판하는 것이다. <주드>는 법적 결혼을 하지 않고 동거한다는 사실 때문에 사회로부터 배척당하며 도시빈민으로 전락한 채, 일자리를 찾아 이리저리 옮겨 다니다가 마땅히 머물 거처를 찾지 못하게 된 상황에서, 아이들의 죽음과 그로 인한 결별이라는 비극적인 결말을 맞는 두 남녀의 이야기이다.

<주드>(1996)

영화에서 주드의 비극에 결정적인 영향을 미치는 것은 사회이다. 법적 결혼을 하지 않은 채 동거하는 등 사회 규범을 따르지 않은 이방인이자 주변인인 주드와 수를 억압하고 배척하는 사회가 아이들의 비극적 죽음을 초래했고 이것이 수로 하여금 주드를 떠나게 만든 비극을 유발하는 직접적인 원인이라 할 수 있다.

사회가 주드의 비극에 책임이 있다는 사실은 영화의 첫 부분부터 시사된다. 크라이스트민스터에서 공부를 더 해보겠다는 꿈을 품고 메리그린(Marygreen)을 떠나는 필롯슨 선생이 저 멀리 보이는 크라이스트민스터를 가리키며 주드에게 대학 교육에의 열망을 심어주는 장면이 그 예이다. 원작에서는 고아로서 드루실라(Drusilla) 대고모에게 얹혀살면서 새 쫓는 일로 돈을 벌어가며 어렵게 공부하는 처지에 놓여 있던 주드가, 필롯슨이 크라이스트민스터로 떠난다는 사실에 자극받아 그 곳을 황량한 현실과 극명하게 대조되는 환상 속의 비전으로 이상화한다. 크라이스트민스터를 향한 주드의 열망에는 현실을 벗어나고픈 바람 속에서 쉽게 환상에 빠져드는 개인적 약점이 개재되어 있음이 함축된 것이다. 영화에서는 사회를 대표한다고 할 수 있는 필롯슨이 몸소 주드에게 크라이스트민스터에 대한 꿈과 기대를 불어넣는 것으로 변형되었다. 그 결과 나중에 주드가 대학 입학을 거부당할 때 그는 허망한 꿈을 불어넣었다가 매정하게 그 꿈을 짓밟아버리는 사회에 의해 배신당한 것처럼 보이게 된다.

영화는 사회가 법적 결혼이라는 인습적인 제도에 순응하지 않는 구성원들을 억압한다는 사실을 중점적으로 비판하기 위해서, 여러 사회문제를 다룬 원작의 내용을 대폭 단순화한다. 학문 및 교육과 종교에 관련된 내용을 상당부분 생략한 것이다. 가령 주드의 학문을 향한 열정과 꿈이 비중 있게 다뤄지지 않는다. 크라이스트민스터를 빛과 학문의 도시로 신비롭게 이상화하고 라틴어와 그리스어를 익히기 위해 수레 위에서 짬이 날 때마다 부지런히 공부하던 소년 시절의 모습, 엉터리 약장수 빌버트(Vilbert)에게 문법책을 구해달라고 부탁하고는 사기당한 일, 갈색 집 지붕에 올라가 반짝이는 빛의 도시 크라이스트민스터를 신비롭게 바라보던 장면 등은 생략되고 청년 주드가 열심히 책을 읽는 두 장면으로 대치된다. 또한 밤에 크라이스트민스터에 첫 발을 내디딘 주드가 그곳을 걸으면서 학자의 혼령과 대화하는 내용이 거의 한 장에 걸쳐 서술되면서 그의 학문에의 꿈이 중요하게 취급된 원작과는 달리, 영화에서는 크라이스트민스터에 도착한 주드의 모습이 담긴 첫 장면은 수가 일하는 교회용품 가게에서 그녀를 몰래 지켜보는 장면이다. 이는 토파즈처럼 빛나는 신비로운 모습으로 나타난 크라이스트민스터를 신성시하고 이상화하여 그곳에 대해 환상적 비전을 갖는 주드의 모습이 비중 있게 다뤄진 원작과 다른 점이다. 영화에서는 크라이스트민스터보다도 수가 더 주드로 하여금 환상을 갖게 하는 대상으로서 초점이 맞춰진다. 영화 속 수는 회색의 크라이스트민스터를 배경으로 밝고 투명한 광채를 발하며 등장하는데 이로써 그녀는 주드에게 환상 속의 여인임이 시사된다.

일자리를 잃고 이곳저곳 전전하면서 크라이스트민스터로 되돌아온 주드가 대학 정문 앞에서 군중을 향해 자신의 이상과 좌절, 거기서 얻은 깨달음에 대해 길게 연설하는 장면 또한 생략되었다. 영화에서 주드는 "주어진 상황이 어떻든 끌려 다니지 않고 살아야 한다", "처음엔 목표가 뚜렷했는데 이제는 점점 더 희미해지고 있다"고 말함으로써 학문에 대한 꿈을 완전히 버리지 않았음을 보여주기는 한다. 그러나 당대의 배타적인 교육제도에 대한 비판이 강하게 표명되고 학문에 대한 주드의 끈질긴 열정을 가장 잘 나타내는 대목 중 하나인 연설장면이 삭제됨으로써 영화가 원작과 다른 방향의 주제에 초점을 두고 있음이 확실해진다. '무명인'(the Obscure)을 의미하는 구절이 영화의 제목에서 빠져있는 것도 이 사실을 뒷받침한다.

영화에서는 대학 진학 문제이외에도 현대인에게는 진부한 소재일 수 있는 종교 문제를 단순화하는 가운데 기독교주의에 대한 비판이 축소되었다. 원작에서 수는 이교도 조각상을 몰래 사서 집으로 가져오는데 나중에 집주인이자 고용인인 미스 폰토버(Miss Fontover)에게 발각되어 해고당하고 거처까지 옮겨야 하는 상황에 처한다. 긴 분량으로 서술되어 있는 이 부분은 수가 기독교에 대해 거부감을 가지고 있음을 드러낸다. 이는 그녀가 이교도적 글을 읽고 있는 장면과 바로 그 시각 주드가 그리스어로 쓰인 성서를 열심히 읽는 장면이 대비, 대조되는 데서 더 분명해진다. 한편 영화에서는 필롯슨과 예루살렘 모형에 대한 대화를 나누는 장면에서 수가 느끼는 종교에 대한 회의감이 나타나기는 하지만 특별히 기독교를 강하게 부정하는 모습은 보이지 않는다. 다만 수는 주드에게 신이 있다고 생각하느냐는 질문을 가볍게 던지며 무신론적인 자유분방한 사고를 내비칠 뿐이다. 수가 이교도적 조각상을 산 것도 주드와 함께 있을 때인데 주드는 이에 대해 놀라거나 나무라지 않으며 그녀 또한 이교도 상을 사는 이유를 설명하지 않는다. 그 결과 그저 하나의 스쳐 지나가는 장면으로 가볍게 처리된다. 영화에서는 이교도 상도 원작보다 훨씬 작은 크기로 나오는데 이는 이교도 조각상을 둘러싼 수의 행위가 영화에서 그다지 큰 중요성을 갖지 못하고 있음을 보여준다. 주드가 감동적인 찬송가를 만든 작곡가를 기대에 가득 차 찾아가지만 신앙심을 찾아볼 수 없는 그의 세속적인 면을 보고 크게 실망하는 장면 또한 생략되었다.

윈터바텀은 하디의 원작과는 달리 수의 복잡한 심리를 배제한 채 그녀를 현대적 여권주의자 내지는 정치적 진보주의자로 그려낸다. 이와 함께 수의 내면보다는 주로 주드의 관점에서 읽혀지는 수의 외면 모습을 보여준다. 1990년대 동시대 관객의 관심을 끌고 유지하기 위해서 보다 현대적인 인물로 그려내려 했기 때문이다.

영화 속의 수는 생기발랄하고 아름다워 사랑할 수밖에 없는 매력적인 여성으로 그려진다. 수는 낭만에 차 있는 건강하고 풍만한 여인면서 다른 한편 활발하고 자유분방한 순수한 어린 아이 같은 모습이다. 교생 일을 하면서 필롯슨과 가까워진 수는 그가 자신의 허리를 팔로 감았을 때 깜짝 놀라 주변을 두리번거리지만 이내 두려워하는 기색 없이 다정스레 그의 허리에 팔을 두르고 걸어갈 정도로 행동에 거리낌이 없다. 충동적으로 필롯슨과 결혼해버리거나 한밤중에 학교를 탈출하여 주드 집에 가는 행동을 하지만 원작 속의 수처럼 지나치게 예민하고 복잡한 심리의 소유자로 보이지 않는다.

성 문제에 대해서도 영화 속 수는 원작의 수와 확연히 다르다. 원작에서 수는 이성과의 사이에 성이 개입되지 않게 하고 남성의 성적 대상이 되지 않으려 한다. 그런데 영화 속 수는 남성을 안달나게 만드는 등 성에 대해 무지하지 않으며 남자의 심리에 대해 잘 알고 있다. 교원양성학교를 뛰쳐나와 주드의 집을 찾아갔을 때도 그의 마음을 읽고 "남자는 여자가 허락할 때만 움직이게 되어 있다"며 단둘이 방에 있는 상황이 두렵지 않다고 말한다. 화롯불이 그녀의 얼굴을 낭만적으로 비추는 가운데 주드의 안락의자에 몸을 둥그렇게 웅크리고 앉아 있는 그녀는 주드에게서 눈을 떼지 않고 그윽한 시선을 보낸다 | 사진 1 |.

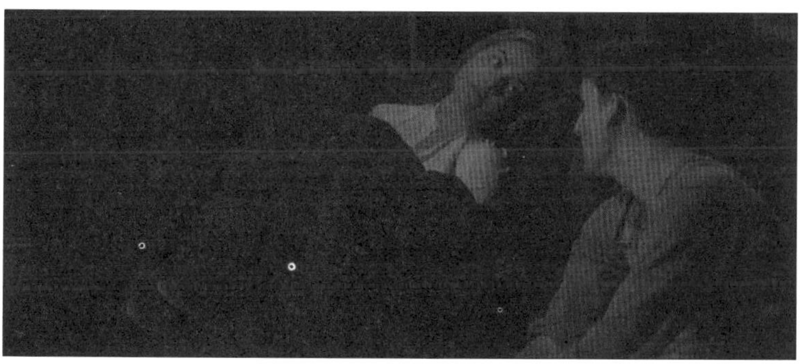

| 사진 1 | 주드에게 눈을 떼지 않는 수

관능적인 분위기를 자아내는 이 장면은 수가 주드와의 사이에서 흐르는 성적 긴장을 인식하고 있음을 드러낸다. 그러다가 수는 눈을 감아버리는데 이는 주드에게 성적 접근을 허용하는 듯하다가 불현듯 접근을 막아버리는 태도로서 그녀가 남녀 사이의 성적 역학관계를 잘 알고 있음을 시사한다. 수가 그저 남자를 유혹했다가 안달하게 만드는 바람둥이로 보이기까지 하는 것은 이 때문이다. 따라서 수가 필롯슨과 결혼하게 된 것은 남녀 간의 결혼이 무엇을 의미하는지를 잘 몰랐다거나 기숙사에서 쫓겨나 궁지에 몰린 상황 때문이라기보다는, 자신이 기혼자라는 주드의 고백에 배신감을 느끼고 질투에 불타 결혼을 감행했다는 해석에 더 무게가 실리게 된다.

영화에서는 성관계를 둘러싼 수의 절박하고 복잡한 심리가 드러나지도 함축되지도 않는다. 그 결과 수가 주드와 동거를 시작하면서 성관계를 거부할 때 관객은 수의 행위를 갑작스럽고 의아하게 생각하게 된다. 사실 이 대목에서 성에 대한 수의 특이한 태도가 표출된 것인데, 이제까지 수의 복합적인 심리가 드러나지 않았기 때문에 관객 입장에서는 수가 돌연 성을 억누르는 신경증적인 여성으로 변모한 것으로 보인다. 수의 인물 형상화에 균열이 생기는 것이다.

수의 인물 형상화에 균열이 나타나는 또 하나의 예는 아이들의 죽음 후에 보이는 그녀의 반응 및 행위에서다. 수의 내면 심리를 보여주지 않았던 영화에서는 이 장면이 다음과 같이 영상화된다. 수는 아이들의 죽음 후 과도하게 신경과민적인 반응을 보인다. 하느님에게 죄를 지은 대가를 받은 것이라면서 주드의 아이가 자기 아이들을 죽였음을 언급한다. 교회 예배에 나가 열심히 찬송가를 부르고 혼자서 텅 빈 교회에 앉아 있기도 하는 등 독실한 기독교인으로서의 모습을 보인다. 수의 변모는 교회에서 행한 결혼만이 유효한 것이므로 자신은 필롯슨에게, 주드는 아라벨라에게 돌아가야 한다는 극단적인 주장으로까지 이어진다. 성관계나 본능의 문제 그리고 이를 둘러싼 인습적 두려움에 관한 수의 심리가 이제까지 전달되지 않았으므로 아이들의 죽음 후 종교에 귀의해 전 남편에게 돌아가는 수의 변화는 갑작스러워 보인다.

이후 영화는 주드와 수의 헤어짐과 홀로 남겨진 주드의 비참한 모습을 보여주는 것으로 마무리된다. 떠나겠다는 수의 선언을 들은 후 침대에 누워 괴로워하다가 일어나 청회색의 건물 사이로 걸어 나가는 그의 모습이 카메라에 잡힌다. 이어 1889년 크리스마스라는 시간이 제시된 화면에는 아이들 묘지에 홀로 앉아 있는 수의 모습과 그곳을 찾아온 주드의 모습이 담긴다. 돌아와 달라는 주드의 간청에 본능을 억제하지 못하고 긴 키스를 나눈 후 자신을 사랑하느냐고 묻는 주드에게 "항상 알고 있잖아"라는 대답을 남긴 채 수는 돌아서고, 주드는 그녀를 향해 "이 세상 그 누구보다도 더 우리는 부부야"라고 소리치며 영화는 끝난다. 이는 인습적인 법적 결혼이 아니라 진정한 사랑에 기반을 둔 관계가 더 중요하다는 항변으로 들린다.

결혼하지 않은 채 동거하는 주드와 수를 배척하는 사회에 대한 비판에 중점을 두기 때문에 영화에서 절정을 이루는 중요한 사건은 아이들의 죽음이다. 이는 원작에서 아이들의 죽음보다 그 사건이 수에게 끼친 영향과 그녀의 극단적인 변모 그리고 그것이 주드의 죽음을 초래하는 과정과 양상이 더 중요하게 다뤄진 것과는 차이가 있다.

"자연의 법" 앞에서 허약해진 수의 비관적인 말이 파더 타임을 자극하여 아이들의 죽음을 초래하게 되는 원작에서와는 달리, 영화에서는 아이가 그토록 끔찍한 행동을 하게 된 원인을 좀 더 구체적으로 제공하고자 한다. 그래서 수의 신경질적 반응이 주이(Joey)에게 영향을 끼친 것으로 처리한다. 물론 이와 함께 아이들의 죽음 사건이 일어난 원인을 주이의 심적 동기에서 찾으면서 그의 행동에 개연성을 부여하기도 한다. 가령 수가 해산하는 장면을 바라보는 아이의 눈을 클로즈업하거나, 해골로 변하는 장면을 담고 있는 마술 쇼를 호기심에 가득 차 열중해서 바라보고 있는 아이의 눈을 부각한다. 이러한 장면을 통해 주이가 어린 나이임에도 불구하고 삶의 고단함이나 인생무상을 이해하고 있다는 사실을 암시하는 것이다.

주이가 동생들을 죽이고 스스로 목매달아 죽는 장면 바로 이전에 수의 신경질적인 반응은 다음과 같이 부각된다. 수는 다음 날 쫓겨나게 될 숙소에서 불안한 마음에 잠을 못 이루고 침대로 찾아온 주이에게 그의 걱정을 덜어주고 위로해주는 대신 "가서 자"라고 쌀쌀맞게 대한다. 주드가 주이를 찾아가 그를 위로하는 장면이 이어지므로 수의 매정함이 더 크게 부각된다. 원작과는 달리 "자연의 법"을 둘러싼 수의 복합적인 심정이 전혀 나타나지 않은 상태에서 이 장면이 나오므로 관객은 주이에게 신경질적인 반응을 보이는 수의 태도를 의아하게 여기게 된다.

영화에서는 아라벨라라는 인물도 변형되었다. 원작에서 아라벨라는 주드의 비극을 초래하는데 있어서 중요한 역할을 하는 인물이다. 충동적이고 본능적이며 술과 여자에 약한 주드는 "암컷"(33)인 아라벨라에 대한 본능적 이끌림과 이성적 판단 사이에서 갈등하다가 그녀에게 유혹되고, 임신했다는 말에 속아 결혼하게 되는데, 이는 계속해서 꿈과 이상을 향해 나아가려는 그의 발목을 잡기 때문이다. 원작 속 아라벨라는 계획적이고 치밀하게 주드를 옭아매는 영악한 여성이다. 그렇지만 영화 속 아라벨라는 관능적으로 주드를 유혹하기는 하지만 그저 주드를 사랑하는 평범한 여성으로 보인다. 주드가 아라벨라와 결혼하는 것도 유인당해 덫에 붙잡힌다기보다는 매력을 느껴 자연스럽게 결혼에 이르는 것으로 처리된다. 이 점에서 그녀가 처음 주드에게 던진 물건이 돼지의 심장이라는 사실은 시사하는 바가 크다. 심장은 마음을 상징한다고 볼 때 그녀는 처음 만난 주드에게 끌리는 '마음'을 전한 것이다(Niemeyer 178). 이는 돼지의 특정 부위를 던져 주드의 본능을 노골적으로 자극한 원작 속 아라벨라의 모습과는 거리가 있다. 영화 속 아라벨라는 임신했다고 주드를 속여 결혼하도록 종용하지 않는다. 결혼 전 정말 임신인 줄 알았다고 변명하는 편지에서 아라벨라는 이제 자신이 멀리 떠나므로 주드는 자유로이 크라이스트민스터에 가서 대학생이 될 수도 있을 것이라며 행운을 빈다. 이로써 아라벨라는 주드에게 학업을 계속할 수 있도록 길을 터준다는 인상을 준다. 결혼이란 여자에게 사회적으로 유리한 조건을 갖추는 기회라고 수에게 충고하는 세속적인 면 또한 보이지 않는다. 이후 그녀는 시장에서 우연히 만난 아들 주이에게 다가가 상냥하게 말을 건네고 아이들의 장례식에 찾아와 주드에게 진실 어린 위로의 말을 던지는 모성애가 있고 사려 깊으며 조신한 모습을 보인다. 또한 원작에서와는 달리 수를 떠나보내고 절망에 빠져 있는 주드를 술에 취하게 만들어 자신과 재혼하도록 유인하지도 않는다.

아라벨라가 긍정적인 인물로 그려지면서 상대적으로 수라는 인물의 호소력은 약화된다. 아라벨라가 동정심이 있는 어머니 상을 구현하면서 반대로 수는 전통적인 성역할을 포함한 사회 질서를 전복하려 하는 위험스러운 존재로 보이게 된다. 따라서 장례식 때 찾아와 따뜻하게 위로하는 전 아내 아라벨라를 주드가 받아들이지 않은 것은 그가 안정감을 되찾을 수 있는 기회를 놓친다는 인상을 준다(Niemeyer 183). 이로써 법적 결혼을 강요하는 사회를 비판하던 영화는 마지막에 주드의 법적 아내인 아라벨라를 긍정적으로 그림으로써 법적 결혼 제도를 긍정해 버리는 듯이 보인다. 사회비판의 주제가 약화되는 것이다.

이상에서 살펴보았듯이 영화 <주드>가 인물 형상화나 주제 면에서 균열을 보인 면이 분명 있다. 그렇지만 <주드>는 원작의 여러 서사 기법을 차용하면서도 그것을 감독이 의도한 주제를 잘 드러내기 위해 창조적으로 변형하는 가운데 나름의 성과를 거둔다. 원작에서 서로 상반되는 장면을 병치한 하디의 방법을 차용하되, 이를 감독의 의도에 부합하게 창조적으로 변형한 것이 그 한 예이다.

하디는 주드의 비극적 죽음 장면과 그때 그의 주변에서 일어나는 희극적인 장면을 병치시킨다. 저주의 말을 뇌까리며 죽어가는 주드의 처절한 모습은, 빌버트와 아라벨라 사이의 저속하고 경박한 희롱 장면이나, 새 남편감을 염두에 두고 잘 차려입은 아라벨라가 축제에 참가하는 장면과 아이러니하게 교차된다. 또한 욥(Job)이 자신의 태어남을 저주하는 구절을 읊조리는 주드의 목소리는 바깥의 축제 현장에서 들려오는 만세 소리와 아이러니하게 병치된다. 비극적인 장면과 희극적인 장면의 병치로 인해 조성된 우스꽝스러운 분위기 속에서 독자는 주드나 수의 비극에 감정적으로 몰입되지 않고 일정한 거리를 두면서 그 비극의 의미를 음미할 수 있게 된다.

반면 <주드>는 상반되는 장면을 병치시켜 극적인 효과를 창출하면서 관객을 장면 속에 몰입시킨다. 아이들의 죽음을 전후한 장면들에서 이 사실이 잘 드러난다. 영화는 아이들의 죽음 장면 앞에 극단적으로 대조되는 분위기의 장면을 배치한다. 수가 주이에게 신경질적으로 대한 후 주드가 주이를 달래주므로 수가 신경질인 태도로써 주이에게 상처를 준 상황이 정리되는 듯이 보이는 장면과, 일자리를 얻고

희망에 부푼 주드와 수가 아이들에게 그 기쁜 소식을 서로 먼저 전하겠다고 층계를 뛰어올라가는 장면이 아이들의 죽음 장면 바로 앞에 배치된다. 상황이 해결되었다는 느낌을 준 다음 전혀 뜻하지 않은 상황이 바로 이어져 극적인 반전이 일어나기 때문에 아이들의 죽음은 더욱 충격적이고 비극적으로 느껴지게 된다. 또한 수의 극적인 변화를 부각시키기 위해 아이들의 죽음 후 변화한 수의 모습을 보여주는 장면과 이전 모습을 담은 장면을 병치하여 대조한다. 수가 자신들은 단죄되어야 한다면서 주드를 더 이상 사랑하지 않는다고 말함으로써 그를 엄청난 고통에 몰아넣는 장면 바로 뒤에, 발랄하고 관습에 아랑곳하지 않는 수의 예전의 모습을 담은 장면이나 거침없이 인습에 대해 비판을 쏟아내는 장면 그리고 주드와의 행복했던 순간이 담긴 장면을 배치한다 | 사진 2, 3, 4 |. 이는 아이들의 죽음을 주드와 수에게 닥치는 고통스럽고 우울한 일상사의 연장인 것처럼 긴장감이나 반전 없이 또한 감정이 섞이지 않은 객관적인 어투로 담담하고 평이하게 하나의 사실로써 전달하는 원작과 다른 점이다.

| 사진 2 |

| 사진 3, 4 |

아이들의 죽음 장면 역시 윈터바텀이 원작을 차용하면서도 변형을 가한 예이다. 이 장면은 하디가 '반사실주의'를 표방하며 새롭고 낯선 이야기 전개와 알레고리로 보일 만큼 놀랄 만한 요소 및 기괴한 것들의 도입을 통해 독자의 흥미를 유지하고자 한 것을, 감독이 자신의 의도에 부합되게 나름의 방식대로 차용한 경우이다. 원작에서는 수의 심리적 문제점이 극단적으로 표출되는 참회와 자기포기라는 변모가 예사롭지 않고 부자연스러운 것으로 처리되었다. 주드를 아직도 사랑하고 있음을 확인한 수가 참회를 위해 필롯슨에게 혐오감을 느끼면서도 그에게 몸을 바치고 이 사실을 전해들은 주드는 삶에의 의욕을 완전히 상실한 채 죽게 된다는 것이다. 반면 영화에서는 사실주의에 입각해서 비극적 이야기를 전개시키려는 의도에서, 사실주의에 반하는 것은 생략한다. 다양한 장르가 섞여 있는 원작과는 달리, 비극적 사실주의에만 집중하여 그것에 반하는 다른 장르적 요소들을 삭제한다 (Strong 200). 대신 아이들의 죽음 장면을 깜짝 '놀랄 만큼' 충격적으로 처리하여 극적 효과를 거두면서 관객을 화면에 몰입시킨다.

영화가 거둔 또 하나의 성과로 꼽을 수 있는 것은 이미지와 상징의 효과적인 활용이다. 소설은 논증이 아니라 삶에 대한 작가의 인상이라고 생각하여 생생한 그림 안에 상징적인 의미를 함축하려 한 하디의 기법을 감독은 차용하기도 하고 창조적으로 변형하기도 하면서 원작에 없는 상징까지 만들어 낸다. 영화의 첫 부분에서부터 시작하여 군데군데 등장하는 매달린 사체의 이미지가 그 예이다. 영화의 첫 장면은 바람이 부는 황폐하고 거친 벌판에 한 소년이 등장하여 딸랑이 기구를 들고 다니며 새를 쫓는 장면으로 시작된다. 이어 갑자기 화면이 바뀌며 죽어 매달려 있는 여러 마리의 까마귀가 클로즈업되고 불안한 시선으로 죽은 까마귀를 쳐다보는 소년 주드의 모습이 포착된다 | 사진 5 |. 어린 주드가 바라보는 까마귀의 시체는 이후 아라벨라가 돼지를 도살해서 매달아 놓은 장면, 그리고 아이들이 목매달려 죽어 있는 끔찍한 장면과 상징적으로 연결된다. 너무나 리얼해 생경하기까지 한 사체들의 이미지는 비참하게 희생당하는 존재적 상황을 일관되게 압축적으로 전달하는 뛰어난 상징이다.

| 사진 5 |

또 하나의 예로는 돼지의 이미지를 들 수 있다. 주드와 아라벨라는 결혼식 때 아기 돼지를 선물 받는데 후에 그녀는 성장한 돼지를 도살한다. 이때 주드는 아라벨라와의 본질적인 차이점을 확인하고 집 밖으로 나가버리고 이를 계기로 두 사람은 헤어진다. 결혼식 때 선물 받은 돼지의 도살은 결혼의 파국을 상징한다. 아라벨라가 학문에만 빠져 있던 주드의 성적 관심을 불러일으키는데 돼지의 신체 부위를 사용한데서 드러나듯 돼지는 본능을 상징한다. 돼지의 도살로 상징되는 바 그 본능적인 요소가 사라졌을 때 두 사람의 결별은 필연적으로 보인다.

이와 함께 '기차', '안개', '비'의 이미지도 주제를 부각하는데 효과적으로 활용되었다. 주드와 수가 기차를 타고 계속 이동한다는 것은 한 곳에 정착하지 못하고 뿌리 뽑힌 채 이곳저곳을 전전하는 그들의 불안정한 삶을 상징적으로 보여준다. 안개는 삶의 불확실성과 방향을 잃은 상태를 나타내고 마지막 장면에서 우산을 쓰지 않은 주드에게 쏟아지는 비는 그가 절망적인 상황 속에 방치되어 있음을 상징한다. 인습적인 사회의 억압으로 초래된 아이들의 죽음과 수의 떠남으로 이어지는 암담한 현실 속에 갇힌 주드의 암울한 상황을 상징한다고 할 수 있는 잿빛과 청색의 색채 사용도 효과적이다.

공간적 배경 안에 상징적인 의미를 함축해낸 장면 구성 또한 이 영화가 거둔 성과이다. 주드의 어둡고 음울했던 어린 시절이 압축된 장면은 흑백으로 촬영된다. 그 다음 어른으로 성장한 주드가 힘든 석공 일을 하는 가운데서도 학문에의 꿈을 품고 틈틈이 그리스어와 라틴어를 공부하는 장면은 아름다운 칼라 화면에 담긴다. 대학 교육에의 꿈이 좌절된 후 주드가 고통스러운 삶을 살아가게 되면서 크라이스트민스터는 어둡고 차가우며 준엄한 회색빛 도시로 표현된다. 원작에서 크라이스트민스터의 모델은 옥스퍼드이지만, 그곳을 화면에 담을 경우 관객들에게 고풍스러운 멋을 느끼게 하고 아름다운 연상을 불러일으킬 수 있으므로, 일부러 북부의 황량한 장소를 찾아 에딘버러(Edinburgh)에서 촬영했다고 한다(Strong 202).

이와 함께 영상 매체다운 특징을 살려 시청각적 효과를 활용한 장면에 함축적인 의미를 실었다. 필롯슨과 수가 다정히 걷는 모습을 본 후 설상가상 직장까지 잃고 꿈과 사랑 어느 것 하나 이루지 못한 비참한 상황에서 주드가 느끼는 고뇌와 좌절감은, 소리 지르며 거칠게 숲을 뛰어 달리는 장면으로 압축되었다. 필롯슨의 집에서 나와 올드브릭험(Oldbrickham)으로 옮겨온 수와 주드의 행복한 순간은 바닷가에서 뛰놀고 자전거를 타며 함께 보내는 하나의 장면으로 압축된다. 우울하고 안개 낀 크라이스트민스터와 완전히 대조되는바 초록빛 잎사귀와 밝은 햇살에 나부끼는 수의 낭만적인 옷자락이 어우러진 장면의 시각적인 효과는 두 사람의 행복한 한 때를 압축적으로 표현한다. 플루트와 바이올린이 어우러진 애절한 주제곡을 통해서도 사회에 의해 배척당하고 연인과도 헤어져야 하는 주드의 비극적 상황이 효과적으로 전달된다.

흐리고 우중충한 마을 분위기를 흑백 화면에 담아낸 영화의 첫 장면 또한 앞으로 전개될 영화의 내용과 분위기를 집약한다. 바깥소리(voice over)로 처리된 까마귀의 울음소리는 음울하고 억눌려 있는 듯한 분위기를 조성한다. 인간을 지평선 위의 왜소한 존재로 포착한 조감 앵글을 통해 무력하기 그지없는 인간의 실존이 표현된다. 암울한 잿빛 속에 펼쳐진 젖은 들판을 에워싸고 있는 궂은 날씨는 앞으로 다가올 불행을 전조한다. 첫 장면의 흑백 모노톤은 마지막 장면의 흑백 모노톤과 대칭을 이루면서 주드가 처한 암울한 처지와 그것의 비극적 순환성을 상징한다.

원작에서는 각 부가 바뀔 때마다 주드와 수가 사는 공간적 배경이 바뀌는데, 이를 영화에서는 힘차게 증기를 내품으며 달리는 기차 장면을 삽입하여 알려준다. 기차의 고동소리라는 청각적 효과와 기차가 증기를 내뿜으며 달리는 모습을 담은 시각적 효과를 통해서 주드가 어디론가 떠나고 있고 곧 새로운 장소에서 이야기가 펼쳐질 것임이 시사된다.

3. 평가

윈터바텀 감독은 영화의 주제를 원작과는 달리 설정하면서 그 주제에 부합하도록 원작을 변형/차용한다. 사회 규범에 따르지 않는 사람을 소외시키는 사회의 억압성을 비판하는데 집중하기 위해서, 수의 복잡한 심리가 작동하는 양상이나 그것이 주드에게 끼치는 영향에는 주목하지 않는다. 수의 내면 심리를 알려주는 대신, 주드가 수를 바라보는 관점에 맞춰 수의 외면만을 보여준다. 수가 주드의 관점에서 '시각화'(Boumelha 148)되는 원작 서술의 일면만을 차용하면서 수를 변형한 것이다. 그렇지만 이는 아이들의 죽음을 전후하여 수의 심리적 문제점이 극단적으로 표출되는 상황에 이를 때 수라는 인물 형상화에 있어서의 균열을 초래한다. 법적 결혼제도를 수용할 것을 강요하는 사회에 대한 비판으로서 의도된 영화가 오히려 법적 결혼제도를 긍정하는 듯 보임으로써 주제 상의 균열을 보이기도 한다. 이는 수가 갑자기 신경질적으로 보임과 동시에 주드의 법적 아내인 아라벨라가 모성애를 지닌 따뜻한 인물로 그려진데서 비롯된 것이다.

그렇지만 영화는 하디가 원작에서 구사한 여러 기법을 차용하여 창조적으로 변형하는 가운데 나름의 성과를 거둔다. 상반되는 장면의 병치나 반전을 통한 극적 효과, 이미지와 상징의 효과적인 활용, 강렬한 사실성에 기반을 둔 심각한 정신적 충격으로 관객을 작품 속에 몰입시켜 강력한 메시지를 전달하기, 시청각적인 효과를 살린 장면에 압축적인 의미를 담아내기 등이 그 예이다. 하디 소설이 지닌 시각적 요소를 살릴 뿐 아니라 영상 매체이기 때문에 가능한 촬영법을 십분 활용하는 것이다.

영화 <주드>는 법적 결혼을 하지 않고 동거하는 비순응주의자들을 용납해주지 않는 19세기 영국 빅토리아조 사회를 배경으로 삼지만 주인공들에게 닥친 문제는 현대적으로 각색한다. 현대인의 시각에서 볼 때는 시대에 뒤떨어진 이야기로 보일 수도 있는 원작 소설을 현대적으로 변형하여 시각 중심의 극적 구성으로 풀어내는 것이다. 감독은 하디의 작품이 갖는 특징을 수용하되 이를 자신의 주제와 의도에 부합하게 변형하는 창조적인 운용의 묘 또한 보여준다. 영화를 소설과 대등한 독립적 재현 형식으로 본다면 각색 작 <주드>는 원작과는 별개로 나름의 성과를 거둔 예술작품이라고 평가할 수 있겠다.

참고문헌

Boumelha, Penny. *Thomas Hardy and Women: Sexual Ideology and Narrative Form.* Sussex: The Harvester Press, 1982.

Hardy, Thomas. *Jude the Obscure.* 1895; rpt. New York: Norton, 1999.

Niemeyer, Paul. *Seeing Hardy. Film and Television Adaptations of the Fiction of Thomas Hardy.* London: McFarland & Company, 2003.

Strong, Jeremy. "Tess, Jude, and the problem of adapting Hardy." *Literature/Film Quarterly.* 34: 3 (2006). 195-203.

Jude. Dir. Michael Winterbottom. Gramercy Pictures, 1996.

Berardinelli, James. "A Review" <http: movie-reviews.colossus.net>

지옥의 묵시록 *Apocalypse Now*

콘래드의 『어둠의 심연』과 코폴라의 <지옥의 묵시록 리덕스>*

김종석_인하대학교

* 이 글은 필자가 『영어영문학』제50권 3호(2004)에 발표한 논문 「역사·소설·영화—『암흑의 핵심』과 『지옥의 묵시록 리덕스』의 콘텍스트 읽기」를 수정하고 재구성한 것이다.

I. "거짓말 속 죽음의 냄새"—조셉 콘래드의 『어둠의 심연』

조셉 콘래드(Joseph Conrad, 1857-1924)의 작품들 중에서 가장 유명하면서 논쟁의 대상이 되는 중편소설 『어둠의 심연』(*Heart of Darkness*, 1899)은 1890년 콩고(Congo)에서의 실제 경험에 바탕을 둔 콘래드의 자전적 작품이다. 콩고에서의 체험이 콘래드의 삶에 어떤 영향을 끼쳤는가는 그와 가까운 친구들의 증언을 통해서 짐작할 수 있다. 콘래드의 평생 친구였던 에드워드 가넷(Edward Garnett)에 의하면 "콘래드의 콩고 경험들은 그의 정신적인 삶에서 전환점을 이루었고 그가 선원으로부터 작가로 전환하는 것을 결정했다." 또한 콘래드는 가넷에게 자신이 콩고에 가기 전에는 머릿속에 아무런 생각도 들어 있지 않았으며 "나는 완전히 한 마리 동물이었다"고 고백한 바 있다(*HD* 195).[1] 특히 콘래드는 콩고 여행을 통해 백인들이 경제적 이득을 얻기 위해 콩고에서 온갖 잔학 행위를 서슴지 않는다는 사실을 알고 나서 그들의 착취정책을 "인간의 양심과 지리적 탐험의 역사를 훼손시킨 가장 비열한 약탈 행위"("Geography" 17)라고 비난한다. 그래서 콘래드는 콩고 현지에서 쓴 편지중 하나에서 "이곳에서는 모든 것이 내게 불쾌합니다. 사람들과 사물들 모두 그렇지만 특히 사람들이 그렇습니다"(*HD* 188)라며 자신이 느낀 환멸감을 토로한다.

콘래드는 1904년에 쓴 한 에세이에서 "소설은 역사, [즉] 인간의 역사이며 그렇지 않다면 그것은 아무 것도 아니다"라고 하면서, 동시에 "그것[소설]은 또한 그것[역사] 이상의 것"(*HD* 231)이라며 소설과

1 이후 『어둠의 심연』(*Heart of Darkness: An Authoritative Text, Background and Sources, Criticism*. Ed. Robert Kimbrough. New York: Norton, 1988)에서 인용시 *HD*로 간략하게 표시한다.

역사를 구별한 바 있다. 하지만 이런 주장에도 불구하고 『어둠의 심연』은 그의 소설 중에서 '인간의 역사'와 가장 밀접하게 관련 있는 텍스트라고 할 수 있다. 왜냐하면 이 소설은 "실제 역사적으로 일어난 상황[벨기에 왕 레오폴드(Leopold) 2세의 식민지 콩고 착취]을 빈약하게 위장하여 묘사한 것"(Harms)이기 때문이다. 1917년 이 소설에 붙인 「작가 노트」에서 콘래드 자신도 이렇게 밝힌 바 있다. "『어둠의 심연』은 하나의 체험이다. 그것은 독자들의 마음에 절실히 와 닿게 하려는 전적으로 정당한 목적을 위해서 체험의 실제 사실을 약간 (아주 조금) 변형시킨 것이다"(*HD* 4). 그러나 콘래드는 자신의 예술 작품에 '암시성'과 '환상'을 부여하기 위해서 텍스트 안에 벨기에 식민주의라는 비판의 대상을 구체적으로 명시하지 않았다. 때문에 독자가 흔히 저지르기 쉬운 오류 중의 하나는 『어둠의 심연』을 "어떤 특정한 시대와 장소에 관한 책으로서가 아니라 모든 시대와 장소에 통용되는 하나의 우화로 읽는 것"(Hochschild 143)이다. 오히려 현대의 독자가 명심해야 할 것은 19세기 말 유럽에 팽배했던 식민주의 사상에도 불구하고 콘래드가 당시 벨기에의 식민주의 이데올로기를 통렬하게 비판했다는 사실이다.

우선 『어둠의 심연』은 작가의 분신이라고 할 수 있는 내레이터 말로우(Marlow)의 도덕적·정신적 성장이라는 주제가 중요한 비중을 차지한다. 하지만 이에 못지않게 중요한 것은 아프리카 콩고에서의 백인의 무자비한 착취정책과 도덕적 타락이라는 주제이다. 콘래드는 콩고 강을 여행하면서 목격한 탐욕스럽고 잔인한 유럽인들에게서 인간의 악마적 속성이라는 보편적 진실을 읽어냈다. 그러나 보편적 진실로 포장되어 버리기에는 너무나도 추악한 역사적 사실이 『어둠의 심연』의 배후에 엄연히 존재한다는 사실을 간과해서는 안 된다. 서구 지식인조차 망각해버린 이 사건은 영국의 작가 아서 코난 도일(Arthur Conan Doyle)이 "세계 역사상 최대의 범죄"(Hochschild 271)라고 규탄했던 벨기에 왕 레오폴드 2세의 콩고 식민지 지배이다.

19세기 말 벨기에 왕 레오폴드 2세는 유럽의 강대국들이 벌이고 있는 아프리카 쟁탈전에 뒤늦게 뛰어든다. 그는 영국계 미국인 탐험가 헨리 모턴 스탠리(Henry Morton Stanley)를 대리인으로 고용하여 중앙아프리카에 벨기에의 76배에 이르는 거대한 영토를 개인 사유지로 만드는 데 성공하고 콩고 자유국(Congo Free State)이라는 국가를 세운다. 그러나 이름과는 달리 콩고인들에게 자유란 없었다. 그곳에서는 원주민들에 대한 온갖 착취와 약탈, 고문과 학살이 공공연히 자행됐다. 그는 군대의 무력을 앞세워 원주민들을 노예 노동에 동원하여 상아와 야생 고무를 착취하고, 그들이 할당량을 채우지 못하거나 사소한 법규를 어길 경우 손발을 자르는 처벌과 그보다 더 극악무도한 형벌과 대량 학살을 서슴지 않았다. 레오폴드 치하와 그 직후까지 콩고의 인구는 적어도 절반, 약 1,000만 명이 감소했다. 이는 2차 세계대전시 나치의 유대인 대학살의 거의 2배에 이르는 수치이다.

콘래드가 콩고 강을 항해하던 1890년에는 이미 레오폴드의 폭정이 한창 진행 중이었지만 그 실상은 아직 바깥 세계에 잘 알려지지 않았던 때였다.[2] 그 중요한 이유 중 하나는 레오폴드가 이미 오래 전부터 자신의 아프리카 야욕을 숨기고 박애주의자로서 자신의 이미지를 유럽 전역에서 착실히 홍보해왔기 때문이었다. 그는 1876년 브뤼셀에서 탐험가와 지리학자 회의를 주최하면서 그 환영사에서 자신의

2 미국의 흑인 저널리스트이자 역사가 조지 워싱턴 윌리엄스(George Washington Williams)는 레오폴드 통치 하의 콩고 실상을 전 세계에 알리려고 애쓴 최초의 인물들 중 하나다. 1890년 벨기에령 콩고의 상황을 조사하기 위해 아프리카로 건너간 윌리엄스는 콩고를 여행하고 난 후 레오폴드 왕의 비인간적 정책을 비난하는 공개서한을 왕에게 썼다. *HD* 103-13 참조.

아프리카 식민지 계획을 미사여구로 포장한다.

> 아직 문명이 미치지 않은 지구상의 유일한 지역에 문명을 전파하고, 그곳의 모든 민족들 위에 드리워져 있는 암흑을 몰아내는 것은 아마도 이 진보의 세기에 어울리는 개혁운동일 것입니다. . . . 제가 보기에 유럽 중심에 위치한 중립국 벨기에가 그런 모임을 위해 적합한 장소인 듯합니다. . . . 제가 아무런 사심 없이 여러분을 브뤼셀로 초대했다는 것을 말할 필요가 있을까요? 물론 그런 필요는 없습니다. 신사 여러분, 벨기에는 작은 나라이지만 행복하고 그 운명에 만족합니다. 저에게는 벨기에에 봉사하는 것 이외에 다른 야망은 없습니다. (Hochschild 44-45)

레오폴드는 아프리카에서 "노예무역을 폐지하고, 족장들 사이에 평화를 정착시키고, 그들에게 공명정대한 중재를 제공하는 수단으로서 호의적이고, 과학적이며, 분쟁을 조정하는 기지들"(Hochschild 45)의 위치를 정하자고 제안한다. 결국 레오폴드는 이 회의의 결과로 설립된 '국제 아프리카 협회'의 초대 의장으로 선출됨으로써 아프리카 진출의 교두보를 확보하는데 성공한다. 나중에 레오폴드는 또 다른 조직인 '국제 콩고 협회'를 만들면서 자신의 야욕을 서서히 구체화한다. 그는 런던 『타임스』에 '벨기에 특파원'의 기사로 자신의 글을 게재하면서 이 단체가 일종의 "적십자사로서 진보라는 대의를 위해 지속적으로 사심 없이 봉사하는 고귀한 목적으로 만들어졌다"고 주장한다(Hochschild 66). 이런 교묘한 거짓 선전공세에 힘입어 레오폴드는 자신이 그 시대의 가장 위대한 인도주의적인 군주라는 이미지를 대중들에게 각인시킨다.

흥미로운 점은 레오폴드가 사용한 수사적(rhetorical) 담론이 『어둠의 심연』의 커츠(Kurtz)를 연상시킨다는 것이다. 말로우(Marlow)는 중부 주재소의 지배인과 그의 숙부와의 대화를 통해서 커츠가 품고 있던 이상주의적 신념에 대해 우연히 엿듣게 된다. "각 주재소는 더 나은 것을 향해 가는 길 위를 밝히는 횃불과 같은 존재여야 하고 무역의 중심지뿐만 아니라 [미개한 원주민들을] 인간화하고 개선하고 가르치는 중심지가 되어야 한다"(*HD* 34). 후에 말로우는 커츠가 '국제 야만풍습 억제협회'(International Society for the Suppression of Savage Customs)를 위해 작성한 보고서를 읽으면서 그의 공적인 발언을 접하게 된다.

> 그[커츠]는 다음과 같은 주장으로 시작했지. 우리 백인들이 이루어 놓은 발전의 정도로 보았을 때 우리들은 '그들 야만인들에게 초자연적인 존재로서 보여야 하고, 신의 힘을 갖고 그들에게 접근해야 한다'는 등등. '우리의 의지를 단순히 행사하기만 해도 우리는 거의 무한한 이익을 위한 능력을 발휘할 수 있다'는 등. 거기서부터 그의 어조는 고양되었고 나도 마찬가지로 되었어. 지금 기억하기는 힘들지만 그 열변은 장엄했지. 그 글은 내게 고귀한 박애정신으로 다스려지는 이국적이고 무한한 공간을 떠오르게 했어. 그 보고서를 읽으니 나도 열광적으로 흥분되더군. 이것은 웅변의 무한한 힘, 말의 힘, 열렬하고 고귀한 말의 힘이었어. (50)

여기서 주목할 점은 평소에 비판적 태도의 영국인 말로우도 "온갖 이타적 감정에 감동적으로 호소하는"(51) 문서를 읽고 그 열의에 감동된다는 것이다.

콩고를 체험하기 전의 콘래드도 말로우처럼 아프리카 '문명화' 사업이라는 대의명분을 별로 의심하지 않았던 듯하다. 콘래드는 콩고로 출발하기 직전 폴란드를 여행하면서 외삼촌이자 후견인 타데우슈 보브로브스키(Tadeusz Bobrowski)를 방문하여 많은 대화를 나누었다.

그리고 얼마 후 외삼촌은 콩고에 이제 막 도착한 조카에게 최근 나누었던 대화를 상기시키듯 다음과 같은 내용의 편지를 보낸다. "너는 지금쯤 아마도 [콩고의] 사람들과 풍물을 보고 있을 거고 '문명화'(빌어먹을) 사업—너는 그 조직 속에서 톱니바퀴의 이와 같이 작은 역을 맡고 있지—도 둘러보고 있을 테지. 네 견해를 표현할 수 있으려면 시간이 좀 걸릴 거야. 하지만 네 의견이 명백한 문장으로 구체화될 때까지 기다리지 말고 네가 느낀 첫 인상과 네 건강에 대해 알려다오"(Najder 124). 이 내용으로 보아 유추할 수 있는 것은 두 사람이 나누었던 대화의 주된 화제가 아프리카에서 콘래드가 곧 맡게 될 일자리에 관한 것이었으며, 대화 도중 콘래드가 당시 만연하던 '문명화' 슬로건을 선의로 해석하는 발언을 했으리라는 것이다. 이는 제국주의의 적극적인 선전 덕분에 아프리카 진출에 대한 인도주의적인 믿음이 당시의 유럽인들 사이에서 얼마나 강력한 전염력을 발휘하고 있었는지를 시사하는 일화라고 볼 수 있다.

아프리카에 가기 전에 콘래드가 제국주의적 이데올로기를 선의로 받아들이게 된 또 다른 동기가 있었다면 그것은 데이비드 리빙스턴(David Livingstone)의 영향일 것이다. 19세기 중반 30년 동안 탐험가, 의사, 선교사, 노예제 폐지 운동가로서 리빙스턴이 아프리카에서 펼친 활약은 그를 유명인사로 만들었다. "전신, 순회강연, 널리 읽히는 일간 신문들로 더욱 긴밀하게 연결된 유럽에서 아프리카 탐험가들은 오늘날의 운동선수들과 영화배우들처럼 명성이 국경을 초월하는 최초의 국제적 명사들이 되었다"(Hochschild 27). 어린 콘래드에게도 리빙스턴이 그런 존재였다. 「지리학과 몇몇 탐험가들」("Geography and Some Explorers")이라는 에세이에서 콘래드는 학창 시절에 미지의 세계를 탐험하는 사람들의 이야기에 매혹된 나머지 그의 마음속에서 어떤 탐험가들의 이미지는 세계의 특정한 지역들과 불가분의 연관성이 있었다고 회상한다. 특히 '중앙아프리카'라는 단어는 콘래드에게 위대한 탐험가 리빙스턴을 떠올리게 하는 지역이었다.

> 온갖 제국의 건설자들이 남긴 업적도 데이비드 리빙스턴에 대한 나의 추억을 막지 못할 것이다. '중앙아프리카'라는 단어는 내 눈앞에 다음과 같은 광경을 떠올리게 한다: 엄하지만 인정 있는 얼굴을 하고 짧게 깍은 회색의 콧수염을 한 노인이 몇 명의 흑인 추종자들을 이끌고 갈대로 둘러싸인 호수들을 따라서 지친 발걸음을 콩고 강 상류에 있는 원주민의 오두막—거기서 그는 마지막 순간에 나일 강의 수원지(水源地)를 찾고자 하는 간절한 소망이 이루어지지 않은 채 죽었다—을 향해 옮기는 모습. ("Geography" 16)

콘래드에 의하면 "훌륭하고 모험적이며 헌신적인"(13) 리빙스턴이 시도한 탐험의 "유일한 목적은 [지리상의] 진리를 찾는 것"(10)이었으며, 그 의도는 순수했기 때문에 영웅으로 불리기에 손색이 없는 탐험가이다. 어린 콘래드는 리빙스턴으로 대표되는 지리상의 탐험가들에게 매혹되어, "어느 날 그때까지 백지로 남아있던 아프리카의 한복판에 손가락을 갖다대며 언젠가 거기에 가봐야지"(16)라고 소년 시절의 낭만적 환상을 표현할 정도였다. 뿐만 아니라 콘래드는 "내가 어릴 적에 지리학에 대해 느꼈던 열렬한 관심의 대상 중에서 가장 존경받는 인물"(16)이 바로 리빙스턴이었다는 진술로써, 당시에 리빙스턴이 차지하고 있던 위치를 짐작할 수 있게 해준다.[3] 이렇게 리빙스턴의

3 패트릭 브랜틀링거(Patrick Brantlinger)에 의하면 1850년대 후반에 "국가적 영웅"이었던 리빙스턴은 1872년 마지막 아프리카 여행이 끝날 때까지는 "국가적 성인"이 되었다. 그리고 1872년 스탠리가 그의 첫 베스트셀러 『내가 리빙스턴을 발견한 경위』(*How I Found Livingstone*)를 출판했을 때 리빙스턴의 "신격화"가 완비되었다(180).

낭만적이고 영웅적인 이미지가 콘래드의 마음속에 차지하고 있던 비중을 감안해 볼 때, '중앙아프리카' 행을 결심한 콘래드가 당시의 이른바 '문명화' 사업을 긍정적인 시각으로 보았으리라는 추론은 그리 놀라운 것이 아니다.

『어둠의 심연』에서는 '문명화'라는 당대의 식민주의 이데올로기에 사로잡혀 있는 유럽인들이 등장한다. 중부 주재소의 벽돌공은 말로우에게 커츠를 다음과 같이 묘사한다. "그분은 연민, 과학, 진보, 그리고 그 밖의 여러 가지를 전파하는 사자(使者)입니다. 유럽이 우리에게 맡긴 대의명분을 진척시키기 위해서 우리는, 말하자면, 더 높은 지성, 폭넓은 공감력, 목표의 단일성을 필요로 합니다." 이에 말로우가 "누가 그런 말을 합니까?"라고 질문하자, 벽돌공은 "많은 사람들이 그렇게 말합니다. . . . 어떤 사람들은 그런 글을 쓰기도 하죠"라고 대답한다(*HD* 28). 소설 속에서 "모종의 도덕적 이념"(33)으로 무장한 문명인의 이미지를 거의 맹목적으로 받아들이는 전형적인 예는 아마도 유럽 대륙에 살고 있는 말로우의 숙모가 될 것이다. 말로우가 콩고 강에서 증기선을 모는 일자리를 숙모에게 부탁했을 때, 그녀는 곧 "그것 참 훌륭한 생각이야"라고 칭찬하면서 무역 회사의 영향력 있는 이들에게 조카를 "비범하고 재능 있는 인물"로서 추천한다(12, 15).[4] 말로우는 자신에 대한 과대평가 때문에 마치 '사기꾼'이 된 듯한 기분을

4 콘래드의 텍스트에는 벨기에령 콩고, 콩고 강, 벨기에, 브뤼셀 등의 구체적인 지명이 언급되지 않는다. 단지 소설의 공간적인 배경이 아프리카라는 사실은 1917년 콘래드가 『청춘과 다른 두 이야기』(*Youth: A Narrative; and Two Other Stories*)에 붙인 작가노트에서 명시된다. 그에 의하면 『어둠의 심연』과 「발전의 전초기지」("An Outpost of Progress") 두 작품은 "내가 아프리카 한복판에서 가지고 나온 모든 노획물"이라고 하였다(*HD* 4). 그 밖의 지명들은 콘래드의 전기적 사실로부터 알아낼 수 있는 정보이다. 친구 리처드 컬(Richard Curle)에게 보낸 편지에서 콘래드는 의도적으로 작품 속의 여러 사실들을 밝히지 않았다고 고백하면서 다음과 같은 예술관을 피력한다. "명시된 것은 예술 작품으로부터 모든 암시성을 빼앗고 환상을 깨기 때문에 작품의 매력에 치명적이다"(*HD* 232).

느끼며 당황한다.

> 나는 또한 대단한 '일꾼' 중의 한 사람으로 소개되었던 모양이야. 빛의 사자라든지, 하급의 사도라든지 뭐 그와 비슷한 것으로 말이야. 그 무렵에는 그런 허튼 소리가 인쇄물이나 얘깃거리로 많이 떠돌고 있었거든. 그 훌륭하신 숙모도 그런 헛소리들 와중에 사시다보니 거기에 휩쓸리신 거야. '저 무지한 수백만의 원주민들로 하여금 그들의 끔찍한 풍습을 버리게 하는 것'에 대해 그녀가 이야기하는 것을 듣다보니 정말이지 굉장히 불편한 느낌이 들더군. (15-16)

어떤 의미에서 말로우의 숙모는 당시 식민주의자들에 의해 유포되었던 그럴듯한 '말'과 '글'로 인해 '박애주의'에 현혹된 유럽의 여성을 상징적으로 나타내고 있다. 이상의 여러 가지 예가 함축하고 있는 것은 '암흑대륙'(Dark Continent)의 '문명화' 이데올로기가 당대에 팽배하였고 지배적이었기 때문에 누구도 그 영향력으로부터 자유로울 수 없었다는 사실이다.[5]

식민주의자들은 과장된 수사로 '인도주의적인' 의도를 공언했지만 실제로 그들이 식민지에서 벌인 일은 정반대였다. 『어둠의 심연』 초반부에서 묘사되듯이, 각자의 목이 쇠사슬로 연결된 여섯 명의 흑인들이 갈비뼈가 앙상하게 드러난 채로 노동에 동원되는 장면(19)은 그곳의 원주민들이 백인들로부터 어떤 취급을 받았는가를 적나라하게 보여준다. 또한 나무 그늘에서 고통, 자포자기, 그리고 절망에 빠져 죽

5 브랜틀링거는 "암흑대륙의 신화"(the myth of the Dark Continent)를 19세기 제국주의 이데올로기의 산물로 설명한다. "암흑대륙의 신화는 주로 빅토리아 시대가 꾸며낸 이야기였다. 제국에 대한 더 큰 담론의 일부로서 그 신화는 정치적이고 경제적인 압박에 의해 구체화되었고 또한 유럽인들이 자신의 가장 사악한 충동을 아프리카인들에게 투사했던 심리에 의해 구체화되었다"(195).

음을 기다리는 병든 원주민 노동자들의 모습(20)은 백인들이 외치는 '인도주의'와 '박애주의'의 실상을 폭로하는 예가 된다. 콩고에 진출한 백인들에게 고상한 대의명분은 겉치레였을 뿐 그들의 관심은 돈, 권력, 신분의 상승이었다. 1894년 한 젊은 장교는 가족에게 이렇게 써 보냈다. "콩고 만세! 콩고 같이 좋은 곳은 없습니다! . . . [여기에서] 우리는 자유, 독립, 넓은 시야를 제공하는 생활을 누립니다. 여기서는 마음대로 행동해도 되고 사회의 노예가 되지 않습니다. . . . 여기서는 어떤 사람도 전사, 외교관, 무역업자 무엇이든지 다 될 수 있습니다! 될 수 없는 것은 없습니다!"(Hochschild 137). 백인들에게 콩고는 이른바 '실현된 *꿈*'(a dream come true)이었다. 콩고의 백인은 유럽 사회의 모든 제약을 벗어난 암흑대륙의 한복판에 있었기 때문에 자신의 여러 가지 욕구를 마음대로 채울 수 있었다. 『어둠의 심연』의 말로우의 표현을 빌자면, '경찰관'이 상징하는 법과 '푸주한'이 상징하는 도덕이나 여론이 콩고에는 존재하지 않기 때문에, 한때 아프리카의 야만 풍습에 대한 보고서에서 "고귀한 박애정신"과 "이타적 감정"을 설교했던 커츠 같은 백인도 보고서의 후기에 "모든 야만인들을 전멸시켜라!"라고 덧붙일 수 있으며 "입에 담기도 싫은 의식"을 거행할 수 있는 것이다(*HD* 49-51). 결국 커츠는 상아를 얻기 위해서라면 죽이고 싶은 사람을 누구나 죽이는 만행을 저지르면서도 죄책감을 전혀 느끼지 않는 괴물이 되고 만다.

하지만 『어둠의 심연』에서 간과해서 안 될 것은 텍스트 곳곳에서 드러나는 말로우의 아이러닉한 어조다. 예컨대 앞서 언급되었듯이 말로우가 제국주의의 '문명화' 담론을 "허튼 소리," "거짓말"(15, 16)이라고 빈정대는 관점은 그가 이야기하는 시점에서 콩고에서의 과거 경험을 반추하면서 생긴 환멸감의 산물이다.[6] 그렇기 때문에 말로우는

"거짓말 속에는 죽음의 냄새가 있다"(29)고 주장하는 것이다. 즉, 말로우는 콩고에서 커츠라는 인물을 통해 인도주의적 이상이 어떻게 변질되고 타락하는가를 목격하고 난 이후, 자신의 과거경험을 아이러닉한 시각으로 재해석하는 것이다. 아닌 게 아니라 말로우처럼 콘래드도 콩고의 진상을 알게 되면서 벨기에의 '문명화' 명분이 처음의 기대와는 정반대로 "헛소리"며 "거짓말"에 불과하다는 것을 깨닫는다. 특히 실종된 리빙스턴 박사를 찾기 위한 스탠리의 아프리카 내륙 탐험은 당시 "신문 특종 기사"로 보도되어 콘래드에게 한때 아프리카 탐험에 대한 낭만적인 동경심을 불러 일으켰던 사건이었으나, 콘래드가 콩고에서 환멸감을 느낀 이후에는 이 전설적인 탐험조차도 그의 기억 속에서 의미 없는 사건으로 전락해버리고 만다. 결국 앞서 지적한 대로 "인간의 양심과 지리적 탐험의 역사를 추하게 만든 가장 수치스러운 약탈 행위"가 콩고의 백인들에 의해 자행되고 있다는 사실은 콘래드에게 일종의 정신적 외상을 남기게 된다.[7]

하지만 말로우가 의혹과 환멸의 눈길로 바라본 대상은 벨기에 제국주의에 한정되지 않는다. 소설의 초반부에서 고대시대의 영국을 침략하여 정복했던 로마인들이 당시 최고의 문명인이었으면서도 이득을 위해서 "폭력을 쓰는 강도행위와 대규모의 살인행위"(*HD* 10)를 저질렀다는 말로우의 주장은 모든 서구 문명의 밑바탕에 탐욕과 야만이 도사리고 있다는 아이러니를 암시한다. 이는 한 걸음 더 나아가면,

6 또 다른 예는 말로우가 처음부터 브뤼셀을 "회칠한 무덤"(a whited sepulchre)(*HD* 13)으로 비유하는 것이다.

7 레오폴드의 식민정책에 대한 콘래드의 환멸과 분노는 1903년 콩고 개혁 운동을 주도하던 친구 로저 케이스먼트(Roger Casement)에게 보낸 일련의 편지에 잘 나타난다. 특히 콘래드는 1903년 12월 21일자 편지를 보내면서 콩고 개혁 운동을 위해 도움이 된다면 이 편지를 출판해도 좋다고 허락했다. Hawkins 69-71 참조.

소설의 도입부에서 무명의 영국인 내레이터가 19세기 말 세계 최강국인 대영제국의 찬란한 과거와 현재에 대해 느끼고 있던 자부심과 낙관론을 송두리째 뒤흔드는 발언으로 해석될 수 있다. 이렇게 역사적으로 반복되는 거짓과 위선, 폭력과 야만의 맥락은 약 1세기 후 코폴라 감독에 의해 적극 수용되어 영화 <지옥의 묵시록 리덕스>의 베트남 전쟁까지 확장된다.

II. "반(反)거짓말 영화"–프랜시스 포드 코폴라의 <지옥의 묵시록 리덕스>

콘래드의 소설들은 꾸준히 영화화되어 20세기말까지 영화나 텔레비전 드라마로 각색된 작품이 대략 90개에 이른다. 『어둠의 심연』도 예외가 아니어서 이 소설은 라디오, 영화, 텔레비전을 위해 여러 번 각색되었다. 오손 웰즈(Orson Welles)는 라디오 쇼 형식으로 『어둠의 심연』을 극화했으며, 또한 이 소설을 각색하여 그의 첫 번째 할리우드 영화를 제작하려고 했었지만 그 계획은 실현되지 못하였다. 니콜라스 뢰그(Nicolas Roeg)는 1994년 동명의 텔레비전용 영화로 콘래드의 소설을 각색했으며 원작에 비교적 충실하다는 평을 받았다. 소설 『어둠의 심연』에 토대를 둔 가장 유명한 각색 영화는 아마도 프랜시스 포드 코폴라(Francis Ford Coppola) 감독의 <지옥의 묵시록>(*Apocalypse Now*)이 될 것이다.

1899년 처음 출판된 콘래드의 『어둠의 심연』이 그의 작품세계에서 가장 잘 알려져 있는 소설인 동시에 가장 많은 논쟁의 대상이 되는 작품인 것처럼, 코폴라의 <지옥의 묵시록>도 1979년 개봉된 이후로 여러 면에서 논쟁의 여지가 있는 영화로 간주되어 왔다. <지옥의 묵시록>이 제기하는 여러 문제점들 중에서 문학 연구자의 관심을 끄는 것은 물론 콘래드의 『어둠의 심연』과 연관된 각색의 문제가 될 것이다. 이와 관련하여 바흐만(Holger Bachmann)이 지적한 바를 인용해 보자면, 콘래드가 『어둠의 심연』에서 인간 정신, 도덕과 윤리, 인간의 내부에 있는 어둠 등을 상징적으로 탐험하기 위한 배경으로서 벨기에령(領) 콩고의 식민주의를 이용한 것처럼, 코폴라도 <지옥의 묵시록>에서 베트남이라는 배경을 좀 더 보편적인 인간의 문제에 대한 메타포로서 이용한다(317-18). 물론 보다 일반적이고 보편적인 인간의 문제에 대해 성찰하는 계기로서 각 작품이 '콩고'와 '베트남'이라는 특정한 공간을 매체로 삼았다는 그의 지적은 타당하다. 왜냐하면 코폴라가 자신의 영화 속에서 80년 전에 쓰인 콘래드의 소설을 나름대로 각색하고 재현하는 것은 "제국의 모티브만큼이나 오래된 실책, 악의, 약탈의 모티브들이 [인간의 역사 속에서] 악몽처럼 되풀이된다는 것"을 암시하는 것이며, "반복되는 인간의 역사 속에서 이 악몽을 심미적으로 반복하는 행위"(Stewart 455)에 다름 아니기 때문이다.

이처럼 콘래드의 소설과 코폴라의 영화 사이에 존재하는 시간과 공간의 간극을 초월하여 두 작품 모두 공통적으로 인간의 보편적인 진리를 전달한다는 주장은 일견 나무랄 데 없어 보인다. 그러나 소설과 영화가 함의하고 있는 구체적인 역사성을 도외시하고 작품의 추상적이고 보편적인 성격만을 강조하는 것은 결코 균형 잡힌 접근방식이 아닐 것이다. 2001년 코폴라 감독이 전작(前作)에 49분의 장면을 복원시켜 세상에 내놓은 <지옥의 묵시록 리덕스>(*Apocalypse Now Redux*)에 주목할 필요가 바로 여기에 있다.[8] 왜냐하면 코폴라는 <리덕스>의

<지옥의 묵시록 리덕스>

새롭게 추가된 에피소드를 통해서 스토리라인을 좀 더 명료하게 하는 데 만족하지 않고 그 이전 작품에서는 부족했던 역사적 리얼리티를 보강함으로써 자신의 영화를 보다 더 구체적인 맥락 안에 놓으려고 노력하기 때문이다. 영화 <리덕스>는 이처럼 현대 미국의 역사적·문화적·정치적 문맥 안에서 베트남 전쟁을 파악할 뿐 아니라 콘래드 텍스트와의 대화를 통하여 미국에 윤리적이고 이데올로기적인 비판을 가한다.

영화 <리덕스>의 크레디트에서 콘래드의 『어둠의 심연』에 대한 언급은 전혀 찾을 수 없지만, 코폴라 감독은 2000년에 출판된 시나리오 『지옥의 묵시록 리덕스』에 붙인 서문에서 콘래드 소설의 영향을 분명히 하고 있다. "나는 영화를 찍을 때 매일 [존 밀리어스(John Milius)의] 대본을 갖고 다니는 대신 주머니 속에 초록색 작은 페이퍼백으로

8 이후 코폴라 감독의 영화 <지옥의 묵시록 리덕스>(*Apocalypse Now Redux*)는 <리덕스>로 간략하게 표시하여 1979년의 전작과 구별하기로 한다. '리덕스'는 '돌아온, 재연된, 회생한'이라는 뜻을 갖는다.

콘래드의 『어둠의 심연』을 넣고 다녔다. 자연히 나는 대본 이상으로 그 소설을 참고하기 시작했고, 영화는 점점 초현실적으로 되었으며 위대한 콘래드 소설을 생각나게 하였다"(Introduction vii).[9] 코폴라의 대본 수정 작업은 영화와 콘래드 소설과의 연관성을 강화하기 위한 것이었지만, 소설과 영화가 모든 세부사항에 있어서 대응관계를 이루지 않는 것은 물론이다. 코폴라의 영화는 원작 소설을 스크린으로 옮기기 위해서 플롯, 대화, 배경 등을 변경한 경우이지만, 원작의 정신과 주제를 현대 시대에 걸맞게 해석했다는 점에서 충실한 각색이라고 할 수 있다. 그런데 이 경우 주목해야 할 점은 과거의 특정한 역사적 시점과 지리적 공간에서 쓰인 소설이 영화로 각색될 때 일어나는 변화이다. 즉 코폴라의 작품에서 19세기 말이 20세기 후반으로, '영국' 소설이 '미국' 영화로 치환되면서 발생하는 사회적·문화적 요소들은 매체의 변환, 즉 문자 매체에서 영상 매체로의 변환에 수반되는 문제들만큼 중요하다.

사회적 · 문화적 관점에서 보았을 때 <리덕스>는 베트남 전쟁에 대한 영화가 아니라 베트남 전쟁을 통해 드러난 미국 혹은 미국 정부의 치부에 관한 영화다. 코폴라 감독은 2001년 제54회 칸(Cannes) 국제영화제에서 22년 전 그에게 황금종려상을 안겨 주었던 <지옥의 묵시록>을 재편집한 신판 <리덕스>를 선보이면서 행한 인터뷰에서 "<지옥의 묵시록> 주제는 '거짓말'"이라고 말했다. 그 이유를 "미국 정부가 월남전에 대해 우리에게 끊임없이 거짓말을 했기 때문"이라고 밝

9 피터 카우이(Peter Cowie)에 의하면, 영화의 원 각본을 쓴 존 밀리어스는 1982년 『어둠의 심연』이 영화에 끼친 영향에 대해 부인했으나 4년 후 태도를 바꾸어 다음과 같이 두 작품 사이의 연관성을 인정했다. "나의 작문 선생은 누구도 『어둠의 심연』을 능가하는 작품을 쓸 수 없을 것이라고 나에게 말한 적이 있었다. [오손] 웰즈도 시도해 보았고 누구도 그것을 능가할 수 없었다. 그 소설은 내가 가장 좋아하는 콘래드 작품이었기 때문에 내가 시도해 보기로 결심했다"(120).

힌 그는 “이 영화를 반전 영화가 아닌 ‘반(反)거짓말’(anti-lie) 영화로 봐 달라”고 주문한 바 있다(“인터뷰”). 19세기 말 콘래드가 『어둠의 심연』에서 벨기에 식민주의의 “터무니없이 지독한 거짓말”(enormous and atrocious lie, Hawkins 69 재인용)을 폭로한 것처럼, 21세기 초 코폴라는 <리덕스>에서 베트남 전쟁에 개입한 미국의 거짓과 위선을 규명한다는 점에서 콘래드와 공통적인 주제 의식을 드러낸다.

사실 미국 정부의 ‘거짓말’은 미국이 베트남 전쟁에 개입하는 순간부터 시작된 뿌리 깊은 현상이었으며, 코폴라가 영화를 통해 전달하려는 주제가 당대 미국의 사회적·정치적 현실을 충실히 반영하고 있다는 것을 말해준다. 베트남 전쟁과 관련하여 미국의 정치와 대중문화에서 널리 사용되던 용어 중에 ‘신빙성의 결여’라는 표현이 있다. 이는 ‘거짓말’을 완곡하게 표현한 용어로서, 미국의 정치 지도자들이 베트남전과 관련된 중요한 사실이나 정보를 거짓 전하거나 알리지 않음으로써 의회, 언론, 국민을 오도한 사실을 말한다. 특히 린든 존슨(Lyndon B. Johnson) 대통령은 베트남전에 대한 거짓말을 계획적으로 5년 동안이나 지속했기 때문에 ‘신빙성의 결여’가 가장 심각한 대통령으로서 미국인들에게 기억된다(Orman 97).[10]

그런데 흥미로운 사실은 <리덕스>의 주요 등장인물 중의 하나인 랜스(Lance)의 이름이 “엘. 비. 존슨”(L. B. Johnson)으로 표기된다는 것이다. 이것은 도렁 브리지(Do Lung bridge)에서 우편물을 넘겨받은

10 존슨 대통령이 언론·대중에게 ‘신뢰성의 결여’를 드러내기 시작한 것은 아마도 통킹 만(Gulf of Tonkin) 사건이었을 것이다. 1964년 8월 초 존슨 대통령은 통킹 만에서 일어난 불확실한 사건을 이용해 베트남에서의 전면 전쟁을 시작하는 결정적인 계기로 삼는다. 나중에 밝혀진 바에 의하면 존슨 행정부는 정치적인 이유로 통킹 만 사건을 조작하여 의회로부터 월맹을 공격할 수 있는 허락을 받아 낸 것이다. 특히 8월 4일의 사건은 실제로는 일어나지도 않은 일을 조작한 것으로 드러난다. 결국 통킹 만 에피소드는 사기였으며 미국의 고위 관료들이 국민에게 거짓말한 것임이 나중에 판명된다(Zinn 466-67 참조).

셰프(Chef)가 대원들에게 편지를 나눠 줄 때 수취인의 이름을 "미스터 엘 비 존슨"(Mr. L. B. Johnson)이라고 부르는 장면에서 드러난다. 이 장면을 주의 깊게 본 미국 관객이 있다면 분명히 미국이 베트남에 결정적으로 개입하게 만든 존슨 대통령의 이름, 즉 린든 베인스 존슨(Lyndon Baines Johnson)을 기억에 떠올릴 것이다. 이것이 우연의 일치가 아니라 코폴라 감독이 의도한 것이라는 사실은 영화의 다른 장면에서 증명된다. 앞서 랜스의 이름을 통해 간접적으로 존슨 대통령을 시사했던 코폴라는 나중에 커츠 대령의 입을 통해서 존슨 대통령의 이름을 직접 언급한다. 그것은 영화의 마지막 부분에서 커츠 대령이 금속 컨테이너에 갇혀 있는 윌라드에게 실제 『타임』(*Time*)지의 베트남 전쟁 기사를 읽어 주는 장면이다.

> 『타임』지. 뉴스 주간지. 1967년 9월 22일, 90권 12호. 분명해지고 있는 전쟁. 미국 국민은 미국이 베트남 전쟁을 이기고 있다고 믿기가 어려울 것이다. 그럼에도 불구하고 지금까지 수집된 전투상황에 대한 가장 철저한 조사 중 하나에 의하면, 전력증강이 시작된 지 2년 반이 지난 현재 미국 군사력이 영향력을 나타내기 시작하고 있다는 중요한 증거가 있다. 그 전력의 효과는 적이 싸움을 계속하지 못할 정도일 거라고 백악관 관리들은 주장한다. 미국 국민이 그 조사의 낙관적인 결론들을 받아들일 생각이 없다는 것을 염려한 린든 존슨은 그 조사 보고서가 자세히 공개되는 것을 결코 허락하지 않을 것이다. 그렇다 하더라도 그는 조사 결과에 충분한 인상을 받았으며 조사의 결론을 몹시 알리고 싶어 하고, 조사에 참여했던 전문가들이 그것에 대해 개괄적인 말로 표현하는 것을 허락하고 싶어 한다. (Redux)

이 장면은 <리덕스>에 새로 복구된 부분으로서, "코폴라 감독은 이 장면을 통해 1979년 개봉 당시 명시하지 않았던 영화 속 현실의 시간을 분명히 함으로써 이 영화의 리얼리티를 높였다"("인터뷰"). 콘래드는 『어둠의 심연』에서 지리적 공간을 명시하지 않음으로써 자신의 작품에 '암시성'과 '환상'을 부여하려고 노력한 반면, 코폴라는 <리덕스>에서 역사적 시점을 명시함으로써 자신의 영화가 미국의 구체적인 시대의 산물임을 강조한다.

그러나 이 장면에서 좀 더 눈여겨보아야 할 것은 바로 '거짓말' 주제이다. 1967년 가을은 존슨 대통령이 베트남 전쟁에서 중요한 고비를 맞고 있던 시기였다. 전쟁이 교착상태에 빠져 있다는 인식을 불식시키고 전쟁에 대한 국민의 지지를 높이기 위해서 존슨 행정부는 의회, 언론, 국민을 상대로 대대적인 홍보 캠페인을 펼쳤다. 그 주된 내용은 공산군의 세력이 약해지고 있으며 미국이 전쟁을 이기고 있다는 것이었다. 전쟁의 승리가 임박했다는 낙관적인 예상을 할 때 자주 동원된 표현들은 '[전쟁이] 고비를 넘기고 있다,' '크리스마스까지는 고향으로,' '터널 끝에 보이는 빛' 등이었다(Cliffe 59). 특히 언론에게는 베트남 전쟁이 제대로 진척되고 있다는 온갖 통계 자료를 제공함으로써 낙관론을 퍼뜨린다.[11] 하지만 존슨 행정부의 장밋빛 선전은 속임수라는 것이 곧 드러난다.[12] 즉, 1968년 1월 말 베트콩과 북베트남군은 베트남의 명절인 테트(음력설)에 남베트남 전역에 걸쳐 대규모 기

11 이런 홍보 캠페인이 절정을 이룬 때는 1967년 11월이었다. 존슨 대통령에 의해 워싱턴으로 소환된 베트남 주둔 미군 총사령관 윌리엄 웨스트모얼랜드(William Westmoreland) 장군은 "나는 대단히 고무되어 있습니다. . . . 우리는 [베트남 전쟁에서] 실제로 진척을 보이고 있습니다"라고 기자들에게 말했으며, "우리는 [전쟁의] 끝이 보이기 시작하는 중요한 지점에 도달했다"며 2년 내에 미군이 철수할 수 있을 것이라는 낙관론을 국회에서 피력했다(Herring 183).

12 어떤 이들은 미국 정부의 지나친 낙관주의가 전쟁터의 현실을 모르기 때문에 생긴 것이라고 주장하는 반면, 어떤 사람들은 정부의 낙관론이 국민을 기만하고 오도하려는 의식적인 속임수의 일부라고 간주했다. 정부 비판자들에 의하면 적의 전사자수를 부풀려서 발표한다든지, 미군의 사상자수를 국민들에게 숨긴다든지, 미디어를 통제하려고 한다든지 하는 현상은 정부의 도덕성을 의심케 하는 요소들이었다(Cliffe 59-60).

습공격을 감행한다. 비록 공산군의 '테트 공세'(Tet Offensive)는 군사적인 면에서 실패로 끝났지만, 역설적으로 공산군의 전력이 여전히 건재함을 과시한 사건이었다. 특히 공산군이 사이공 주재 미국 대사관까지 침입했다는 사실은 미국 정부의 낙관론이 거짓임을 웅변적으로 말해주었으며 존슨 대통령의 '신빙성 결여'를 심화시켰다.[13] 영화 속에서 커츠는 『타임』 기사를 읽던 도중 윌라드에게 "여러 번 들어본 소리지?"라고 불쑥 질문을 던짐으로써, 미국 정부의 베트남 전쟁에 대한 낙관론이 얼마나 광범위하게 유포되었는지를 암시한다. 코폴라는 이 장면을 통해서 전쟁터의 추악하고 부조리한 현실과 동떨어진 낙관주의의 허구성과 정부의 언론 조작을 함께 폭로하는 것이다.

커츠가 베트남 전쟁 기사를 읽는 장면 못지않게 주의 깊게 보아야 할 장면은 코폴라 감독이 카메오로 출연하는 부분이다 | 사진 1 |. 영화의 첫 전투 장면에서 텔레비전 카메라 팀의 프로듀서로 등장하는 코폴라

| 사진 1 | 카메오로 출현한 코폴라 감독

13 당시 CBS의 앵커맨이었던 월터 크롱카이트(Walter Cronkite)는 구정 공세의 소식을 처음 들었을 때 "도대체 무슨 일이 일어나고 있습니까? 나는 우리가 베트남 전쟁을 이기고 있다고 생각했는데!"(Herring 191)라고 말하면서 도저히 믿을 수 없다는 반응을 보였다.

감독은 육지에 상륙한 윌라드 일행에게 소리 지른다. "카메라 쳐다보지 마. 계속 가, 계속 움직이라니까. 카메라 보지 말고. 그냥 전투중인 것처럼 지나가라니까. 텔레비전용으로 찍는 거야. 그냥 지나가. 계속 움직이라고"(*Redux*). 이 장면은 21세기의 관객들에게 대수롭지 않은 해프닝 정도로 보이겠지만 사실은 사회적·문화적으로 중요한 함의를 지닌다. 이 장면은 베트남전과 텔레비전 매체와의 관계를 압축적으로 보여주고 있는 것이다. 베트남전은 텔레비전에 의하여 미국 국민들에게 방송된 최초의 전쟁이라는 의미에서 흔히 '텔레비전 전쟁'이라고 불린다. 1940년대 중반만 하더라도 미국에서 개인적으로 텔레비전을 소유하고 있는 사람들은 거의 없었지만, 1960년에는 미국 가정의 89.4퍼센트가 텔레비전 수상기를 소유하게 된다(MacDonald 147). 따라서 미국이 베트남전에 본격 개입하는 1960년대 중반 이후에는 대부분의 미국인들이 거실에 편안히 앉아 텔레비전에서 방송되는 저녁뉴스를 통하여 전쟁 소식을 접하게 됨으로써, 베트남 전쟁은 '거실 전쟁'(living-room war)이라는 별명까지 얻게 된다.[14] 이런 역사적 맥락에서 볼 때 영화 속의 텔레비전 카메라는 단순한 소품이 아니라 1960년대 미국의 문화적 아이콘으로 해석될 수 있다.

다른 한편으로 영화 속 텔레비전 카메라의 등장은 또 다른 카메라, 즉 영화를 찍는 카메라의 존재를 상기시킨다. 윌리엄 헤이건(William Hagen)은 이 점을 다음과 같이 적절하게 지적한 바 있다. "첫 번째 전

14 마이클 알렌이 1969년에 출판한 『거실 전쟁』(*Living-Room War*)이라는 책의 제목에서 유래하였다. 아서 프레임(Arthur T. Frame)은 「텔레비전과 베트남 경험」("Television and the Vietnam Experience")이라는 글에서 텔레비전의 베트남 보도가 미국인에게 끼친 영향을 다음과 같이 정리한다. "1964년에서 1973년까지 [베트남] 보도는 미국 3대 주요 텔레비전 네트워크[ABC, CBS, NBC]의 저녁 뉴스에 방송되었다. 심지어 1975년 사이공 함락과 미국 대사관 지붕에서 마지막 남은 미국인들이 철수하는 장면은 수백만의 미국인들이 거실에서 지켜보았다. 시청자들은 전쟁의 목격자였으며 이것이 전쟁에 대한 그들의 견해를 정하는데 도움을 주었다"(394).

투 장면에서 감독 자신의 카메라는 고정된 텔레비전 [카메라] 시야로부터 멀어지면서 병사들과 함께 혼란스런 소탕 장면으로 이동한다. 그것[소탕 장면]은 관객의 눈과 귀를 압도하는 현실이며, 텔레비전 수상기의 작은 화면에 담겨 있는 '현실'과는 사뭇 대조를 이룬다"(235). 바꿔 말하면 <리덕스>라는 영화가 관객들에게 보여주고자 하는 것은 텔레비전 카메라·뉴스에 잡히지 않았던 혹은 잡힐 수 없었던 베트남 전쟁의 악몽이다.[15] 1960년대 『뉴요커』(*New Yorker*)지의 텔레비전 평론가였던 마이클 알렌(Michael J. Arlen)은 텔레비전의 이와 같은 한계를 지적한 바 있다. 그의 비유에 의하면, 미국인이 텔레비전을 통해서 베트남 전쟁을 보는 것은 마치 아이가 '열쇠 구멍'을 통해서 방 안에서 싸우고 있는 어른들의 모습을 보는 것과 같다(83). 즉, 작은 열쇠 구멍으로 기껏해야 보이는 것은 어른들 모습의 일부이고 들리는 것은 분명치 않은 목소리이기 때문에 방 안에서 벌어지는 사건의 전모를 알기 어려운 것처럼, 미국인들도 텔레비전 카메라가 제공하는 전쟁의 단편적인 이미지 이외의 것은 볼 수 없었던 것이다. 결국 영화 속 텔레비전 카메라의 존재는 전쟁 또는 진실의 전모가 아니라 편린만을 보여주는 텔레비전 보도의 한계성을 함축적으로 나타낸다.[16]

미국의 승리를 예측하는 뉴스 보도를 커츠 대령이 조롱하는 장면과 더불어 흥미 있는 부분은 프랑스 농장 시퀀스이다. 이 시퀀스 역시 <리덕스>에 새로 복구된 에피소드로서 영화에 역사적·정치적 깊이를 더해주는 역할을 한다. 『어둠의 심연』에서 말로우는 강을 따라 올

---

15 코폴라의 영화가 '초현실적'이라는 평을 듣게 된 것은 아마도 이런 이유 때문일 것이다.

16 영화 속의 미디어 모티브는 다른 장면에서 변형되어 나타난다. 커츠 대령이 자신의 사진을 찍은 사진작가에게 "다시 내 사진 찍으면 너를 죽여 버리겠다"라고 위협한 것은 곧 베트남에서 자행된 미군의 수많은 잔학한 행위들이 미디어에 보도되지 않은 채 은폐되었을 가능성을 가리키고 있다(Norris 759).

| 사진 2 | 프랑스 농장의 식사 장면

라가는 일을 시간을 거슬러 올라가는 여행에 비유한 바 있다. 코폴라는 이것을 차용해 베트남의 식민지 역사를 환기시킨다. "그들[윌라드 일행]이 강의 상류로 전진함에 따라 다소 기묘하기는 하지만 그들이 점점 과거로 되돌아간다는 것이 나의 아이디어였다. 우리는 베트남의 역사를 거슬러 재방문하고 있었으며 첫 번째 멈춘 곳은 [베트남의] 1950년대였다. 우리는 이제 프랑스인들과 함께 있게 되었고 그것이 바로 내가 프랑스 농장 장면에서 찾고 있던 것이다"(French 83-84) | 사진 2 | . 코폴라는 이 시퀀스를 통해서 1946년에서 1954년까지 벌어진 인도차이나 전쟁의 연장선상에서 베트남 전쟁을 파악하고 있음을 보여준다. 농장의 저녁식사 장면에서 한 프랑스 식민주의자는 윌라드에게 다음과 같이 말한다. "모르겠어요? 베트콩은 말합니다 '떠나라! 가버려라!' 그러면 인도차이나에 있는 백인들은 모두 끝장입니다. 당신이 프랑스인이든 미국인이든 어느 쪽이든지 마찬가지입니다. '사라져라!' 그들은 당신들을 잊고 싶어 합니다"(*Redux*). 이 대사가 함축하고 있는 것은 베트남의 독립과 통일을 위해서 전쟁을 수행하는 베트남인의

시각에서 볼 때 미국은 일본과 프랑스에 이어 등장한 또 다른 식민 세력에 불과하기 때문에 그들로부터 환영받을 수 없다는 점이다. 또한 베트남의 식민지 통치에서 이미 실패를 경험한 프랑스인의 입을 통해 베트남전에 뛰어든 미국의 어리석음을 꼬집는 대사도 나온다. "왜 당신 미국인들은 우리로부터, 우리가 저지른 잘못으로부터 배우지 못하는 겁니까?" 결국 코폴라는 프랑스인의 입을 빌려 "당신 미국인들은 역사상 가장 무의미한 싸움을 하고 있다"(*Redux*)고 지적하면서 미국의 명분 없는 베트남 전쟁을 통렬하게 비판한다.

어떤 영화 비평가들은 <지옥의 묵시록>이 전쟁의 광기에 대한 메타포로서는 성공했을지 모르지만, 미국이 그 전쟁에 왜 개입했는가의 문제를 전혀 다루지 않았다고 지적한 바 있다(Dempsey 6, O'Nan 276). 그런데 이 문제는 <리덕스>에 새로 추가된 프랑스 농장에서의 저녁식사 장면에서 간단하게나마 언급된다. 한 프랑스인은 사이공에서 어떤 미국 정치가로부터 왜 미국이 베트남전을 수행하는가에 대한 설명을 들은 적이 있다고 하면서 다음과 같이 그 정치가의 설명을 인용한다. "자 보세요. 어제는 한국이었고, 오늘은 베트남, 내일은 태국, 필리핀, 그리고 유럽이 될 수도 있습니다"(*Redux*). 이것은 한 줄로 늘어선 도미노패가 잇달아 쓰러지듯 한 나라가 공산화되면 그 인접국가도 연쇄 반응으로 공산화된다는 이른바 '도미노 이론'(Domino Theory)을 설명하는 대사이다. 이 이론은 미국의 베트남 전쟁 개입을 정당화하는 냉전시대의 논리로서, 결국 동남아시아에서 공산주의의 확산을 막기 위해 베트남에 민주주의를 정착시키는 것이 미국의 주된 목표가 된다.

그러나 시모 채트먼(Seymour Chatman)이 예리하게 지적하듯이, 문제는 미국의 '민주주의 수호' 명분이 19세기 말 유럽의 식민주의자들이 내세웠던 '문명화 사업' 명분과 크게 다르지 않다는 것이다(215).

| 사진 3 | 킬고어 대령

말로우가 아프리카 콩고의 실상을 알게 되면서 벨기에의 '문명화 사업'이 '헛소리'에 그치지 않고 '미친 짓'이라는 것을 알게 되는 것처럼, 윌라드도 베트남 전쟁의 추악한 면을 목격하면서 미국의 '민주주의 수호' 노력이 거짓이고 경우에 따라서는 광기로 흐를 수 있다는 것을 깨닫는다. 그 좋은 예는 헬리콥터 기동 부대의 지휘관 킬고어(Kilgore) 대령이다. 이름(kill+gore)이 암시하듯 그는 베트남에 주둔한 미군의 무자비와 광기를 상징하는 인물이다. 계급, 군복, 태도에 있어서 그는 미국 기병대의 영웅 조지 커스터(George Custer) 대령을 상기시키며(French 125) 그의 헬기 부대는 "말을 팔아서 헬기를 사들인"(Redux) 기병대의 후예이다 | 사진 3 |.

전쟁광 킬고어의 부도덕하고 부조리한 모습이 단적으로 드러나는 곳은 해변의 베트콩 마을을 공습하는 시퀀스이다. 마을을 공격하는 이유는 윌라드 일행의 초계정을 그곳까지 운반하기 위해서이지만, 킬고어에게 더욱 중요한 이유는 그 마을의 해변에서 유명한 서핑 선수의 묘기를 보기 위해서이다. 그의 헬기 부대가 이륙할 때 나팔수는 마

| 사진 4 | 헬기 부대의 출격을 알리는 나팔수

치 아메리카 인디언을 토벌하기 위한 기병대의 출동을 알리듯 나팔을 불어댄다 | 사진 4 | . 미군 헬기들의 공격이 시작되기 전 카메라는 잠깐 동안 전형적인 베트남 마을의 평화로운 풍경을 보여줌으로써 킬고어의 광기에 희생이 될 베트남인들을 부각시킨다. 사람들은 생업에 종사하면서 일상생활을 영위하고 있고, 학교에서는 단정한 교복을 입은 학생들이 선생님의 지도를 받고 있다. 서핑이라는 오락을 위해 이런 평화로움과 질서를 깨뜨리면서 베트남 사람들을 "지독한 야만인들"이라고 부르는 킬고어 자신의 모습이야말로 야만의 화신 그 자체이다. 뿐만 아니라 킬고어 대령은 적들에게 두려움을 불러일으킨다는 명목으로 헬기 확성기를 통하여 리하르트 바그너(Richard Wagner)의 「발키리의 비행」("The Ride of the Valkyries")을 틀어 댄다. 여기서 서양의 소위 '위대한' 음악은 미군들에게 사기를 고취시켜주는 진군가 역할을 하지만 베트남인들에게는 광기와 살육의 메시지를 전달하는 공포의 전주곡이 된다.[17] 특히 킬고어가 베트남인을 "야만인"이라

17 바그너의 음악이 살육 현장의 배경음악으로 등장하는 장면은 2차 세계대전 때 유대인 학살을

고 부르거나 경멸하는 명칭들(dinks, gooks, slopes)을 사용하는 것은 『어둠의 심연』에서 유럽인들이 아프리카 원주민들을 터무니없이 "범죄자" "반역자" "적군"(*HD* 58)이라고 몰아세웠던 것을 연상시킨다. 실제로 미군들은 베트남인을 마치 인디언처럼, 베트남 전쟁을 서부영화처럼 생각했다. "베트남의 미국 병사들이 존 웨인(John Wayne)을 영화배우로서가 아니라 모범과 표준으로서 얼마나 자주 찬성의 어조로 언급했는가는 놀라운 일이다. 베트남에 있는 모든 이들은 위험한 지역을 인디안 영토라고 불렀다"(Baritz 51). 특히 킬고어가 쓰고 있는 검은 색 기병대 모자는 그가 베트남인을 아메리카 인디언으로 보고 있을지도 모른다는 추측을 가능하게 한다.

이런 추측이 그리 터무니없는 억측이 아니라는 것은 나중에 미군 위문공연 장면에 등장하는 플레이보이 버니 걸들의 복장이 뒷받침해준다. 그들이 착용한 카우보이/기병대와 인디언의 복장은 앞서 이미 제시된 기병대와 아메리카 인디언의 이미지를 반복하는 셈이기 때문이다 | 사진 5, 6, 7 |. 이렇게 각각 기병대/인디언, 카우보이/인디언의 이미지를 갖고 있는 두 장면을 병치할 때 쉽게 연상할 수 있는 것은 미군/베트콩의 관계이며, 결국 이 모든 이분법은 선과 악의 대립관계로 보인다. 그러나 미국 역사에서 백인이 저지른 인디언 대량 학살은 선과 악의 경계가 모호함을 증명할 뿐 아니라, 베트남 전쟁을 통하여 세계의 경찰 역할을 한다고 믿는 미국의 어두운 과거 역사를 환기시킨다.[18] 이런 시각에서 보면 세계 최강의 미국도 폭력과 야만의 역사 위에

연상시킨다고 지적하는 이도 있다. 왜냐하면 바그너는 히틀러(Adolf Hitler)가 숭배했던 작곡가이며 그의 음악이 나치의 유대인 학살 수용소에서 확성기를 통해 흘러나왔기 때문이다(French 201).

18 실제로 존슨 대통령은 1965년 존스 홉킨스 대학에서 행한 연설 중에 "세계 질서를 강화하기 위해" 미국이 베트남에서 싸우고 있다고 하면서, 만약 [공산군의] 공격을 받는다면 미국에게 의지할 수 있다고 믿는 사람들이 지구 곳곳에 있으며 그 사람들의 믿음을 미국이 져버려서는 안 된다고

| 사진 5 | 카우보이 분장의 플레이보이 버니 걸

| 사진 6 | 기병대 분장의 플레이보이 버니 걸

| 사진 7 | 인디언 분장의 플레이보이 버니 걸

세워진 국가라는 점에서 『어둠의 심연』에서 언급되는 로마 제국이나 대영 제국과 다를 바 없다는 해석이 가능하다. 말로우의 표현을 빌자

말한 바 있다(McMahon 211 재인용). 또한 필립 카푸토(Philip Caputo)의 베트남 전쟁 회고록은 전쟁 개입 초 미군이 어떤 이상을 품고 전쟁에 임했는가를 잘 보여준다. "우리는 환상에 가득 찬 채로 외국[베트남]에 갔다. . . . 우리는 '당신이 조국을 위해 무엇을 할 수 있는가를 물어 보라'는 케네디의 요구에 이끌렸고 그가 우리에게 일깨운 선교사적인 이상주의에 매혹되어 군복을 입었다. 미국은 그 당시 전능한 것처럼 보였다. 미국은 결코 전쟁에 져 본적이 없다고 공언할 수 있었으며, 우리의 운명은 공산주의자들의 강도짓을 막는 경찰 역할을 하는 것과 또한 우리의 정치적 신념을 세계에 퍼뜨리는 것이라고 믿었다"(McMahon 223 재인용). 결국 미군들은 미국이 세계 질서를 지키는 경찰로서 "전적으로 고귀하고 선한 일"을 한다는 신념을 은연중에 품고 베트남전에 참전한 것이다.

면 미국의 "땅도 한때는 이 지구의 어두운 구석 중의 하나였다"(*HD* 9). 따라서 베트남 전쟁을 민주주의와 공산주의 혹은 선과 악의 대결로 단순화시키고 스스로 전자의 편에 서있다고 믿는 미국의 냉전시대 사고방식이 얼마나 오만한가를 지적할 수 있는 것이다.

커츠 대령은 미국의 우월 의식이 베트남에서 어떻게 극단적으로 변질되는가를 보여주는 예가 된다. 커츠는 3대에 걸쳐 미 육군 사관학교 졸업생을 낸 집안 출신이고, 졸업생 중 수석을 차지했으며, 하버드 대학원과 공수부대를 거쳐 수많은 훈장을 타는 등 엘리트 과정을 밟은 군인이다. 윌라드가 보기에 커츠는 장군이나 참모총장 같은 군의 최고지위에까지 오를 수 있는 "완벽한" 경력의 소유자이다. 그러나 영화 초반 나트랑(Nha Trang)의 장군이 윌라드에게 설명하듯이, 커츠는 모든 면에서 뛰어나고 "인도주의적인" 군인이었지만 특수 부대에 들어간 이후 그의 태도는 돌변한다. 커츠가 특수부대에 있었을 때 자신의 한계점을 넘게 되는 사건을 경험하기 때문이다. 베트남 어린이들에게 소아마비 예방접종을 했던 커츠의 부대는 베트콩들이 와서 아이들의 접종 맞은 팔을 잘라 낸 것을 목격한다. 커츠는 그 순간 "감정이나 판단 없이 죽일 수 있는 원시적인 본능"만이 이 전쟁을 끝낼 수 있음을 깨닫고, 부대를 이탈하여 자신을 신처럼 숭배하는 고산족 무리와 함께 캄보디아 국경을 넘어간다. 커츠에게 일어난 일을 나트랑의 장군은 다음과 같이 요약한다. "모든 인간의 마음속에는 이성적인 것과 비이성적인 것, 선과 악이 싸우고 있지. 그런데 선이 항상 승리하는 것은 아니네. 때로 어두운 면이 링컨이 말한 바 있는 '인간 본성의 천사 같은 면'을 압도한다네"(*Redux*). 하지만 커츠의 문제는 선과 악의 경계를 넘어 스스로 신이 되고자하는 유혹을 느끼고, 그 유혹에 굴복하여 결국 "타락하게"(unsound) 된 것이다. 커츠의 사원에 도착한 셰프가 직감적으로 알아차린 것처럼 커츠가 그곳에 세운 것은 "이교도의 우상숭배"인 것이다. 『어둠의 심연』에서 커츠가 "모든 야만인들을 전멸시켜라!"라고 주장한 것처럼, <리덕스>의 커츠 대령이 베트남 전쟁을 조속히 끝내는 방법으로 제시한 것은 바로 "폭탄을 투하하라. 그들 모두를 몰살하라"는 것이다.

커츠 대령의 이와 같은 궤적은 그를 배출해낸 미국이 베트남 전쟁을 통해서 보여준 궤적과 크게 다르지 않다. 사학자 로렌 배리츠(Loren Baritz)는 미국이 베트남 전쟁에서 패배한 이유 중의 하나로 미국 문화 속에 뿌리 깊게 자리 잡은 미국 우월주의 신화를 들고 있다. 그 신화 중의 하나는 청교도 시대부터 유래한 것으로서, 신이 미국인들을 약속의 땅으로 인도해주었기 때문에 미국이 "신의 나라"라는 믿음이다. 즉, 미국은 "언덕 위의 도시"로서 세계가 관심 있게 지켜보는 대상이며, 따라서 미국은 세계에 도덕적인 본보기가 된다는 믿음이다. 또 다른 신화는 미국이 발달된 과학 기술을 갖고 있기 때문에 "무적의" 국가라는 믿음이다(26, 44). 이런 맥락에서 본다면, 커츠의 오만한 행보에 대한 코폴라의 비판은 곧 미국의 신화, 즉 미국이 신에 의해 선택받은 나라이며 첨단의 현대 과학기술로 무장한 세계 최강국이라는 신화에 대한 비판으로 읽힐 수 있다.

코폴라의 <리덕스>는 콘래드의 『어둠의 심연』에 묘사된 19세기 말 벨기에의 식민지 약탈의 역사에서 베트남 전쟁의 비극을 읽어내며 관객의 공감을 불러일으킨다. 마고 노리스(Margot Norris)는 1979년 작 <지옥의 묵시록>에 대해 논하면서, 코폴라가 영화에 모더니즘의 "신화적 방식"을 도입함으로써 베트남 전쟁이라는 역사적 사건을 "비역사화"·"비정치화" 시켰으며, 그 결과 영화의 "역사적 박진성"이 희생되었다고 주장한다(730-31). 그러나 이와 같은 지적은 2001년 발표된 <리덕스>에는 해당되지 않는다. 왜냐하면 이 영화에 새로 복구된 에피소드는 역사적·정치적 문맥을 제공함으로써 영화의 리얼리티를 강화하기 때문이다. 특히 미국이 "역사상 가장 무의미한 싸움을 하고 있다"(*Redux*)고 비판하는 장면은 영화의 정치적 깊이를 더해주는 강력한 메시지로 작용한다.[19] 코폴라는 영화의 스크린을 통해 미국의 과거가 지닌 누추한 진실을 폭로함으로써 약 100년 전에 콘래드가 자신의 소설로서 이루었던 업적을 업데이트한 셈이다. 콘래드 소설의 현대적 해석을 통하여 탄생한 코폴라의 <리덕스>는 '역사란 현재와 과거의 끊임없는 대화'라는 명제를 재확인시켜준다.

참고문헌

박해현. "프랜시스 코폴라 감독 인터뷰." 『조선일보』 2001년 5월 14일 38면.

Arlen, Michael J. *Living-Room War.* New York: Viking, 1969.

Bachmann, Holger. "Hollow Men in Vietnam: A Reading of the Concluding Sequence of *Apocalypse Now.*" *Forum for Modern Language Studies* 34 (1998): 314-34.

Baritz, Loren. *Backfire: A History of How American Culture Led Us into Vietnam and Made Us Fight the Way We Did.* New York: William Morrow, 1985.

Brantlinger, Patrick. *Rule of Darkness: British Literature and Imperialism, 1830-1914.* Ithaca: Cornell UP, 1988.

Chatman, Seymour. "2½ Film Versions of Heart of Darkness." *Conrad on Film.* Ed. Gene M. Moore. Cambridge: Cambridge UP, 1997. 207-223.

Cliffe, Lionel. "Explanations: Deception in the US Political System." *The Politics of Lying: Implications for Democracy.* By Lionel Cliffe, Maureen Ramsay and Dave Bartlett. New York: St. Martin, 2000. 56-81.

Conrad, Joseph. *Heart of Darkness: An Authoritative Text, Background and Sources, Criticism.* Ed. Robert Kimbrough. New York: Norton, 1988.

19 코폴라 감독이 이와 같이 정치적으로 민감한 주제를 베트남 전쟁의 여파가 여전히 남아있던 시기에 개봉된 원작에서 삭제한 것은 충분히 이해할 만하다.

_____. "Geography and Some Explorers." *Tales of Hearsay and Last Essays.* London: Dent, 1955. 1-21.

Coppola, Francis. Introduction. *Apocalypse Now Redux: An Original Screenplay.* By John Milius and Francis Ford Coppola. New York: Hyperion, 2000. v-viii.

Cowie, Peter. *Coppola.* New York: Scribner, 1990.

Dempsey, Michael. "*Apocalypse Now.*" *Sight and Sound: International Film Quarterly* 49 (1979-80): 5-9.

French, Karl. *Karl French on Apocalypse Now.* New York: Bloomsbury, 1998.

Hagen, William M. "*Apocalypse Now*: Joseph Conrad and the Television War." *Hollywood as Historian: American Film in a Cultural Context.* Ed. Peter C. Rollins. Lexington: UP of Kentucky, 1983. 230-45.

Harms, Robert. "The horror, the real horror." Rev. of *King Leopold's Ghost* by Adam Hochschild. *Times Literary Supplement* 27 Aug. 1999: 6-7.

Hawkins, Hunt. "Joseph Conrad, Roger Casement, and the Congo Reform Movement." *Journal of Modern Literature* 9 (1981-2): 65-80.

Herring, George C. *America's Longest War: The United States and Vietnam, 1950-1975.* New York: Knopf, 1986.

Hochschild, Adam. *King Leopold's Ghost: A Story of Greed, Terror, and Heroism in Colonial Africa.* Boston: Houghton Mifflin, 1998.

Knowles, Owen, and Gene M. Moore. *Oxford Reader's Companion to Conrad.* New York: Oxford UP, 2000.

MacDonald, J. Fred. *Television and the Red Menace: The Video Road to Vietnam.* New York: Praeger, 1985.

McMahon, Robert J., ed. *Major Problems in the History of the Vietnam War: Documents and Essays.* Lexington: Heath, 1995.

Milius, John, and Francis Ford Coppola. *Apocalypse Now Redux: An Original Screenplay.* New York: Hyperion, 2000.

Najder, Zdzisław. *Joseph Conrad: A Chronicle.* New Brunswick: Rutgers UP, 1983.

Norris, Margot. "Modernism and Vietnam: Francis Ford Coppola's *Apocalypse Now.*" *Modern Fiction Studies* 44 (1998): 730-66.

O'Nan, Stewart. "First Wave of Major Films." *The Vietnam Reader: The Definitive Collection of American Fiction and Nonfiction on the War.* New York: Anchor, 1998. 259-77.

Orman, John M. *Presidential Secrecy and Deception.* Westport: Greenwood, 1980.

Stewart, Garrett. "Coppola's Conrad: The Repetitions of Complicity." *Critical Inquiry* 7 (1981): 455-74.

Zinn, Howard. *A People's History of the United States: From 1492 to the Present.* London: Longman, 1996.

하워즈 엔드 *Howards End*

에드워드시대 부르주아사회의 소우주(小宇宙)*

최영순_경북대학교

* 이 글은 『현대영미소설』제18권 1호에 게재된 논문 “유산영화(Heritage Film)의 정치학: 『하워즈 엔드』의 영화적 각색”을 재수록한 것임

I. 머천트-아이보리: 장르의 탄생

20세기의 마지막 사반세기 동안 영국영화의 천체도를 수놓은 무수한 성좌(星座) 가운데, 머천트-아이보리(Merchant-Ivory)의 경우처럼 하나의 고유한 장르를 탄생시키며 비평적 논쟁의 중심에 스스로를 위치지운 예는 드물 것이다. 머천트-아이보리 사단—제작자 이스마엘 머천트(Ismail Merchant), 감독 제임스 아이보리(James Ivory), 그리고 각본가 루스 자발라(Ruth Prawer Jhabvala)를 주축으로 하는—은 시작부터 인도, 유럽, 북미 등의 다양한 국적과 사회문화적 배경을 지닌 코스모폴리턴적 진용을 갖추어 일찍이 1960년대에 협업에 들어갔으며 1979년 헨리 제임스(Henry James)의 『유럽인들』(*The Europeans*)의 성공을 계기로 독자적 스타일을 확립하게 된다.[1] 이때부터 제작팀은 19-20세기 영문학 작품의 각색물에 각별한 애착을 갖고 문학적 대사, 탄탄한 연기, 화려하고 고급스런 프로덕션 디자인으로 특징지어지는 시대극 전문 제작팀으로서의 정체성을 굳혀 나갔다. 이후 헨리 제임스의 『보스턴 사람들』(*The Bostonians*, 1982)을 내놓았고 포스터(E. M. Forster)의 『전망 좋은 방』(*A Room with a View*, 1985)으로 커다란 비평적, 상업적 성공을 거둔 후, 『모리스』(*Maurice*, 1989) 및 『하워즈 엔드』(*Howards End*, 1992), 이듬해 가즈오 이시구로(Kazuo Ishiguro)의 『남아있는 나날』(*The Remains of the Day*, 1993), 다시 제임스 원작의 『금빛 그릇』(*The Golden Bowl*, 2000)으로 이어지는 기억할만한 필모그래피를 얻게 된다.

머천트-아이보리 영화를 관통하는 핵심어를 하나만 고른다면 그것

1 머천트-아이보리 영화에 관한 개관은 Long, Pym 참조.

은 단연 '고급문화'(high culture)가 될 것이다. '교양 있는' 관객의 취향과 판단을 겨냥한 이 영화들은 인문주의 및 고전의 문기(文氣)와 격조로 충만하며, 시각적 스타일에 있어서 에드워드시대 사교계 화가 존 싱어 사전트(John Singer Sargent, 1856-1925)의 회화 작품을 연상시킨다. 그들의 영화에 정예하게 재현된 유럽 상류층의 우아하고 세련된 언어, 복식, 매너는 가히 전아(典雅)함의 극치를 보여준다 하겠다.

II. 80년대 영국영화와 대처리즘의 이데올로기

1980년대와 90년대 전반 영화계를 풍미한 이런 류의 시대극은 비평가들에 의해 '유산 영화'(Heritage Film)로 명명되었으며 하나의 독립된 장르로 자리 잡게 되었다.[2] 한편 이 시기 유산 영화의 부상은 비평가들 간에 열띤 논쟁을 야기시켰다. 일군의 진보적인 평론가들은 이런 현상을, 과거를 상품화하는 이른바 '유산 산업'(Heritage Industry)이 성행하기 시작한 당대의 문화 및 경제의 산물로 진단하였다(Higson 2003, 11). 이들은 유산 영화의 매끄러운 표면 뒤에 감춰진 보수성에 주목하면서, 이 영화들이 80년대 영국이 처한 특수한 정치경제적 상황 즉 대처리즘(Thatcherism)으로 대변되는 영국사회의 우경화와 이데올로기적으로 은밀히 공모하고 있음을 지적하였다.[3]

1979년 총선에서 보수당의 승리로 집권한 마가렛 대처(Margaret Thatcher)의 정책 노선은 영국사회 전반에 걸쳐 심각한 사회병리를

2 유산영화의 정의 및 장르적 특징에 관한 연구는 Higson (2003) 9-45; Hill, 73-130; Ashby, 299-351; Monk (2002), 176-98 참고할 것.

3 Craig, 10-13; Dave, 111-26; Wollen, 178-93; Higson (2006), 109-29.

노정하였다(Quart 16-19). 이른바 대처리즘이란 전후 영국이 고수해온 사민주의를 폐기하고 공세적인 신자유주의로 선회한 것으로, 정부기능 축소와 시장전제주의(market despotism)를 골자로 한 것이었다. 이는 일련의 자유시장 경제정책들—감세, 규제 완화, 공기업 민영화, 제조업을 도외시한 금융기반 산업구조로의 재편, 복지 및 공공지출 삭감 등—로 구체화되었으며 필연적으로 영국사회의 양극화를 심화시켰다. 대내적으로 편향된 친기업 정책 및 노동탄압으로 인해 노사갈등이 격화되었고 대외적으로는 영미 패권주의를 기조로 한 강경노선이 외교관계의 경색과 테러리즘을 초래하였다. 이 시기는 또한 북아일랜드 분쟁 및 식민지 출신 이민집단과 토착 백인 간의 인종갈등이 가열되던 때였다.

이런 상황 하에서 유산영화와 같은 문화상품의 생산 및 대량 소비는 케언즈 크레이그(Cairns Craig)가 "전망 없는 방들(Rooms without a View)"(1991)이라는 영향력 있는 글에서 지적했듯이 도착(倒錯)적인 현상이었다(Craig 10-13). 사실 유산 영화에 내재한 현실도피주의, 낭만적 과거 지향, 노스탤지어 혹은 식민주의에 대한 동경과 향수 등은 대처 시대 '영국의 상황'(Condition of England)을 우려하던 지식인들과 비평가들에게 심각하게 문제적인 것으로 인식되었다. 즉 과거 대영제국이 절정의 영광을 구가하던 빅토리아/에드워드시대의 '우아한 삶'(la dolce vita)과 '인생의 즐거움'(joie de vivre)을 인상주의 회화의 빛과 색감으로 스크린에 구현한 이들 코스튬 드라마(costume drama)는, 현실의 첨예한 문제로부터 관객의 관심을 돌리게 하고 결과적으로 현상유지에 기여하는 강한 보수성과 반동성의 영화적 표현에 다름 아니었다. 80년대 영국사회를 진단, 비판하며 대처 집권기의 문제들과 맞대결하기를 선택한 데렉 저먼(Derek Jarman), 켄 로우치

(Ken Loach), 피터 그리너웨이(Peter Greenaway), 스티븐 프리어즈(Stephen Frears) 등의 영화작가들이 다양한 관점에서 동시대 영국사회를 조망하면서 '지금 여기'의 문제를 심문하는 동안, 같은 시기 유산영화 제작자들은 에드워드시대 부르주아지의 '좋았던 옛 시절'로 회귀하는 퇴행을 보였던 것이다.

한편 다른 일각에서는 유산 영화에 대한 환원론적인 접근을 지양하고 이들 영화의 텍스트에 내재한 복합적인 의미의 층위들을 발견해냄으로써 이 장르를 보다 적극적으로 해석하고 평가하고자 시도하였다.[4] 가령 클레어 몽크(Claire Monk)와 리처드 다이어(Richard Dyer)는 유산 영화의 보수적이고 퇴영적인 파사드 이면에 감추어진 '전복성'—지배적인 사회질서와 가치, 특히 『모리스』 등의 영화에 드러난 성적 규범과 모럴에 대한 도전—에 주목했고 앤디 메드허스트(Andy Medhurst)는 『왕정복고』(*Restoration*)나 이안 맥컬린(Ian McKellen)의 『리처드 3세』(*Richard III*)[5] 같은 영화가 보여준, 대담한 상상력과 비범한 통찰에 기반한 영국사에 대한 재구성에 환호했다(Medhurst 28-30). 이와 같은 비평은 모두 진보적 장르로서의 유산영화의 가능성을 재발견한 것으로, 외견상 보수적으로 보이는 유산영화가 영국사회와 역사를 심층적으로 재현하고 나아가 사회비평(social critique)을 제시할 수 있음을 시사하였다. 머천트-아이보리의 대표적인 역작이자 칸영화제 및 아카데미영화제(여우주연, 미술, 각색 부문) 수상작인

4 젠더 및 성정치학의 관점에서 유산영화를 전향적으로 검토한 비평은 Monk (1995); Dyer (1994; 2001). 계급정치학의 관점에서 재평가한 예는 Light; Hall; Street, 104-5.

5 셰익스피어의 동명의 희곡을 1930년대 파시스트 시대를 배경으로 재현한 문제작. 서유럽 현대사에 초점을 두고 전체주의 체제를 정면으로 고발한 정치성 짙은 작품으로 1996년 베를린 영화제 은곰상을 수상했다. Royal Shakespeare Company 출신의 이안 맥컬린이 열등감, 나르시시즘, 과대망상증과 권력욕에 사로잡혀 역사를 비극으로 몰고 간 독재자로 분해 열연했다.

『하워즈 엔드』(1992)는 유산영화를 둘러싼 이런 팽팽한 찬반논란에 대한 시금석이 됨직한 작품이다.

III. 『하워즈 엔드』: 세기전환기 영국사회에 대한 논평

<하워즈 엔드> (1992)

포스터의 1910년 작 동명의 소설을 각색한 『하워즈 엔드』는 에드워드시대 영국사회를 파노라마처럼 펼쳐 보인다. 이 시기는 산업혁명기 자본주의 발전의 주역이었던 중간계급이 의회를 통한 일련의 정치적 재정적 개혁을 통해, 1880년대 이래 그 세가 현저히 약화된 전통적 엘리트 즉 토지소유에 기반을 둔 귀족계급의 지배력을 잠식하며 근대국가체제의 제 영역에서 영향력을 행사하기 시작했던 때이다. 『하워즈 엔드』는 이와 같은 '부르주아 헤게모니 시대'에 대한 논평이자 부르주아 계급의 존재양식과 의식에 대한 탐구로 볼 수 있다. 작품에 등장하는 세 가문

윌콕스(Wilcox), 쉴레겔(Schlegel), 바스트(Bast)家는 각기 자본가, 중산층 지식인, 노동계급을 대표하며 다소 도식적인 방식으로 전전(戰前) 영국사회의 계급구조를 보여준다. 윌콕스가는 서아프리카 제국회사를 경영하며 식민 사업에서 엄청난 부를 획득한 자본가계급으로서 냉철하고 실무에 강하며 물질과 실리를 추구하는 영미형 가치를 대변한다. 이와는 달리 투자수익에 의존하는 금리생활자(*rentier*)인 쉴레겔가는 인문정신과 학예를 숭상하며 이상주의적이고 가치지향적인 유럽대륙형 가치를 대변한다. 레슬리 화이트(Leslie White)가 지적하듯 이 두 가문의 대비는 넓은 의미에서의 '문화적 긴장, 특히 실용적인 것과 미학적인 것 간의 길항'을 상징한다고 볼 수 있다. 계급 피라미드의 맨 아래에는 이들 (중)상류층과는 대척점을 이루는 노동계급 바스트가가 있다. 각기 구별되는 경제적 토대 및 모럴을 가진 이들 세 가문의 삶이 끊임없이 상호교차하는 가운데, 영화는 수년에 걸친 이들의 얽힌 운명을 따라 전개된다.

포스터가 창조한 이런 인물군상은 영화 속에서 당대 최고의 영국 배우들의 호연에 힘입어 생동감 있게 살아난다. 이들은 제각기 기품 있고 정확한 연기를 선보이며 일급의 기량을 발휘하고 있는데 이런 쟁쟁한 배우들의 탁월한 앙상블 연기를 보는 것은 이 영화의 큰 매력이라 하겠다. 윌콕스 내외 역의 앤서니 홉킨스(Anthony Hopkins)와 바네사 레드그레이브(Vanessa Redgrave)[6]의 완숙한 연기도 좋지만 마가렛(Margaret) 역의 엠마 톰슨(Emma Thompson)은 눈부시며 헬렌

6 바네사 레드그레이브는 발군의 실력파 배우(칸, 베니스, 오스카, 에미, 토니 상을 모두 수상)이자 반전, 인권운동에 헌신해왔다. 휴매니테리언인 루스역에 그녀가 기용된 것은 이와 무관하지 않아 보인다. 한편 레드그레이브가는 19세기 이래 대대로 다수의 배우, 극작가, 저술가 등을 배출해온 영국의 유서 깊은 극예술 명문가로서, 현실참여 및 진보적 정치성향으로 유명하다.

(Helen) 역의 헬레나 본햄-카터(Helena Bonham-Carter)는 광채를 더한다.[7] 학자 집안 출신의 재예를 갖춘 매력적인 슐레겔 자매 역을 톰슨과 본햄-카터에게 맡긴 것은 잘한 일이었다. 특히 톰슨은 캠브리지대학에서 영문학을 전공한 재원으로, 런던 웨스트엔드 연극 무대에서 수련한 극예술의 정통 과정을 거친 배우이다.[8] 그는 또한 비범한 문재(文才)를 지닌 작가이기도한데 이안(李安) 감독의 영화『이성과 감성』(*Sense and Sensibility*, 1996)의 대본을 맡아 아카데미 최우수 각본상을 수상함으로써 영화사상 최초로 연기상과 각색상을 모두 수상한 영화인이라는 영예를 안았다. 스스로를 '리버테리언 아나키스트(libertarian anarchist)'라고 밝힌 바 있는 그는 그린피스 소속의 환경운동가이며 이스라엘의 팔레스타인 침공을 비판하는 등 환경 인권 빈곤 등 사회문제에 지속적인 관심을 쏟아온, 사르트르적인 의미의 '지식인'이다. 지적이고 해방된 신여성인 마가렛에 적격인 배우인 것이다.

본햄-카터 역시 난이도 높은 배역을 훌륭히 소화해내었다. 그가 연기한 헬렌은 아름답고 도도한 젊은 여성이자 한편 정의나 평등 같은 인류의 보편적인 가치에 민감하게 반응하며 자신의 양심으로 인해 고통받는 인물이다. 그의 연기는, 한 이상주의자가 운명의 힘 앞에서 분투하며 그리고 종국에는 자신이 내린 판단과 행동의 모든 결과를 의연히 받아들이며 사회적 대가를 치르는 과정을 담담하게 보여준다. 레너드 바스트(Leonard Bast)를 연기한 새뮤얼 웨스트(Samuel West)는 한 예민한 노동계급 청년의 초상을 가감 없이 그려내었다. 옥스퍼

7 톰슨은 이 영화로 아카데미 여우주연상을 수상했고 일약 국제적 수준의 배우로 떠올랐다.
8 2000년대 캠브리지시(市)는 공식 홍보물에 '캠브리지, 엠마 톰슨의 이성과 감성을 키운 도시(Cambridge, where Emma Thompson's Sense and Sensibility were Cultivated)'라는 문구를 쓴 바 있다. '센스 앤 센서빌러티'는 톰슨이 각색 및 주연을 맡은 제인 오스틴 원작의 영화제목이기도 하다.

드에서 물리학과 영문학을 공부한 웨스트는 극연출가 및 음악가이기도 하다. 그는 또한 사회주의 연합(Socialist Alliance)과 사회주의 노동자당(Socialist Workers Party)에서 활동하는 등 좌파적 정치활동으로도 알려져 있다. 결과적으로 레너드 역에 웨스트를 기용한 것은, 레너드의 한미한 출신보다는 그의 인간적 기품과 소양, 진지함을 부각하는 한편 이 작품이 갖는 정치적 의미를 환기시키는 효과를 가져왔다. 이와 같이 적확한 캐스팅은 이 영화의 승착(勝着)으로서 원작에 대한 영화제작자들의 충실한 이해를 반영한다.

IV. 장면분석

| 사진 1 |

영화는 이른 아침 하워즈 엔드—윌콕스 부인 루스(Ruth)가 친정에서 상속받은 저택의 이름—의 정원을 산책하는 루스를 보여주며 시작한다. 집안에서는 윌콕스가의 쾌활한 대화가 오가는 가운데 루스가 홀로 자연 속을 배회하는 첫 장면은 루스의 명상적 관조적 성격 및 그녀가 가족들과는 다른 세계에 속한다는 것을 보여준다. 하워즈 엔

드는 담쟁이 넝쿨이 올려진 조지언 양식의 고풍스런 붉은 벽돌집으로서 이 아름답고도 동경을 불러일으키는 퇴락해가는 집은, 한때 이와 같은 곳에서 꽃피었던 '전통과 인본주의적 가치'가 명맥을 다해가고 있음을 암시한다.[9] | 사진 1 |

하워즈 엔드의 애매한 위치—도시화된 런던과 농촌 간의 경계에 위치한—는 전통사회에서 현대사회로 넘어가는 이행기의 영국사회에 대한 환유로 읽히며, 따라서 영화의 큰 줄기를 이루는 하워즈 엔드의 소유권에 대한 논란도 다름 아닌 '누가 영국을 물려받을 것인가(Who shall inherit England?)'라는 질문으로 귀결되는 것이다. 하워즈 엔드에 놓여진 이런 초점은 이 영화가 단순히 인물들의 화음과 불협화음이 빚어내는 드라마일 뿐 아니라 이 집이 상징하는 바 즉 '가치'에 대해 심문하는 영화임을 시사한다. 또한 런던과 힐튼을 교차편집한 반복되는 모티브에서, 런던은 불안하고 날카로운 음악과 함께 속도, 변화, 혼돈, 불확실성의 세계로, 힐튼은 전통사회의 유장한 리듬을 지닌 적요와 명상의 세계로 대비한 점은 눈여겨볼 대목이다.

퀸스홀(Queen's Hall) 음악회 장면은 헬렌과 레너드의 운명적인 관계를 암시하는 것으로 이 영화 최고의 장면 중 하나로 기억됨 직하다. 하워즈 엔드 방문 중 윌콕스가의 차남 폴(Paul)과 성급한 약혼 및 파혼을 겪은지 수개월 후 헬렌은 '음악과 의미'라는 교양강좌에 참석한다. 강연자는 베토벤의 5번 교향곡 3악장의 장중한 선율을 연주하며 우주적 질서와 혼돈, 영웅적 승리 이면의 악귀 혹은 공포와 허무에 대해 이야기한다. 헬렌은 음악의 범람 속에서 영웅들과 난파하는 배들을 본다. 예지(叡智)를 지닌 헬렌은 이 비극적이고 웅장한 음악에

9 Ebert. "Howards End"

서 자신의 운명에 대한 전조를 느끼고 문득 혼자 있고 싶어져 우산을 챙겨 홀을 빠져나온다. 그녀가 무심코 들고 나온 그 우산은 실은 옆 좌석의 낯선 관객 레너드 바스트의 것이었고 문득 자기 우산이 없어진 것을 안 그는 황급히 헬렌을 쫓아가지만 잰걸음의 그녀는 빗속에서 멀어져간다.

퀸스홀의 계단을 내려와 우산 쓴 인파 속으로 사라진 헬렌을 조감한 장면은 르누아르(Renoir)나 카이유보트(Caillebotte)의 회화 작품의 미장센을 차용한 것으로, 덧없이 지나가는 순간을 포착한 인상주의 화가들의 그림에서처럼 인간사에 있어 '순간' 혹은 '우연'의 지배력을 영상화한 것이다. 이 장면은 또한 영화 후반부의 레너드가 꾸는 꿈에서 변형되어 재생된다. 퀸스홀을 나와서 위컴 플레이스(Wickham Place)에 이르는 동안 헬렌과 그를 따라가는 레너드를 찍은 시퀀스에도 역시 5번 교향곡이 배경음으로 사용되었는데, 그녀가 쏟아지는 빗속에 레너드를 남겨둔 채 문을 닫고 집 안으로 들어가기까지 배열된 쇼트들은 이들의 엇갈린 운명 전체를 함축한다.

위컴 플레이스의 저택에서 쉴레겔가의 두 자매가 각기 다른 방향의 창문으로 거리를 내려다보는 장면은 그들의 상이한 시선 즉 세계관에 대한 영상적 구현이다. 여기서 창문은 세계를 바라보는 인식의 틀을 상징한다고 볼 수 있는데, 마가렛이 윌콕스가의 호사스런 실내를 살펴보는 반면 헬렌의 시선은 행인들이 지나가는 번다한 거리를 향하고 거기서 비에 젖은 채 안타깝게 손을 흔드는 레너드를 발견한다. 레너드가 쉴레겔가에 들어와서 느끼는 문화충격은 원작에서는 작가의 서술로 처리한데 비해 영화에서는 책과 예술작품으로 가득찬 거실, 두 자매의 식견있는 대화, 낯선 자신에 대한 그들의 인격적인 대우에 대한 그의 당혹감을 통해 간접적으로 드러내었다.

레너드는 마가렛이 준 명함을 간직하며 자신이 애독하는 존 러스킨(John Ruskin)의 『베니스의 석조건물』(*The Stones of Venice*, 1851-3)에 끼워두는데 이 명함과 '쉴레겔'이라는 이름은, 사무직 노동자/도시 빈민인 그가 간절히 동경하지만 결코 닿을 수 없는 그 어떤 특권적이고 배타적인 영역—교양과 문화의 세계 혹은 부르디외(Bourdieu)식으로 말하자면 '문화자본'을 상징한다. 원작은, 문화란 독자적으로 존재하는 자율적 실체가 아니라 경제적 토대에 의해 좌우된다는 것 즉 문화의 계급성을 일관되게 강조하고 있다. 사실 이 작품의 핵심 주제는 바로 이 근대사회에서의 금전의 중심성에 모아진다. 특정 계급의 멘탈리티가 그 계급의 경제적 배경과 불가분의 관계라는 것은 곧 '존재가 의식을 결정한다'는 것인데 원작에서 이 철학은 "독립적 사고란 십중팔구 독립적 재산의 결과"라는 마가렛의 진술에서 단적으로 드러난다.[10]

> You and I and the Wilcoxes stand upon money as upon islands. It is so firm beneath our feet that we forget its very existence. It's only when we see someone near us tottering that we realize all that an independent income means. […] I began to think that the very soul of the world is economic, and that the lowest abyss is not the absence of love, but the absence of coin. (48)

> 너와 나, 그리고 윌콕스가 사람들은 모두 돈이라는 섬 위에 서 있어. 그것은 우리 발 아래 너무나 확고해서 우리는 그것이 존재한다는 것조차 잊고 있어. 다만 주위의 누군가가 휘청거리는 걸 보면 그때서야 비로소 독립적인 수입이 의미하는 바를 인식하게 되지. […] 세계의 핵심은

10 E. M. Forster, *Howards End.* 101. 이후 텍스트에서 인용할 경우 괄호 속에 면수만 표시하기로 함.

경제이고 가장 낮은 심연이란 사랑의 부재가 아니라 돈의 부재임을 깨닫게 된다.

그러나 원작을 일관하는 주제인 경제정의의 문제에 관련된 서브플롯(쉴레겔가의 주식투자 혹은 헬렌의 돈에 관한 철학 등)은 영화에서는 상당 부분 생략되었다. 각색자는 대신 몇 개의 핵심 장면을 선별해내어 집약적으로 배치하였다. 대표적인 예가 바로 웨스트엔드의 호화로운 쉴레겔 저택과 빈민지구인 이스트엔드의 바스트가를 촬영한 시퀀스를 연이어 편집한 대목이다. | 사진 2, 3 | 이 부분은 20세기 초의 대도시 런던생활의 한 국면 즉 사회양극화와 빈부격차를 시사한다.

| 사진 2 |

| 사진 3 |

원작에서 레너드는 '일상의 잿빛 물결 밖으로 머리를 들어 우주를 보고자하는' 열망을 지닌 노동계급 청년으로 묘사되어 있다(40). 그의 이런 이상주의자적 면모는 영화에서는 회사 업무 중에도 틈틈이 천체도를 꺼내보고, 늦은 밤 옥상에 올라 하늘의 별자리를 관찰하는 것에서 드러난다. 특히 그가 찾는 것이 '북극성'이라는 사실은 곧 그가 인생의 좌표를 고민하는 청년임을 시사한다. | 사진 4 | 레너드가 리처드 제프리스(Richard Jefferies)의 책을 읽고 감동해 그 책에 나오는 대로 밤새 숲속 — '영국의 정원'으로 불리는 허포드셔(Hertfordshire)의—을 걷는 장면은 영화 도입부에서 루스가 새벽의 정원을 산책하는 것과 영

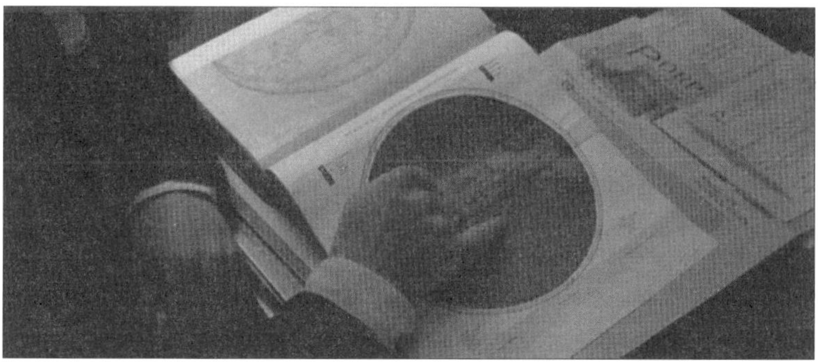

| 사진 4 |

| 사진 5 |

상적 댓구를 이루며, 관객은 여기서 이미 세상을 떠난 루스의 삶이 그를 통해 지속되고 있음을 본다. | 사진 5 | 루스를 계승한 이는 그의 혈육이 아니라, 생전에 만난 적은 없지만 정신적 세계를 공유하는 레너드이며 그들은 같은 이상과 가치로 연결된 정신적인 가족인 것이다.

재키(Jackie)가 위컴 플레이스로 찾아오고 이후 이를 사과하러 레너드가 다시 방문함으로써 1년 전 우산 건으로 알게 된 레너드와 쉴레겔가는 다시 교류를 튼다. 책에 대한 토론을 하던 중 마가렛은 그에게 왜 홀로 밤새 숲길을 걸었는지 묻는다. 그리고 헬렌의 이어지는 질문 "아, 그렇다면 새벽을 보았나요. 새벽은 근사하지 않았나요"에 그는 간결하게 그러나 잊을 수 없는 솔직함으로 답한다. "아니요, 새벽은 그저 회색이었어요". 두 자매는 그에게서 타고난 탐험가를 발견한다. 그리고 이 대화에서 깊은 인상을 받는다.

한편 루스는 임종시에 하워즈 엔드를 마가렛에게 준다는 유서를 남기지만, 윌콕스가는 가족회의를 열어 비밀리에 유서를 소각하는 비정함을 보인다. 루스에게 그녀가 평생 추구해온 정신적 가치를 상징하는 집이 그들에겐 단지 값나가는 부동산에 지나지 않았던 것이다. 그 후 헨리(Henry)는 그의 딸 이비(Evie)로 하여금 마가렛을 런던 스트랜드구(區)의 유서깊은 레스토랑 심슨즈(Simpson's)로 초대하도록 하는데, 식사 중 마가렛은 헨리에게 고심해오던 집 구하는 문제를 상담하고 그는 명쾌한 대안을 제시한다. 영화에서 이비와 그의 약혼자의 플러트(flirt)를 마가렛과 헨리 사이의 대화와 교차 편집함으로써 이 두 관계의 대칭성을 강조하고 후자가 연인으로 발전할 가능성을 암시한다. | 사진 6 | 이날 실제로 헨리는 전부터 관심을 가져온 마가렛의 교양과 지적인 활기에 매혹되고 그녀 역시 아버지 연배의 헨리에게 호감을 느끼게 된다. 그녀는 직관적으로 헨리가 자신이 존경할만

| 사진 6 |

한 고귀한 인물이 아님을 알지만, 그가 재계의 고위급 인사라는 것, 그리고 그의 낙천성, 자신감 혹은 인생에 대한 확고한 장악력에 끌린다.

휴가차 데본셔(Devonshire)에 내려가 있던 마가렛은, 자신이 살던 저택을 세를 줄 터이니 속히 상경하라는 헨리의 편지를 받고 런던으로 향한다. 듀시가(Ducie Street)의 무도장까지 갖춘 바로크풍 대저택을 둘러보던 중 예기치 않게 일어난 헨리의 청혼 장면은 암시와 긴장으로 팽팽하다. 이 장면은, 마가렛을 따라 헨리가 천천히 계단을 내려가는 것을 촬영했는데, 두 사람이 한 번도 수평적 위치에 서지 않으며 계단을 매개로 이들의 거리가 지속적으로 확보된다. 그리고 이어지는 마가렛의 키스에 대한 헨리의 냉담한 반응과 어색한 결별 또한 장차 순탄치 않을 이들의 결혼생활에 대한 전조로 읽힌다.

쉴레겔 자매는 첼시(Chelsea)의 토론 클럽에서 빈곤 및 소득분배를 주제로 한 토론에 참석하고 나오는 길에 헨리를 해후한다. 자매는 그에게 레너드의 상황을 설명하며 근로빈곤층(working poor)인 그를 어떻게 도울 수 있을지 자문을 구하자, 헨리는 레너드가 다니는 포피리언(Porphyrion) 화재보험회사가 연말에 부도날 것이니 속히 포피리언을 나와 다른 직장을 알아보게 하라고 말한다. 결국 레너드는 그의 충고대로 은행으로 이직하지만 이 은행이 경영난으로 감원을 할 때 직장을 잃게 된다. 한편 헨리가 말한 포피리언의 부도는 틀린 예측으로 판명된다. 레너드의 실직 문제를 둘러싼 헬렌과 헨리의 대치장면은 쉴레겔가와 윌콕스가 간의 가치의 충돌이자 좌파와 우파의 세계관이 첨예하게 맞서는 대목이다. 헬렌은 레너드의 불행에 대해, 잘못된 정보를 제공한 헨리와 그것을 여과없이 전달한 자신에게 책임이 있다고 느낀다. 이에 헨리는 사회적 약자에 대한 헬렌의 공감을 감상주의로 매도하면서, 삶이란 '전투'이고 빈부격차는 역사적으로 당연하고 보편적인 현상이며 평등한 세상은 공상에 불과하니 사회개혁은 꿈도 꾸지마라고 말한다. 그는 적자생존의 원리를 신봉하는 냉혹한 사회진화론자(Social Darwinist)로서, 빈곤을 체제나 사회구조의 문제가 아닌 개인의 문제로 환원시킨다.

> Don't take up that sentimental attitude over the poor. [⋯] The poor are poor, and one's sorry for them, but there it is. [⋯] By all means subscribe to charities — subscribe to them largely —but don't get carried away by absurd schemes of Social Reform [⋯] Point me out a time when men have been equal [⋯] Point me out a time when desire for equality has made them happier. (151-52)

> 빈민들에 대해서 그런 감상적인 태도를 갖지 마시오. [⋯] 가난한 자는 가난한 거고 유감스럽지만 그뿐이지. [⋯] 필히 자선단체에나 기부하길 —가능한 많이—그러나 사회개혁이라는 터무니없는 망상에 도취되진 마오 [⋯] 역사상 인간이 평등했던 적이 있다면 말해 봐요 [⋯] 평등에 대한 열망이 인간을 더 행복하게 했던 적이 있다면 지적해 보란 말이오.

이비의 결혼식을 기점으로 영화는 반전을 맞게 된다. 헨리의 과거행적과 그의 왜소한 인격이 폭로되며 마가렛의 양식과 판단력이 시험대에 오르는 것도 이 대목이다. 또한 윌콕스, 쉴레겔, 바스트 등의 세 가문이 지금까지 어떤 식으로 얽혀왔는지가 밝혀지는 것도 이 결혼식이 계기가 된다. 성대하고 사치스런 이비의 결혼식 날 헬렌은 굶주리는 바스트 부부를 데리고 나타나 그들의 불행에 대한 헨리의 책임을 묻고자한다. 우연히 헨리를 대면한 재키는 그를 알아보며 감정적인 반응을 보이는데, 이로써 10년 전 사이프러스(Cyprus)에서 당시 미성년의 고아였던 재키를 취하고 이내 버렸던 헨리의 과거가 밝혀진다. 이 일을 계기로 궁핍한 재키는 매춘의 길로 들어서게 된 것이다. 한편 약혼자의 부정을 알게 된 마가렛은 고통스러워하지만 결국 그를 용서하기로 하는데 이 부분은 반복되는 페이드인(fade-in)과 페이드아웃(fade-out)으로 편집되어 그녀의 착잡한 심경과 그런 결정을 내리기까지의 고뇌를 시사한다.

화려한 꽃, 넘쳐나는 값비싼 음식, 그리고 상류층의 하객으로 북적이는 호사의 극치 같은 이비의 결혼식에서 헬렌은, 한편에선 실업과 빈곤으로 절망하는 사람들이 있는데 다른 한편에선 이런 '저속한 쇼'(vulgar show)를 즐기는 것이 마치 비현실의 세계인 양 부조리하다고 생각하며 깊이 외로워진다. 보트의 노를 저어 강물의 흐름을 따라 내려가며 대화하던 중, 헬렌은 레너드가 재키를 나락에서 구해내기위해 의무감에서 그녀와 결혼한 것을 알게 되고 그가 '참된 인간', 세상에서 고립되어 홀로 서 있는 이라고 느낀다. 보트가 천천히 강의 기슭에 다다르고 헬렌은 연민과 비애의 감정에서 그를 끌어안는다. 이 장면은 원작에는 없는 것으로 원작이 침묵과 암시로 처리한 국면을 창의적으로 해석해낸 것이다. 특히 그들의 애틋한 정사가, 누구도 상대를 유혹하지 않은 가운데 어떤 상황(운명)에 의해 일어났으며 이 관계엔 남녀 간의 이끌림을 넘어서는 그 무엇이 있음을 적절히 표현

| 사진 7 |

해냈다. | 사진 7 | 원작의 평면적인 서사를 영화에선 극화시켰는데 이를 비교해보면 자발라의 각색이, 원작의 정신을 훼손하지 않는 범위에서 얼마나 경제적으로 또한 창의적으로 플롯을 재구성했는지를 알 수 있다.

> Helen loved the absolute. Leonard had been ruined absolutely, and had appeared to her as a man apart, isolated from the world. A real man, who cared for adventure and beauty, who desired to live decently and pay his way, who could have travelled more gloriously through life than the Juggernaut car that was crushing him. Memories of Evie's wedding had warped her, the starched servants, the yards of uneaten food, the rustle of overdressed women, motor-cars oozing grease on the gravel, a pretentious band. She had tasted the lees of this on her arrival; in the darkness, after failure, they intoxicated her. She and the victim seemed alone in a world of unreality, and she loved him absolutely, perhaps for half an hour. (250)

> 헬렌은 절대적인 것을 사랑했다. 레너드는 절대적으로 망쳐져 있었고 세상으로부터 고립되어 홀로 선 이로서 그녀에게 나타났다. 모험과 아름다움을 사랑하고, 정당하고 깨끗하게 살길 원했던, 자신을 짓밟았던

운명보다도 더 명예롭게 인생을 걸어갔던 참된 인간. 이비의 결혼식의 기억이 그녀를 상하게 했다. 빳빳한 하인들, 남아도는 음식, 화려하게 차려입은 여인들, 기름을 흘리는 자가용들, 허세부린 악단. 그곳에 도착해서 그녀는 이 모든 것의 앙금을 맛보았다. 어둠 속에서, 실패 후에, 그것이 그녀를 취하게 했다. 그녀와 그 희생자는 비현실의 세계에서 홀로인 듯 보였고 그녀는 그를 절대적으로 사랑했다. 아마도 30분 동안은.

헬렌은 이 일로 미혼인 채 레너드의 아이를 갖게 되지만 두 사람의 관계가 통속적인 의미에서의 사랑이었는지에는 논란의 여지가 있다. 그들은 이상과 가치를 공유했고 인격에 있어서 같은 높이에 서 있는 이들로서 서로를 알아본다. 그러나 레너드가 헬렌을 여성으로서 사랑한 것 같지는 않다. 그에게 헬렌은 그가 동경하는 모든 것—교양, 문화, 지성의 세계를 상징했다. 따라서 그는 헬렌과 밤을 보낸 후 그녀를 예술작품에 빗대어, 그녀의 인격과 학식을 생각할 때 자신은 내셔널 갤러리(National Gallery)의 미술품을 훼손한 것과 마찬가지라고 자책하며 심히 괴로워한다. 헬렌의 입장에서도 역시 그를 이성으로서보다는 자신의 고고한 이상에 대한 명분으로서 사랑한 것으로 볼 수 있다. 헬렌이 그에게 자신을 준 것은 열정이 아니라 깊은 연민 혹은 한 아름다운 인간에 대한 경의의 표현이었을 것이다. 그녀는 어떤 식으로든 그와 같이 양심적이고 고결한 사람이 겪고 있는 부당한 불행에 대해 보상하고자 그에게 자신이 가진 '최선의 것'을 주고자했고 그 보상의 방식이 바로 자기 자신이었던 것이다.

그 후 헬렌은 독일로 떠나며 동생 티비(Tibby)에게, 자기 재산의 절반을 레너드에게 증여하겠다는 의사를 밝히고 은행 업무를 처리해 줄 것을 부탁한다. 하지만 레너드는 집세를 내지 못해 거리로 나앉게 된 상황에서도 이 수표를 거절한다. 비록 계급차이 때문에 헬렌과 맺어질 수는 없었지만 품성 면에서 그가 그녀와 대등한 인격의 소유자임을 보여준다. 오랫동안 행방이 묘연했던 헬렌은 자신의 짐을 챙겨가기 위해 일시 귀국하지만 임신한 상태로 나타나고, 헨리는 이를 용납하지 못한다. 영국을 떠나기 전 마지막 밤을 자신의 정신적 안식처와 같은 하워즈 엔드에서 지내고 싶어 하는 헬렌을 위해 마가렛은 헨리의 승낙을 구하지만 그의 몰이해에 부딪힌다. 그는 헬렌의 혼전임신을 문제 삼으며 그녀를 유혹한 자는 대가를 치러야 한다고, 그리고 그녀를 집에 들일 수 없으니—내심 하워즈 엔드를 잃게 될까 두려워—호텔로 보내라고 냉혹하게 말한다. 이리하여 그간 헨리의 비양심과 도덕적 둔감함을 참아왔던 마가렛이 급기야 그와 맞서게 된다. 결혼 후 윌콕스가의 가치에 동화되는 듯 보였던 그녀는 결정적 순간에 자신의 가치를 회복하고 헨리를 '비열한 자'로 최종 판단함으로써 둘의 결혼은 사실상 파경에 이른다.

> You have had a mistress—I forgave you. My sister has a lover—you drive her from the house. Do you see the connection? Stupid, hypocritical, cruel—oh, contemptible!—a man who insults his wife when she's alive and cants with her memory when she's dead. A man who ruins a woman for his pleasure, and casts her off to ruin other men; and gives bad financial advice; and then says he is not responsible. These men are you [...] muddled, criminally muddled [...] You have betrayed Mrs. Wilcox, Helen only herself. You remain in society, Helen can't. You have had only pleasure, she may die. You have the insolence to talk to me of differences, Henry? (243-4)
>
> 당신은 정부(情婦)가 있었지만 나는 당신을 용서했어요. 내 동생이 연인이 있다고 당신은 그녀를 집에서 쫓아내는군요. 그 연결을 볼 수 없나

요. 둔감하고 위선적이며 잔인한—아, 경멸스런 사람! 자기 부인 생전엔 그녀를 모욕하고 그녀가 죽고 나자 추억을 들먹이는 남자. 자신의 쾌락을 위해 한 여자를 망치고 다시 그녀를 버림으로써 다른 남자의 삶까지 망친 남자. 잘못된 재정적 조언을 하고선 자기는 책임이 없다고 말하는 남자. 그가 바로 당신이에요 [...] 혼탁한, 범죄적으로 혼탁한 [...] 당신은 윌콕스 부인을 배신했지만 헬렌은 스스로를 배신했을 뿐이에요. 당신은 사회에 남아있지만 헬렌은 그럴 수 없어요. 당신은 쾌락만을 누렸지만, 헬렌은 죽을지도 몰라요. 이런데도 당신 지금 감히 차이를 말하는 건가요?

그러나 원작에서의 이와 같은 마가렛의 신랄한 비판과 강력한 페미니스트적인 입장은 영화에서는 훨씬 희석되어 나타난다. 마가렛은 헬렌의 상태가 이 집의 부동산 가치를 떨어뜨리기나 한단 말인가라고 항의하며, 헨리 자신의 부정이 용서받았듯 헬렌을 용서할 수 없느냐고 일격을 가하는 것으로 요약되어 있다.

영화는 결말 부분에서 레너드가 꾸는 꿈과 회상과 현실, 즉 과거와 현재의 시간대를 비유기적으로 중첩시키며 작품을 일관하는 주제를 최종적으로 정리하고 있다. 특히 레너드가 헬렌을 찾아 하워즈 엔드로 향하는 길을, 과거에 그가 제프리스의 책에 감동해 밤새 숲길을 걸었던 일과 교차 편집함으로써 그가 지금 궁극적으로 자신이 돌아가야 할 곳을 향해 가고 있음을 암시한다. 그가 걸어서 가는 것과 윌콕스가의 장남 찰스(Charles)가 매연을 내뿜으며 자동차를 타고 가는 것을 한 프레임 안에 배치한 장면은 하워즈 엔드의 도덕적 소유권이 찰스가 아닌 레너드에게 있음을 역설한다. | 사진 8 | 하워즈 엔드에서 레너드가 찰스가 휘두른 칼에 맞고 결국 쏟아지는 책더미에 깔려죽는 장면은 슬로우 모션으로 처리되어, 20세기 초의 계급사회에서 이 죽음

이 함의하는 바가 무엇인지에 관해 질문하고 있다. | 사진 9 | 이 충격적인 장면은 라이오넬 트릴링(Lionel Trilling)의 유명한 논평 "『하워즈 엔드』는 계급전쟁에 관한 작품이며 그 전쟁은 실로 리얼한 것이어서 실제로 칼부림이 일어나고 사람이 살해된다"(Trilling 102)를 상기시킨다.

| 사진 8 |

| 사진 9 |

V. 결론

종국에 하워즈 엔드는 마가렛에게 돌아가고 그녀의 사후에는 그녀의 조카인 헬렌과 레너드의 아이가 물려받게 된다. 이는 원작자 포스터가 20세기 영국이 헬렌으로 대변되는 리버럴 휴머니스트와 레너드로 대변되는 노동계급에 의해 상속되기를 바랬음을 말해준다. 소설 『하워즈 엔드』는 발표 당시, 작품이 제시하는 사회적 전망과 근대적 삶의 근본 조건들에 대한 탐구로 주목받았으며 당대의 문제작으로 받아들여졌다. 하지만 아이보리의 연출은 원작의 급진적인 사회비평을 상당부분 완화했고, 제국주의와 같은 일부 민감한 주제들은 주변화시켜 암시적으로 처리하는데 그쳤다. 그럼에도 불구하고 자발라의 각본은 대체로 원전에 충실하며, 원작의 핵심을 추출해내는 솜씨는 출중하여 가히 '경제성의 전범(典範)'이라 할 만하다. 특히 포스터의 텍스트에 담긴 아이러니와 뉘앙스들, 예컨대 점잖은 영국식 매너의 표면 아래에 들끓는 '열정과 분노, 탐욕과 감정적 폭력' 등을 1910년대 런던사회의 공기 속에 밀도 높게 그려내었다.[11]

『하워즈 엔드』가 제시하는 질문들은 오늘날에도 여전히 유효하다. 개인과 사회, 소유와 존재, 빈곤과 경제정의 등의 주요 주제들은 영화가 제작된 보수당 집권기의 영국사회에 대한 비판적 고찰에 다름 아니며 지금 시점에서도 현재성을 갖는다. 무엇보다도 이 작품이 20세기 영국의 계급사회를 분석하는데 있어서 경제자본 뿐만 아니라 문화자본과 상징자본에 대한 부르디외적 통찰을 보여준다는 점은 주목할 만하다. 이는 일차적으로 제니 베븐(Jenny Beaven)의 의상, 루시아나

11 Ebert. "The Art of Conversation."

아리기(Luciana Arrighi)의 미술에 힘입은 바 크며, 또한 영국이라는 오래된 신분사회의 관습과 문화의 총체로서의 계급성을 어떻게 표현할 것인지를 알고있는 배우들의 원숙한 연기역량에도 공을 돌릴 수 있을 것이다. 결론적으로 『하워즈 엔드』는, 유산영화가 과거에 대한 복고풍의 재현을 넘어서 당대 사회상에 대한 비판적 알레고리이자 '지금 여기'의 문제를 심문할 수 있는 매체가 될 가능성이 열려있음을 보여주는 예라고 하겠다.

참고문헌

Ashby, Justine and Andrew Higson. Eds. *British Cinema, Past and Present.* London: Routledge, 2000.

Craig, Cairns. "Rooms without a View." *Sight and Sound* 1/2 (1991): 10-13.

Dave, Paul. "The Bourgeois Paradigm and Heritage Cinema." *New Left Review* 224 (1997): 111-26.

Dyer, Richard. "Feeling English." *Sight and Sound* 4/3 (1994): 16-19.

______. "Nice Young Men who Sell Antiques: Gay Men in Heritage Cinema." *Film/Literature/Heritage: A Sight and Sound Reader.* Ed. Ginette Vincendeau. London: British Film Institute, 2001. 43-8.

Ebert, Roger. "*Howards End*"
http://rogerebert.suntimes.com/apps/pbcs.dll/article?AID=/19920501/REVIEWS/205010302/1023

_____. "The Art of Conversation"
http://rogerebert.suntimes.com/apps/pbcs.dll/article?AID=/20050605/REVIEWS08/506050301

Forster, E. M. *Howards End.* New York: Signet, 1992.

Friedman, Lester. Ed. *Fires were Started: British Cinema and Thatcherism* (revised edition). London: Wallflower, 2006.

Hall, Sheldon. "The Wrong Sort of Cinema: Re-fashioning the Heritage Film Debate." *The British Cinema Book.* Ed. Robert Murphy. London: British Film Institute, 2001. 191-9.

Higson, Andrew. *English Heritage, English Cinema: Costume Drama Since 1980.* Oxford: Oxford UP, 2003.

——. "Re-presenting the National Past: Nostalgia and Pastiche in the Heritage Film." *Fires were Started.* 91-109

Hill, John. *British Cinema in the 1980s: Issues and Themes.* Oxford: Clarendon, 1999.

Light, Alison. "Englishness." *Sight and Sound* 1/3 (1991): 63.

Long, Robert Emmet. *The Films of Merchant Ivory.* New York: Harry N. Abrams, 1997.

Medhurst, Andy. "Dressing the Part: British Costume Drama." *Sight and Sound* 6/6 (1996): 29-30.

Monk, Claire. "Sexuality and the Heritage." *Sight and Sound* 5/10 (1995): 32-34.

______. "The British Heritage Film Debate Revisited." *British Historical Cinema: The History, Heritage and Costume Film.* Eds. Claire Monk and Amy Sargeant. London: Routledge, 2002. 176-98.

Pym, John. *The Wandering Company: Twenty-One Years of Merchant Ivory Films.* London: British Film Institute, 1983.

Quart, Leonard. "The Religion of the Market: Thatcherite Politics and the British Film of the 1980s." *Fires were Started.* 15-29.

Street, Sarah. *British National Cinema* (second edition). London: Routledge, 2009.

Trilling, Lionel. *E.M. Forster.* Oxford: Oxford UP, 1982.

White, Leslie. "Vital Disconnection in *Howards End.*" *Twentieth Century Literature* 51.1 (Spring 2005): 43-63. http://findarticles.com/p/articles/mi_m0403/is_1_51/ai_n14919750

Wollen, Tana. "Over Our Shoulders: Nostalgic Screen Fictions for the Eighties." *Enterprise and Heritage: Cross-currents of National Culture.* Eds. John Corner and Sylvia Harvey. London: Routledge, 1991. 178-93.

Howards End. Dir. James Ivory. Merchant-Ivory Productions, 1992.

파리 대왕 *Lord of the Flies*

『파리 대왕』의 변용: 소설 서사에서 영상 서사로

김현숙_수원대학교

I. 머리말

영화 장르가 생겨난 20세기 초부터 영화가 문학, 특히 소설과 어떤 관계를 맺고 있는가에 대해서는 많은 논의가 있어왔지만 지금은 두 매체가 서로 도움을 주고받는 필연적인 동반자라는 결론에 이른 듯하다. 소설의 입지를 위협하는 듯이 보이던 영화는 책을 가까이하지 않는 영상세대에게 문학적 경험을 확장시켜주는 조력자가 되고 있으며, 스토리텔링을 절실하게 필요로 하는 영화계는 소설에서 검증된 스토리텔링을 차용할 수 있기 때문이다. 거의 외면 받다시피 하던 고전소설이 21세기에 이르러서도 꾸준히 영상화되고 있는 것은 소설과 영화의 협동 관계를 대표적으로 보여주는 반가운 현상이다.

소설작품을 영화로 변용시키는 작업은 결코 간단하지 않다. 다양한 요건이 그 과정에 영향을 끼치고 있기 때문이다. 소설이 영화로 변용될 때 필연적으로 동반되는 각색[1] 과정에서 새로운 창작가인 감독의 개성에 따라 다양한 작품 해석이 끼어드는 것은 물론이고, 이윤추구를 직접적인 가치로 삼는 영화시장의 기대나, 영화 촬영 현장에서 일어나는 인적, 물적, 환경적인 여러 변수들도 소설작품이 종합예술인 영화로 변용되는데 영향을 끼친다. 더 본질적인 문제는 소설서사물과 영상서사물이 전적으로 성격이 다른 전달매체를 사용한다는 점이다. 문자로 이루어진 소설서사와 달리 영화는 쇼트와 앵글, 프레임의 구성, 촬영 기법과 편집, 음악과 음향효과 등의 종합적인 효과로 완성되는 것이다. 이런 매체의 차이 때문에 궁극적인 결과물에 어떤 차이가 생기는지, 혹은 매체의 차이에도 불구하고 궁극적으로 두 서

1 원작을 어느 정도 반영하는 가에 따른 각색의 구분과 명칭은 영화비평가마다 다소 차이가 있다. 각색의 방식과 명칭에 대해서는 자네티 398-402, 이형식 외, 『문학텍스트』 18-21 참조.

사물이 어떤 결과를 공유하는지를 살펴보는 것은 그 자체로서도 매력적인 작업일 뿐 아니라 두 매체의 접점을 모색할 수 있다는 점에서 의미 있는 작업이 될 것이다.

소설을 영상물로 변용하면서 필연적으로 동반되는 각색의 정도는 감독이나 영화의 목적에 따라 상당히 달라지는데, 그 중 비교적 원작에 충실한 영화의 경우에 영상 서사와 소설 서사의 재현의 상관관계, 혹은 차이점 등이 더 분명하게 드러난다. 문자와 영상이라는 전혀 다른 매체를 표현수단으로 삼는 두 재현물이 비슷한 주제를 어떤 방식으로 전달하는지를 살필 때 두 서사물의 접점과 차이가 더 명확하게 나타나는 것이다. 원작소설에 충실한 각색을 한 영화로는 윌리엄 제럴드 골딩(William Gerald Golding 1911-1993)의 소설 『파리 대왕』(*Lord of the Flies,* 1954)을 영상화한 두 편의 영화를 들 수 있겠다. 이 소설은 1963년에 개봉된 피터 브룩(Peter Brook 1925~)의 영화와[2] 1990년에 개봉된 해리 훅(Harry Hook 1960~)의 영화로[3] 두 번 영화

2 브룩의 영화는 소설 『파리 대왕』이 한참 인기를 끌던 당대에 영화화되었다. 『파리 대왕』은 어린 소년들을 다룬 이야기로는 너무 암울하다는 이유로 여러 출판사에서 거절당했으나 막상 출판이 되자 상당히 인기를 끌었고, 탄탄한 스토리라인이 필요했던 영화계에서는 이 소설을 영화화하려는 시도가 많았다. 그러나 골딩은 자신의 주제가 제대로 영상화되지 못할 것을 우려해 영화로 만들자는 제의를 계속 거절하다가 마침내 피터 브룩에게 영화를 만들도록 허락했다. 브룩은 옥스퍼드 대학에서 교육을 받았으며, 셰익스피어의 극을 연극무대에 올리고 영화로 만든 경험도 있었기에 적합하다고 인정된 듯하다. 영화의 제작은 루이스 앨런(Lewis M. Allen)이 맡았고, 브룩 감독 자신이 각색을 맡았으며, 톰 홀리맨(Tom Hollyman)이 촬영을 맡아서 1961년에 촬영을 마쳤으나 이후 2년간의 편집과정을 거쳐 1963년에야 92분짜리 영화로 상영되었다. 음악은 레이먼드 레퍼드(Raymond Leppard)가 맡았다. 촬영은 푸에르토 리코의 아카딜라(Aquadilla), 엘 윤크(El Yunque)와 비에크(Vieques) 섬에서 이루어졌다. 랄프(Ralph) 역은 제임스 오브리(James Aubrey), 피기(Piggy) 역은 휴 에드워즈(Hugh Edwards), 잭(Jack) 역은 톰 채핀(Tom Chapin), 사이먼(Simon) 역은 톰 개먼(Tom Gaman)이 맡았다("Lord 1963" *Wikipedia*).

3 첫 영화가 나온 이후 『파리 대왕』을 영화화하려는 시도는 없었는데 아마도 그것은 골딩의 활동이 부진했던 것과도 관계가 있을 것이다. 골딩은 『파리 대왕』이후 『후계자들』(*The Inheritors* 1955)을 비롯하여 연이어 소설을 발표했지만 1960년대 말부터 1970년대에 걸쳐서는 작품을 내지 못했고 70세가 가까워지면서 대중에게서 거의 잊혀졌다. 그러다 1979년에 『보이는 어둠』(*Darkness Visible*)을 출간하면서 골딩은 다시 왕성한 집필활동을 하였으며 1983년에는 노벨문학상을 수상했는데, 골딩의 노벨상 수상이 소설 『파리 대왕』에 대한 관심

화되었다. 브룩의 영화는 골딩의 원작을 거의 가감 없이 그대로 영상으로 옮기고 있고, 훅의 영화는 디테일한 설정에 다소 변화를 주기는 했으나 대체로 소설을 충실하게 영상화했다고 할 수 있다. 이처럼 원전에 충실한 영화가 원전과 같은 효과를 내기 위해 어떤 기법을 사용하는지, 혹은 매체의 차이로 인해 영화와 소설이 어떤 차이를 내고 있는지를 비교하는 것은 흥미로운 작업이 될 것이다. 더구나 『파리 대왕』에 대해서는 원작과 영화에 대한 상세한 비교가 거의 이루어지지 않았기 때문에[4] 이 글이 이후의 더 깊이 있는 논의를 촉발하는 계기가 될 수 있을 것이다. 이 글에서는 소설 『파리 대왕』과 두 편의 <파리 대왕> 영화를 비교하면서 소설서사와 영상서사가 같은 주제를 어떻게 효과적으로 표현하고 있는지 비교하고 소설이 영화에서 어떻게 변용되고 있는지를 살펴볼 것이다. 또 각기 흑백영화와 컬러영화인 두 편의 영화가 같은 주제와 모티프를 사용하고 있으면서도 그 최종적인 성과에 있어서는 차이를 보이고 있는데 어떤 점에서 두 영화가 달라지고 있는지를 살피고자 한다.

II. 소설 『파리 대왕』과 두 편의 영화 <파리 대왕>의 주제와 재현

골딩 스스로도 밝히고 있듯이 『파리 대왕』은 로버트 마이클 밸런

을 다시 불러 일으켰고 그것의 영화화에도 영향을 끼친 듯 하다. 1990에 나온 <파리 대왕>은 영화 한 편을 감독한 바 있는 신예감독인 해리 훅이 감독을 맡고, 대본은 새러 치프(Sara Chiff), 음악은 필리페 사르드(Philippe Sarde), 촬영은 마틴 퓨러(Martin Fuhrer)가 맡아서 컬러영화로 만들어졌다. 랄프 역은 발타자 게티(Valthaza Getty), 잭 역은 크리스 퍼(Chris Fur), 피기 역은 대늘 피폴리(Daneul Pipoly), 사이먼 역은 제임스 배지 데일(James Badge Dale)이 맡았으며, 촬영은 하와이와, LA, 자마이카 등지에서 이루어져 90분짜리 영화로 완성되었다("Lord 1990" *Wikipedia*).

4 이형식이 『영화의 이해』에서 『파리 대왕』을 충실한 각색에 대한 예로 들면서 간단히 분석을 하고 있다.

타인(Robert Michael Ballantyne)의 『산호섬』(*The Coral Island* 1858)에 대한 패러디로 출발한다[5]. 출간 이후 꾸준히 인기가 높았던 『산호섬』은 무인도에 표류한 세 소년, 랄프 로버(Ralph Rover), 잭 마틴(Jack Martin), 피터킨 게이(Peterkin Gay)의 모험을 다룬 소설이다. 이들은 서로 협동하여 문명의 기본인 불을 피우고 거처를 만들고 돼지를 사냥해서 먹는 등 섬에서 닥치게 되는 실제적인 어려움을 쉽게 극복한다. 또 용감하고 명예를 중시하는 이 세 소년은 문명사회의 도덕적 기준을 그대로 모방하여 화합을 유지하며, 구조될 때까지 감정적으로 단결된 모습을 지속한다. 이 소설은 당시 수많은 식민지를 보유하고 있으면서, 제국적 남성으로서의 자신감을 가진 빅토리아조 영국의 낙관적인 분위기를 반영하고 있다. 그러나 골딩은 2차 대전에 몸소 참전하면서 전쟁의 무의미함과 도덕적 판단의 불확실성, 인간의 악한 본성을 절감했으며, 학교교사로 근무하면서 폭력적이고 야만적인 성향의 아이들을 직접 경험했으므로, 순진한 낙관주의로 가득 차 있는 『산호섬』을 수용할 수 없었다. 골딩은 『산호섬』의 소년들이 생명이 없는 종이인형과 다름없다고 비판하면서 자신은 진짜 살아있는 소년을 그리겠다고 주장하였다(Golding, *Hot Gates* 88). 그 결과로 나온 『파리 대왕』은 산호섬을 재구성한 차원을 넘어서는, 골딩의 예술적 성취가 돋보이는 작품이다(Johnston 20).

『파리 대왕』에서 골딩은 산호섬과 같은 배경을 제공한다. 핵전쟁을 피해 안전한 곳으로 가던 일단의 소년들은 비행기가 추락하여 무

5 『산호섬』에 영향을 받은 또 한 편의 소설은 프랑스의 소설가인 쥘 베른(Jules Verne)의 『이년간의 휴가』(*Deux Ans de Vacances* 1888)로, 우리나라에서는 어린이를 위한 축약번역본인 『15소년 표류기』로 소개되었다. 프랑스, 영국, 미국 등 여러 국적을 가진 15명의 아이들이 무인도에 표류하여 생활하면서 중간에 불화가 일어나지만 나중에 단합해서 함께 해적을 물리치며 결국 구조된다는 내용으로 『산호섬』처럼 인간성에 대한 낙관적인 비전을 표현하고 있다.

인도에 도착하는데, 야자열매 등 먹을 수 있는 과일이 풍부히 널려 있으며 수영을 즐길 수 있는 아름다운 모래해안이 길게 뻗어있는 이 섬을 보자 아이들은, "책에 있는 대로야"(*Lord* 45)라고 감탄하면서 자신들이 즐겨 읽었던, 『산호섬』을 비롯한 여러 모험소설들을 연상한다. 소년들은 『산호섬』의 소년들과 마찬가지로 질서 있는 공동체를 만들기 위한 기준을 세우자는데 의견의 일치를 본다. 그들은 우연히 발견한 소라껍질을 쥐고 있던 랄프를 지도자로 뽑고, 소라를 든 사람에게 발언권을 주는 민주적인 절차도 마련하며, 구조신호를 보내려고 불도 피우고 거처를 마련하는 등 자신들이 떠나온 문명사회를 모방하려고 한다. 잭의 말은 소년들의 이런 결심을 단적으로 보여준다.

> "우리는 규칙을 만들어서 지켜야 해. 우리는 야만인이 아니니까. 우리는 영국인이잖아. 영국인은 뭐든지 제일이지. 그러니 우리는 일을 제대로 해야 해."(*Lord* 55)

잭의 말은 영국인의 제국적 자부심을 형상화한 『산호섬』을 연상시키는 대목이다.

그러나 골딩은 곧 인간의 비합리적이고 악한 본성이 소년들을 압도하게 되는 필연적인 과정을 사실적으로 묘사하면서 상징적인 의미까지 부여한다. 소년들은 거처를 만드는 일은 내던져 버린 채 놀기만 하며, 구조 신호를 보내는 봉화불을 피우는 일은 잊어버리고 사냥에 몰두하고, 얼굴에는 잔뜩 칠을 하여 마치 가면을 쓴 것처럼, "수치심이나 자의식으로부터 해방된"(*Lord* 80) 기분을 즐기는 야만적인 상태로 빠져버린다. 그 결과, 사이먼은 아이들의 근거 없는 두려움 때문에 괴물로 오인 받아 살해되며, 피기는 무책임하고 냉혹한 폭력에 의해 살해되고, 랄프는 야만적인 살인 충동에 빠진 다른 아이들에게 쫓겨 다니게 된다. 인간의 이성과 민주주의를 상징하던 소라 고동이 피기가 돌에 맞아 죽을 때 산산조각이 나버리는 것은(*Lord* 224), 인간의 악함이 문명의 파멸을 가져온다는 골딩의 주제에 대한 적절한 상징이 된다. 인간에게는 악이 더 강한 본능으로 자리하고 있으므로 이런 악을 통제하는 전통적인 기구, 즉 종교, 법, 규율 등이 없을 때 이성적 행동은 곧 본능적 욕구에 자리를 내주며, 그 결과 사회적 유기체는 깨어지고 만다는 것이 골딩이 말하고자 하는 요체인 것이다.

이처럼 윌리엄 골딩은 『파리 대왕』에서 선과 악의 갈등이라는 본질적인 문제를 탐구하고 있으며(Page 13), 인간이 어떻게 살고 있는가라는 질문보다는 인간은 어떤 존재인가를 묻고 있기에, 피터 그린(Peter Green)은 그를 "종교적인 소설가"(79)라고 부른다. 또한 골딩은 이 주제를 우화적인 기법과 풍부한 상징을 통해 형상화하므로, 영국 알레고리 문학의 전통을 오늘날의 문학에 재현하고 있는 유능한 우화 작가라는 평가를 받고 있다[6]. 그런 한편 골딩의 소설은 간단히 우화로 단정 지을 수 없는 복합적인 면을 가지고 있다. 골딩은 마치 눈앞에 보이듯이 생생하게 묘사하여 독자의 상상력을 자극하면서 실제적인 감각을 불러일으키는, "놀라울 정도로 시각적인 작가"(Gindin, *Golding* 25)이기도 하기 때문이다. 골딩은 현장감을 생생히 느낄 수 있을 정도의 사실적인 표현을 바탕으로, 추상적인 것과 구체적인 것 사이의 독특하고 지속적인 관계망을 이끌어내면서 다양한 층위의 상징성을 이루어내었다. 골딩의 처녀작[7] 『파리 대왕』은 그런 복합적인

6 Gindin, *Harvest* 341, Peter 38 참조.

7 골딩은 43세에 『파리 대왕』을 출판했는데, 이 소설은 여느 처녀작과는 달리 자신만의 예술적 기법을 완벽히 구사하고 있다는 확신과 자신감에 찬 작가의 창조물이라는 평가를 받고 있다. 너무 늦은 나이에 소설을 시작한 것이 아니냐는 질문에 골딩은, 자신이 글을 쓰기 시작한

노력이 효과적으로 형상화된 성숙한 결과물인 것이다[8]. 이처럼 골딩의 소설이 드러내는 우화적인 요소, 선과 악의 갈등이라는 추상적인 주제, 소년들의 현실적인 삶의 모습, 그리고 그들을 바라보는 작가의 복합적인 시선 등의 소설서사가 전혀 다른 매체인 영상으로 어떻게 옮겨지고 있는지를 두 편의 영화에서 살펴 볼 것이다.

골딩의 복합적인 소설서사를 놀랍도록 충실히, 또 생생히 영상화한 것이 브룩감독의 <파리 대왕>이다. 브룩 감독의 영화는 원작에 대한 충실한 각색이 성공적인 결과물로 만들어진 전형적인 예라고 볼 수 있다. 브룩은 골딩의 원작 소설에서 몇 개 부분을 생략하기도 했지만[9], 대체로 골딩의 소설의 디테일을 섬세하게 전달하고 있다. 예를 들면 한 아이가 자신의 의견을 말하려고 하다가 먼저 이름을 밝히라는 아이들의 아우성에 눌려서 울듯이 주저앉았는데, 잭이 달래주자 마음을 열고 잭에게 뭔가를 속삭인다. 아이가 말해준 괴물 이야기를 잭이 다른 아이들에게 전달하자 곧 그 아이의 이유 없는 두려움이 다른 아이들에게도 전염되며, 이제 아이들 모두가 이 낙원 같은 섬에서 뭔지 모를 공포를 느끼게 되면서 괴물이 존재한다는 망상을 만들어내는데 그런 과정이 작은 디테일까지 그려져 설득력 있게 영상화되고 있다. 그렇다고 해서 브룩의 영화가 성공한 이유가 원작을 충실하게 옮겨놓았기 때문이라고 말하는 것은 아니다. 원작의 주제나 디테일에 충실하려는 강박적인 의도로 인해 오히려 영화로 성공하지 못하는 경우가 허다할 뿐 아니라, 외면적인 충실성에도 불구하고 오히려 원작소설의 의미에 손상을 입히는 경우도 적지 않기 때문이다. 브룩의 <파리 대왕>이

것은 7세부터이며 35세 이후부터는 효율적으로 글을 쓰고 있었다고 말한 바 있다(Biles 15).

8 Kermode 65-6, Hodson 5, Peter 45 참조.

9 처음에 봉화불을 피우다가 불이 사방으로 퍼지면서 얼굴에 점이 있던 아이가 사라진 일과 사이먼과 돼지머리가 나누는 대화가 생략되었다.

1963년 영화의 포스터. 피기와 랄프의 특성을 잘 보여주는 쇼트.

영화로 성공한 것은 골딩의 소설 서사를 놀랍도록 생생하고 강력한 이미지들로 비주얼화하여 예술적으로 완성된 영상서사로 재현했기 때문이다. 브룩의 <파리 대왕>은 예술적 완성도가 높은 영화라는 인정을 받았으며 골딩도 이 영화에 만족감을 표시했다[10].

브룩이 <파리 대왕>을 만든 상황을 고려하면 감독의 창조적 역량이 얼마나 큰 역할을 하는지 잘 알 수 있다. 약 25만 달러의 저예산으로 촬영해야 하는 불리한 여건이 브룩의 촬영 환경을 거의 결정했다고 볼 수 있는데, 이런 열악한 환경에서 브룩은 오히려 훌륭한 영상서사물을 만들어내었다. 브룩은 초보 촬영기사들을 데리고 카메라도 한정적으로 사용해야 했는데, 카메라 한 대는 눈높이에서 찍으면서 현실을

10 이 영화로 브룩은 1963년 칸 영화제에서 황금종려상 감독상 후보가 되었다. 그러나 영화의 암울한 주제로 인해 영국에서는 X 등급을 받는 바람에 막상 배역을 맡은 아이들은 자신들이 출연한 영화를 볼 수 없었다(*Answers*).

충실하게 옮기게 하고 나머지 한 대는 핸드 콘트롤로 계속 위에서 찍게 하여 실제로 벌어지는 사건을 현장에서 담은 흑백 다큐멘터리 영화처럼 생생하고 적절한 효과를 내는데 성공했다(이형식 37). 이로 인해 브룩의 영상은 선과 악의 갈등이라는 추상적인 영역을 사실적인 현재의 이야기로 탄탄히 세우면서 골딩의 소설과 마찬가지로 상징성과 사실성을 동시에 획득하게 된 것이다.

브룩은 랄프 역을 맡은 제임스 오브리를 제외하고는 거의 모든 배우를 오디션을 통해서 뽑은 어린 학생들, 즉 연기를 해본 적이 없는 아마추어 배우들로 기용했다[11]. 이런 시도는 큰 모험일 수도 있었지만 오히려 브룩의 영화에 사실성을 보태는데 기여했다. 휴 에드워즈는 랄프에게 배신당하며 잭의 공격 대상이 되고 나머지 아이들에게 조롱당하는 피기의 모습을 실감나게 보여주었으며, 랄프 역의 제임스 오브리 뿐 아니라, 잭 역의 톰 채핀, 사이먼 역의 톰 개먼도 거짓되거나 억지로 연기하는 면이 없이 자신의 역을 훌륭히 소화했다. 삼십 여 명의 조연급 아이들도 마찬가지로 훌륭하게 자신들의 역을 소화했다. 이들은 대부분 골딩의 책을 읽지 않았던 것으로 짐작되며, 당시 아주 대충 만들어진 스크립트를 가지고 현장에서 그때그때 감독의 지시를 받으면서 연기를 했고, 심지어 즉흥적인 대사지도를 받았다고 한다. 그로 인해 아이들이 다소 어색하게 대사를 하는 부분도 있고, 대사 사이에 공백이 생기거나 서로에 대한 반응이 부자연스러운 부분도 있는데, 이런 점들이 어린 소년들 사이의 어색함, 그들의 조야함을 더 잘 반영했을 뿐 아니라, 섬에서 곤경에 처한 아이들의 혼란한 심정을 잘

11 브룩은 오디션에 참가한 약 삼천 명의 소년들 중에서 대부분의 배우를 뽑았는데 피기 역을 맡은 휴 에드워즈는 자신은 뚱뚱하며 안경을 썼다는 편지를 브룩 감독에게 보냈고 그로 인해 기용이 되었다는 일화가 있다("Lord 1963" *Wikipedia*).

표현했기 때문에 믿을만한 영상을 만들어내는데 한 몫을 하면서 소설의 주제를 정확하게 드러내는데 기여한 것이다.

이처럼 어린 학생들을 배우로 기용한 바람에 브룩은 또한 방학이라는 비교적 짧은 기간 동안에 영화를 완성해야 하는 한계를 가지고 있었다. 바로 이 지점에서 영화는 촬영의 기술일 뿐 아니라 편집의 기술에도 좌우된다는 영화만의 독특한 장르적 특성이 활용된다. 브룩은 짧은 촬영기간 대신에 2년이라는 다소 긴 시간을 투자하여 효과적인 편집에 집중했고 이 과정에서 때로는 부족한 점을 보충하기 위해 새로 녹음을 하기도 했다. 그 결과 어떤 부분은 대사를 새로 더빙하는 바람에 같은 쇼트에서도 목소리의 톤과 크기가 다르게 들리기도 한다.[12] 이처럼 다소 어색한 부분이 없는 것은 아니지만 대체로 브룩의 역동적인 편집은 <파리 대왕>을 성공적인 영화로 만드는데 기여했다고 볼 수 있다.

부족한 예산으로 인해 천연색 영화가 아니라 흑백영화로 찍었지만[13] 결과적으로, 촬영이 이루어진 푸에르토 리코 섬의 풍경은 흑백의 화면 위에서 초현실적으로 아름다우면서도 인간에게 위협적인 모습으로 재창조되어, 인간의 원초적인 선악의 갈등을 더 극대화해서 나타내는데 기여했다. 흑백의 대조가 섬이라는 배경의 황량함과 소년들의 고립된 감정을 더욱 더 잘 나타내면서, 골딩의 주제를 핵심적으로 포착해서 관객에게 전달하고 있는 것이다. 강렬한 빛과 극적인 어둠이 역동적으로 대조되어 나타나는 흑백 화면은 끊임없이 시각을 자

12 영화의 초반부에 랄프가 아이들을 모아놓고 여러 설명을 하는 장면에서, 카메라가 아이들의 표정을 일별하는데 그 동안 랄프의 목소리 톤이 두 가지로 다르게 들리는 경우가 그 예다.

13 1930년대에 천연색 필름이 정교해지기는 했으나 1940년대까지는 상업적으로 널리 통용되지 않았다. 천연색 필름이 모든 것을 예쁘게 만들어버리는 경향이 있어서 특히 사실주의적인 드라마에는 적합하지 않은 것으로 생각되었다. 1950년이 지나서는 이런 문제가 상당히 해결이 되었으나, 천연색 영화를 찍는데 너무 비용이 많이 드는 것은 여전한 문제였다(자네티 29).

극하여 관객으로 하여금 영상이 제시하는 상징적 의미를 계속 탐색하게끔 자극하는 역할을 하고 있다.

브룩은 특히 영상 언어를 적절히 이용하여 골딩이 포착한 무시무시한 인간의 진실을 전달하는데 성공하고 있다. 브룩은 영화 시작 부분의 크레딧[14]에서 질서와 혼란을 암시하는 쇼트를 병렬적으로 제시하여 섬에서 발현될 문명과 야만의 갈등을 암시한다. 합창대 소년들이 부르는 끼리에 엘레이종(Kyrie Eleison)[15]은 질서 있고 안정된 현실을 상징한다. 이 합창을 배경음악으로 하여 평화롭고 질서정연한 영국 기숙학교의 교실분위기가 스틸 사진으로 나열된 후, 갑자기 런던의 하늘 위를 날아가는 폭격기들의 사진이 제시되고, 다시 평화로운 크리켓 경기장이 화면에 나타나다가, 또다시 폭격기들이 폭탄을 투하하는 사진이 나타난다. | 사진 1, 2 | 이처럼 안정되고 평화로운 현실과 불안하고 폭력적인 전쟁이라는 대조적인 분위기의 스틸사진 이미지가 교차

| 사진 1 | 1963년작. 런던의 하늘을 날아가는 폭격기의 스틸사진.

| 사진 2 | 1963년작. 평화롭게 크리켓 경기를 즐기는 영국인들의 스틸사진.

14 영화의 시작이나 끝부분에 영화를 만드는데 기여하거나 도움을 준 대상을 표시한 부분.
15 그리스어로 "신이여, 자비를 베푸소서"라는 뜻.

되면서, 질서와 혼란이 교차하는 현실에 대한 소름끼치는 몽따쥬를 보여주는데, 이것은 곧이어 섬에서 발현될 갈등을 암시하고 있다. 영화가 진전되면서 평화롭던 무인도에서의 일상과 천진하게 노는 아이들의 모습은 곧 사라지고 섬의 분위기를 장악하는 것은 잭이며, 잭의 주도 아래 횃불을 들고 광란의 춤을 추는 소년들이다. 사이먼이 살해되는 장면에서 흑백으로 강렬하게 대조되는 빛과 어둠, 사이키 조명을 받아 일순 정지된 것으로 보여 더욱 섬뜩하게 다가오는 클로즈업된 표정들, 불안감을 조성하는 음악은 강력하게 관객을 사로잡는다. 소년들이 이성적인 명령을 따를 때 나오던 트럼펫과 호른의 조화로운 음악은 고립된 섬의 황량함과 소년들의 원시성이 부각되면서 점점 강렬한 비트를 울리는 드럼이 주도하는 음악으로 바뀌면서 불안감을 조성한다.

특히 브룩의 영화는 영상언어, 즉 쇼트나 프레임, 앵글 등을 적절히 활용하여 소설의 문자언어의 역할을 대신하는 성과를 거둔다. 브룩은 영화의 대부분을 아이 레벨 쇼트로 찍으면서 섬에 떨어진 아이들의 상황이나 행동의 현실적인 성격을 분명히 제시한다. 동시에, 문명세계에서 배운 규율을 지키려는 의지와 악한 본성의 갈등을 상징적으로 전달하기 위해 하이앵글 쇼트나 로우앵글 쇼트를 적절히 이용하고 있다. 또한 섬의 전경을 잡을 때는 익스트림 롱 쇼트를, 아이들의 몸 전체를 잡을 때는 풀 쇼트를, 랄프나 잭, 피기 등 주요인물의 갈등을 다룰 때는 허리부터 잡는 2인 쇼트나 3인 쇼트를, 인물의 내적 갈등을 강조할 때 클로즈업을, 돼지머리와 거기에 들러붙은 파리떼를 부각시키면서 익스트림 클로즈업을 이용하여 소설서사를 대신한다. | 사진3 | 인물의 갈등을 다룰 때 프레임 속에서 인물들의 위치를 역동적으로 바꾸면서 이들의 크기를 불균형적으로 제시하여 각 인물

| 사진 3 | 1963년작. 돼지머리와 거기 엉겨 붙은 파리떼의 익스트림 클로즈업.

의 정당성 여부를 확보해준다. 이처럼 영상언어를 통해 원작 소설의 상징적 의미를 전달하는 브룩의 영화는 골딩의 소설에 대한 훌륭한 번역이라고 할 수 있다.

훅의 영화는 브룩의 영화와 달리 그리 괄목할만한 성과를 이루지는 못했다. 훅의 영화가 나온 1990년에 이르면, 이미 영화는 소설에 버금가는 주된 장르로 자리매김했으며, 컬러 화면 기술은 상당히 발전되어 경제적인 면에서나 기술적인 면에서 부담 없이 자유로이 사용할 정도가 되었고, 촬영 장비도 좋아졌으며 영상 기법도 상당히 축적이 된 상태이다. 이미 한 편의 <파리 대왕> 영화가 나온 만큼 새로운 영화는 기존의 영화보다 기법적으로 개선이 되었거나 아니면 새로운 해석이 첨가되어야 할 것이라고 기대하는 것이 무리는 아닐 것이다. 그러나 영화의 성과나 성공은 기술적인 진보나 예산의 확보와는 또 다른 차원의 문제라는 것을, 즉 감독의 창조적 역량이 중요한 변수가 된다는 것을 훅의 영화를 통해서 확인하게 된다.

골딩의 원작과 브룩의 영화가 나온 지 약 30여 년이 지난 시점에

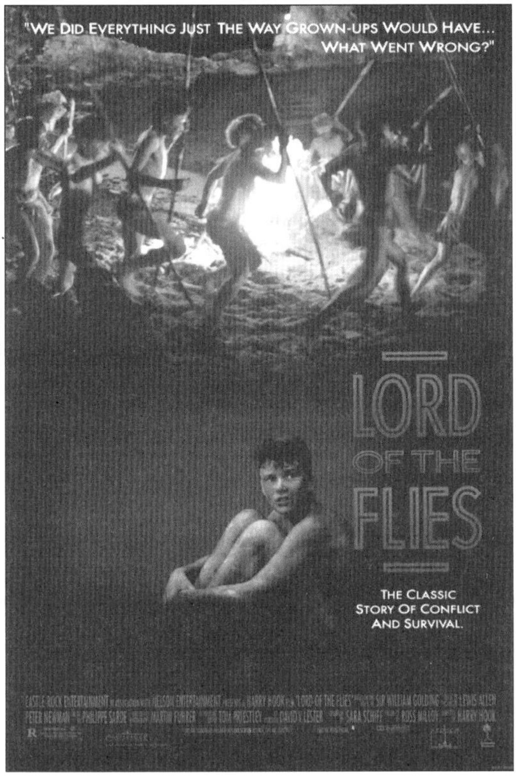

1990년 영화의 포스터. 광란의 춤을 추는 아이들과 홀로 남은 랄프를 대조시킴.

서 영화를 만들게 된 훅은 원작에 충실해야 한다는 부담에서는 상대적으로 자유로웠을 것이나, 좋은 평가를 확보한 브룩의 영화와 차별성을 기하는 것이 더 중요한 과제였을 것이다. 따라서 훅은 무인도에 모인 소년들이 서서히 야만적으로 변해가며 도덕적으로 타락하게 된다는 골딩의 기본 주제를 따르면서도 몇 가지 설정을 수정하였으며 시대적 배경도 바꾸었다.

브룩의 영화와 가장 차이가 나는 부분은 영화의 첫 장면이다. 브룩의 영화가 배경음악으로 흐르는 끼리에 엘레이종 합창과 스틸 사진으로 조용하게 시작하는 반면, 훅은 바다에 빠진 아이들이 사투를 벌이는 장면을 충격적으로 제시한다. 이때 바다의 수면 아래를 보여주는 화면은 버둥거리는 아이들의 다리와 바다 밑으로 서서히 가라앉는 한 어른의 모습으로 가득 차있는 반면 일체의 음향은 차단되어 관객을 집중하게 한다. 그러다 갑자기 카메라가 바다 위로 올라와 울부짖는 아이들을 담으면서, 비명소리와 철썩이는 파도소리가 터져 나와 관객을 압도하며 난파 당시의 혼란스런 상황이 효과적으로 전달된다. 그런데 이처럼 혼란스럽고 긴박한 첫 장면에 비해, 고무보트에 올라탄 아이들이 녹색의 나무들이 우거진 해안에 도착해서 랄프의 지도에 따라 자리를 잡는 과정은 의외로 쉽게 진행되어, 첫 장면의 긴박감이 다소 힘을 잃고 있다. 그 후 아이들이 문명의 상징인 옷을 벗어던지고 자유롭게 섬의 환경을 만끽하고 즐기다가 점차 아이들 특유의 잔인한 놀이를 하게 되며 돼지 사냥에 나서고 마침내는 친구를 죽이는 상황까지 타락해가는 모습은, 골딩의 소설이나 브룩의 영화와 크게 다르지 않다.

그런데 훅의 영상은 인간성에 대한 골딩의 깊이 있는 탐구를 제대로 전달하지 못할 뿐 아니라 영화로서도 그리 성공하지 못한 작품이라는 평가를 받고 있는데, 그 이유는 무엇일까? 혹자는 훅의 영화가 성공하지 못한 것은 훅이 시대에 맞지도 않는 골딩의 주제를 재생산하고 있기 때문이라고 평가한다. 즉 주변에서 폭력적인 청소년문제를 현실로 실감하는 1990년대의 도시 관객들에게 무인도에서 타락해가는 어린아이들의 이야기가 특별히 의미심장한 이야기로 와 닿지 않았다는 것이다(Maxwell). 그러나 훅의 영화가 범작에 그치고 만 것은 단순히 시대에 뒤떨어진 주제를 채택했기 때문은 아니다. 가장 큰 문제는, 훅이 주제를 효과적으로 영상화하는 영상언어를 활용하지 못한 것이다. 적절한 쇼트의 배열, 프레임 속의 동적인 인물 배치, 충격적인 영상의 총체인 브룩의 영화에 비할 때 훅의 영상은 밋밋하고 천편일률적이다. 심지어 훅은 주제를 "보여주기"보다는 "말하기"에 급급하다는 느낌을 준다(Ebert). 물론 훅이 영상언어를 적절히 활용하여 관객에게 의미를 전달하는 쇼트가 없지는 않다. 랄프와 피기가 피기의 안경을 찾으러 잭의 요새로 갔을 때 아래에 있는 랄프와 피기를 하이앵글 쇼트로 내려다보며 찍고, 잭의 패거리를 로우 앵글로 올려다보며 찍어 그들의 힘의 차이를 드러내는 부분이나, 마지막에 랄프가 불타는 섬에서 쫓기는 장면, 해변가에 쓰러진 랄프가 군인을 발견하고 울음을 터뜨리는 장면 등은 인물 간의 갈등과 긴장감을 영상언어로 재현한 멋진 쇼트들이다. 또 훅의 영상이 효과적으로 살아난 부분은 잭 일당이 한 밤중에 고기 파티를 벌이는 광란의 춤잔치와 그에 뒤이은 사이먼의 죽음이다. 훅의 영상은 강렬한 음악, 하늘을 울리는 천둥소리, 아이들의 미친듯한 고함소리, 불타는 모닥불, 싸이키 조명으로 잠깐씩 정지된 화면으로 드러나는 아이들의 얼굴, 사이먼이 들고 오는 부자연스런 형광색 조명기, 사이먼의 모습은 보이지 않고 아이들이 무조건 찔러대는 창, 프레임 밖에서 이루어진 살인, 물결에 쓸리며 엎드려져 있는 사이먼의 시체 등으로 화면을 꽉 채우면서, 아이들의 숨어있던 잔인함과 광기를 드러내어 관객에게 충격을 주는데 성공하고 있다. 단 이런 효과적인 쇼트들이 브룩의 쇼트와 거의 비슷하다는 점은 지적하지 않을 수 없다.

그런데 이런 몇몇 쇼트를 제외하면 대부분의 쇼트는 풀 쇼트와 클로즈업 쇼트로 번갈아가며 구성되는 밋밋한 구조를 가지고 있다. 훅은 인물을 여러 명 포함할 때는 이들로 화면을 가득 채우며, 포커스의 대상이 한 명일 경우에는 그 인물의 얼굴을 화면 가득히 채우는 클로즈업을 사용하는 등 대체로 인물들로 화면을 채우는 기법을 쓰고 있다. | 사진 4 | 즉 훅은 화면에 꽉 찬 배우들의 행동과 표정, 그들의 대사로 관객과 소통하고자 하는 것이다. 이런 기법 자체가 문제가 되는 것은 아니지만, 브룩이 인물의 위치나 앵글을 계속 변화시키는데 반해 훅은 단일한 기법에 지나치게 의존하여 다양한 의미를 전달하는데 실패하

| 사진 4 | 1990년작. 잭과 랄프를 풀 쇼트로 잡은 단조로운 화면.

고 있는 것이다. 게다가 클로즈업된 아이들의 표정연기는 지나치게 심각하거나 진지하기만 해서, 무인도에 표류한 부적절한 상황을 두려워하면서도 한편으로는 자유를 구가할 기회를 포착한 기대감에 가득 찬 아이들의 복합적인 면모를 제대로 전달하지 못하므로, 클로즈업된 표정으로 관객과 소통하고자 한 훅의 시도는 성과를 거두지 못한 것이다.

훅의 영화가 브룩의 영화와 달라진 또 하나의 면모는 기술적으로 상당히 발전된 컬러 화면을 썼다는 점이다. 컬러로 인해 인상적인 영상을 보여주는 쇼트는 봉화불을 피운 언덕에 서있던 한 그루 나무를 담은 풍경이다. 랄프가 봉화불을 피우자는 말을 하자 아이들은 우르르 달려가서 무조건 나뭇가지를 집어넣다가 큰 불을 내고 마는데, 그로 인해 큰 나무가 불에 타서 골격만 앙상한 채 남게 된다. 이 장면은 원작에는 있으나 브룩의 영화에서는 생략된 것인데, 훅은 이 장면을 무게감 있게 재현하면서 아이들이 순식간에 무질서로 빠져들 것이라는 골딩의 암시를 영상화했다. 이후 훅은 마치 초현실주의 회화에 등장하는 것과 비슷한 모양의 앙상한 나무를 여러 번 되풀이해서 등장

| 사진 5 | 1990년작. 불타버린 앙상한 나무 옆에 서 있는 랄프의 고독한 모습.

시키면서 다양한 의미를 부여한다. 그것은 아이들의 타락에 대한 전조이기도 하고, 점점 외톨이가 되어가는 랄프 또는 피기의 고독한 현실을 상징하는 것이기도 하다. 혹은 이 나무 근처에 서 있는 랄프의 뒷모습을 멀리 보이는 수평선과 하늘을 포함시킨 롱 쇼트로 잡아서 그의 고립감을 강조하고 있다. | 사진 5 | 이처럼 컬러 화면은 흑백인 브룩의 영화와 의미 깊은 차별성을 이루어낼 장치가 될 수도 있다. 그러나 이런 일부의 예를 제외하고는 대체로 훅의 컬러 영상은 주제를 나타내는 적절한 도구로 사용되고 있지 못하다. 정글의 녹색, 하늘과 바다의 푸른 색, 봉화불의 붉은 색, 황혼의 붉은 색 등은 잠시 시각적 관심을 끌지만 그런 색조들이 인물들의 갈등, 혹은 규율을 지키고자 하는 의지와 악한 본성의 갈등을 드러내는 장치로 연결되고 있지 못하다. 따라서 상징성을 획득하지 못한 컬러 화면은 오지 여행객들의 화면에 담긴 신기한 경치의 수준에 그치고 만다. 혹은 자신의 매체인 영상언어를 효과적으로 사용하지 못해서 골딩의 소설의 의미를 제대로 전달하지 못했으며 영화 자체의 예술성도 획득하는데 실패한 것이다.

III. 랄프, 잭, 피기, 사이먼, 결말의 형상화와 성과

골딩은 소년들의 갈등을 핵심적으로 드러내는 인물로 랄프와 잭을 설정하고 있다. 랄프는 어른들의 사회와 같은 민주주의적 질서를 구축하는 것과 구조를 요청하는 봉화불을 꺼지지 않게 하는 것이 가장 중요하다고 여긴다. 반면 잭은 원래 질서와 조화를 중시하는 합창단 단장이었음에도 불구하고 규율의 준수를 강요하는 어른이 없는 이 섬에서 본능적인 동물적 욕구에 빠져들어 산돼지를 쫓는 사냥에만 몰두한다. 처음에는 우정을 나누는 모습을 보여주었던 두 소년은, 사냥에 빠져서 구조를 요청하는 봉화불을 꺼트린 잭을 랄프가 강하게 비난하면서, 이제 "서로 소통할 수 없는 경험과 감정의 두 대륙"(*Lord* 70)처럼 반목한다. 두 사람의 갈등은 근본적으로, "이성에 근거를 둔 고결하고 민주적인 지도자상을 목표로 하는 합리적 의지와, 권위적 체제를 세우고자 하는 비합리적 의지의 충돌"(Subbarao 7)이라고 할 수 있다. 문제는 대부분의 소년들이 책임과 의무를 강조하는 랄프를 등지고 자유와 본능적 욕구를 충족시켜 주는 잭을 추종하게 된다는 점이다. 결국 승리하는 것은 인간의 비합리적이고 악한 본성이라는 것을 골딩은 랄프와 잭의 갈등을 통해서 드러내는 것이다.

그렇다고 해서 랄프와 잭의 갈등이 추상적이고 상징적으로 묘사되고 있는 것은 아니다. 골딩은 이들의 관계가 어린 소년들이 현실에서 겪게 마련인 우정의 형성이나 패거리 간의 다툼이라는 현실적인 문제임을 포착하고 있으며, 그것은 두 인물에 대한 성격묘사에서 드러난다. 랄프는 선과 질서를 상징하는 우화적인 인물이 아니라, 어른의 간섭이 없는 무인도에서 당분간 즐겁게 지낼 수 있다는 생각에 좋아서 물구나무를 서는 철없는 아이이다. 또 피기의 외모와 신체적인 약점 때문에 피기를 업신여기기도 하며, 피기가 당부했는데도 불구하고 피기라는 별명을 아이들에게 폭로하는 어린애 특유의 무심함과 잔인함도 가지고 있다. 이런 랄프가 소라고동을 가지고 있으며 인상이 좋다는 것 외에는 별다른 이유도 없이 리더로 뽑히는 현실은 민주적 절차의 부조리함과 모호함을 상기시킨다. 그러나 랄프는 근본적으로 선한 본성을 더 많이 가지고 있다는 점에서 잭과 차이를 보인다. 랄프는 현실적으로 어려움을 겪으면서 자신이 리더로서 제대로 역할하지 못하고 있는 것을 깨닫게 되고, 피기에게서 도움을 받으면서 피기의 총명함과 현실적 지혜를 깨닫고 존중하게 된다.

잭도 처음부터 악한 존재로만 묘사되지 않는다. 잭은 합창단의 단장으로서 타의 모범이 되는 존재였으며, 무인도에 떨어져서도 합창대의 규율을 지키려고 할 정도로 질서를 지켜야 한다고 여기는 평범한 소년이다. 또 어린 소년답게 여린 마음을 드러내기도 한다. 잭은 랄프와 의견이 맞지 않아 캠프를 떠나면서 자신을 따를 사람을 구하지만 아무도 따라오지 않자 돌아서며 눈물을 삼키는 모습을 보이는 것이다. 이렇게 질서도 중시하고 인간적인 감정도 보이던 잭이 자신의 행동을 감시하는 시선이 없다는 것을 깨닫자 본능적인 욕구를 따르게 되고 패거리를 형성하여 동물사냥에 몰두하다가 인간사냥에까지 이르게 되는 과정은 그 나름으로 현실성을 획득하고 있으면서 인간의 악한 본성을 상징적으로 보여준다.

브룩은 랄프와 잭의 갈등을 영상언어를 통해서 사실적이면서도 상징적인 차원으로 화면에 재현하고 있다. 처음에 랄프와 피기가 바닷가로 나와서 자신들이 섬에 있다는 것을 깨달은 후 이들은 익스트림 롱 쇼트로 포착되어 점과 같은 크기로 나타나는데, 이 쇼트는 섬의 전체 전경을 보여주면서 동시에 거대한 자연에 비해 보잘것없고 무력한 랄프와 피기의 처지를 암시한다. 잠시 후 잭과 그의 합창단 일행이 나란히

줄을 지어 행진하는 모습을 찍은 쇼트는 익스트림 롱 쇼트에서 시작해서 풀 쇼트까지 이어진다. | 사진 6 | 무인도의 찌는 듯이 더운 날씨에 모자를 쓰고 긴 검은 망토를 질질 끌며 행진하는 아이들은 넓은 해변에서 작고 검은 점으로 나타났다가 점점 커지는 모습으로 화면에 포착되며, 카메라는 방향을 돌려서 다른 아이들의 어리둥절한 표정을 풀 쇼트로 일별한다. 브룩은 이런 두 화면을 연결해서 보여주면서 관객으로 하여금 잭이 비합리적이라고 느끼게 하며, 랄프를 지도자로 뽑는 아이들에게 공감하게 만든다.

| 사진 6 | 1963년작. 해변을 걸어오는 잭의 합창단원을 포착한 장면으로 익스트림 롱 쇼트에서 풀 쇼트까지 이어짐.

원작에 나타난 랄프와 잭의 미묘한 관계는 프레임 속에 배우를 배치시키는 브룩의 역동적인 방법으로 인해 더욱 효과적으로 전달된다. 브룩은 한 쇼트 안에서 프레임 속의 인물 배치를 계속 변화시키면서 인물의 갈등이나 정당성을 암시하는데, 이처럼 프레임 안에 대상물을 배치하는 방법은 감독의 아이디어를 전달하는 매체이며 소설의 언어를 대신하는 것으로, 형식이 어떻게 실질적으로 내용이 되는가를 보여주는 하나의 예이다(자네티 61). 브룩은 서로 경쟁하는 랄프와 잭을 한 화면에 등장시킬 때 이들 중에 누가 더 정당성이 있는지에 따라 이들이 화면 속에서 나타나는 위치와 크기를 달리 한다. 처음에 랄프가 아이들과 모여 있을 때 아이들은 빙 둘러 앉아 있는 반면 랄프는 다른

아이들보다 높은 자리에 서있어 로우 앵글로 아래에서 보여 지거나, 얼굴이 나오지 않고 다리 부분이 부각되어 지도자로서의 권위가 화면 속에서 확보된다. 잭이 합창단을 이끌고 랄프와 다른 아이들이 모여 있는 곳으로 왔을 때는, 이미 권위의 상징인 소라 고동을 쥐고 있는 랄프가 주도적인 상황에 있으므로, 랄프는 화면의 우측 상단에 배치되며 잭은 화면의 좌측 하단에 배치된다. | 사진 7 | 또 랄프는 화면 전면, 즉 관객과 가까운 위치에 배치되어 훨씬 크게 나타나고 잭은 화면 후면에, 관객과 먼 곳에 배치되어 랄프보다 작은 체구로 등장하므로 누구에게 주도권이 있는지가 분명해진다.

| 사진 7 | 1963년작. 우측 상단의 랄프와 좌측 하단의 잭이 대비되며 힘의 차이를 드러냄

비행기가 지나가는데 막상 봉화불이 꺼져 있어 구조될 가능성을 놓치게 된 장면은 잭과 랄프의 갈등이 본격적으로 시작되는 부분인데, 이 부분 역시 멋진 영상화를 이루고 있다. 언덕의 꼭대기에서 비행기를 향해 손을 흔들다가 절망하는 랄프와 뒤따라온 아이들의 모습은 로우 앵글과 롱 쇼트로 포착되어 이들의 절망감이 두드러진다. 마침 그때 잭 패거리가 돼지를 잡아서 신나게 합창을 하며 이 언덕으로 올라온다. 이때 잭 무리는 위에서 내려다보는 하이 앵글과 롱 쇼트로 잡아 작게 찍혀서 중요한 일을 망각한 형편없는 존재들이라는 평가가 관객들에게 전달된다. 그러나 돼지를 잡은 것에 자긍심을 느끼고 있는 이들이

언덕을 올라오면서 점점 커지다가 마침내 랄프의 일행과 같은 크기가 되는 쇼트에서, 잭이 랄프에게 맞서서 자신의 힘을 주장할 것이라는 점이 드러난다.

이후 두 사람의 갈등이 부각될 때마다 카메라는 두 사람을 나란히 두기도 하고, 때로는 랄프를, 때로는 잭을 화면 전면에 배치해서 크게 나오도록 역동적인 화면 배치를 하고 있다. | 사진 8 | 그러다 점차 잭이 주도적이 되면서 잭이 로우앵글로 찍혀 혼자서 화면을 채우는 경우가 많아진

| 사진 8 | 1963년작. 야만인이 된 잭의 강력함과 랄프의 미약함이 인물의 크기로 나타남.

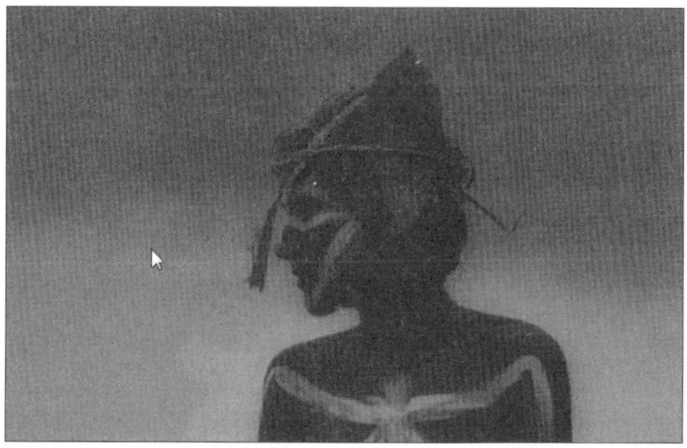

| 사진 9 | 1963년작. 야만인이 된 잭의 강력한 힘이 상반신 풀 쇼트로 표현됨.

| 사진 10 | 1963년작. 랄프를 하이 앵글로 위에서 조그맣게 포착해서 그의 무력함을 상징함.

다. 브룩은 첫 번째의 성공적인 사냥 이후 고기를 뜯어먹는 잭의 상반신을 풀 쇼트로 화면 전체에 가득 채우거나, 잭이 자신의 성채를 구축한 뒤 고기 파티를 벌일 때 얼굴에 색칠을 한 야만인의 모습으로 다른 아이들보다 높은 바위에 올라앉아 웅크리고 있는 모습을 풀 쇼트로 화면에 가득 채우면서, 인간성을 상실하고 야수 같은 존재로 변한 잭의 상태를 충격적으로 전달한다. | 사진 9 | 피기의 안경을 찾기 위해 랄프와 피기가 잭의 성채로 갔을 무렵은 잭에게 완전히 힘이 넘어간 상태이다. 따라서 안경을 요구하는 랄프를 하이 앵글로 위에서 찍어 그의 모습이 조그맣게 보이는 반면, 위에서 그를 내려다보는 잭은 로우 앵글로 촬영되어 위협적이고 두려운 존재로 부각되어 두 사람의 입지가 완전히 전도된 것이 영상으로 확인된다. | 사진 10 | 이처럼 브룩은 프레임 속에서 랄프와 잭의 위치를 조정하여 효과적인 영상 내러티브를 확보한다.

브룩의 성과와 비교하면 훅의 영상언어가 단조롭다는 것이 분명해진다. 앞에서 언급했듯이 훅은 대부분 풀 쇼트나 클로즈업 쇼트를 이용하여 각 카메라가 주시하는 인물이 화면을 꽉 채우는 프레임을 단조롭게 고수하고 있기 때문이다. | 사진 11 | 훅의 화면은 랄프와 잭의 얼굴을 클

| 사진 11 | 1990년작. 잭과 랄프가 아이들 앞에서 반복하는 모습을 풀 쇼트로 잡아 단조로운 화면.

로즈업하고 그들이 반목하는 대화를 들려주는 것으로 일관하고 있어 역동적인 프레임을 통해 보여주던 브룩의 섬세한 영상언어가 아쉽기만 하다. 그런데 이런 화면구성은 훅이 현실을 보는 시각과도 긴밀하게 연결되어 있다. 즉 훅의 단순한 영상언어는 인간의 갈등구조를 너무 단순하게 해석한 점과 연결되는데, 그것은 훅이 원작을 변형한 부분에서 잘 드러나고 있다. 훅은 시대적 배경을 당대로 설정했고 랄프를 미국에 있는 소년 군사학교에서 리더격인, 대령이라는 명칭을 부여받은 학생으로 설정했다. 골딩이 소설을 발표한 1950년대나 브룩의 영화가 나온 1960년대의 학교는 학생에게 엄격한 규율을 강요했기 때문에 학생이던 시기와 규율이 사라진 무인도에서 자유롭게 사는 것의 차이가 분명하지만, 1980년대나 1990년대의 학교는 학생의 자유로운 권리를 더 중시하는 상황이며 엄격한 규율과는 거리가 멀다. 훅은 현대적 학교에서 교육받은 새로운 시대의 관객을 염두에 두고서 무인도 이전과 이후의 극적인 변화를 실감나게 만들기 위해, 당시의 보통 아이들과 달리 질서와 규율에 더 익숙한 군사학교의 학생들을 무인도에 고립된 것으로 설정한 것이다.

문제는 그 설정 자체에 있는 것이 아니라, 훅이 인간의 본성을 너무 단편적으로 파악한 것에 있다. 원작과 브룩의 영화에서 랄프는 철없는 소년에서 점차 인간성의 핵심을 통찰하게 되는 존재로 성장하는 반면, 훅은 랄프를 학교의 리더로 만들어 무인도에서도 소년들의 지지를 받을 것이라는 점을 기정사실화한다. 그리고 랄프가 지도자의 자격이 있다는 것을 영상에서 분명히 드러낸다. 영화의 첫 장면에서 난파당한 아이들은 바다에서 허우적거리는데 그 와중에 누군가가 다시 물 밑으로 들어가 바다 밑으로 가라앉는 사람을 구해서 끌어올리는데, 구출된 존재는 어른인 그들의 기장이며 구조자는 랄프라는 것이

| 사진 12 | 1990년 작. 풀 쇼트로 잡은, 진지함과 염려로 가득 찬 랄프의 얼굴.

밝혀진다. 이처럼 처음부터 영웅적인 존재로 규정된 랄프는 섬에 도착해서도 리더로서의 면모를 보인다. 클로즈업된 랄프의 얼굴은 진지함과 염려로 가득 차 있고, 자신을 쳐다보며 목마르다고 불평하는 아이들에게 일단 참고 하룻밤을 보내자고 격려하며 다독거린다. | 사진 12 | 이후 안경으로 불을 피우자는 의견이나 다른 중요한 생각들도 모두 랄프가 제안한다. 지혜와 권위, 힘은 이미 선한 지도자인 랄프에게 있는 것이다. 원작에서 골딩이 민주주의와 질서, 권위에 대한 중요한 상징으로 이용했던 소라 고동은 브룩의 영화에서도 그 상징성이 크게 부각되지는 못했으나 훅의 영화에서는 더욱 축소되어, 랄프가 처음에 아이들을 불러들이는 도구로 쓰인 후 거의 잊혀진다. 랄프는 이미 군사학교의 리더인 대령의 권위를 가지고 있으므로 소라 고동은 필요없는 잉여의 소품에 그치는 것이다. 단지 처음에 랄프가 팔을 다친 것으로 나타나 그의 권위가 다소 손상을 입었으며 도전을 받을 것이라는 점이 암시되고 있다.

랄프를 영웅으로 만든 훅의 의도는 잭에 대한 묘사에도 그대로 연결된다. 선하며 영웅적인 지도자로 규정된 랄프와 달리 잭은 처음부터 악한 존재로 등장한다. 잭은 이웃의 차를 훔쳐서 고속도로를 질주

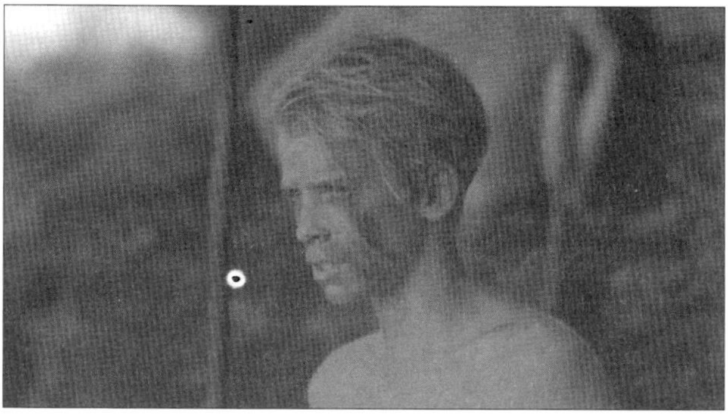

| 사진 13 | 1990년 작. 풀 쇼트로 잡은, 악의에 가득 찬 잭의 얼굴.

하다가 경찰에게 체포된 전력이 있는 아이로, 그의 행실을 바로 잡기 위해 부모가 군사학교에 보낸 문제아로 설정되어 있다. 원작과 브룩의 영화에서 우정을 느끼면서도 미묘하게 경쟁하던 랄프와 잭은, 훅의 영화에서는 정통한 권위가 있는 랄프에게 잭이 부당하게 도전하는 것으로 나타난다. 모두 구조될 것이라며 랄프가 아이들을 위로하는 중에 구조되지 않을 것이라고 잭이 말했다며 한 소년이 울먹이자, 랄프는 잭이 그런 뜻으로 한 말이 아닐 것이라고 달랜다. 그러나 잭은 자기가 바로 그렇게 말했다고 반박하면서 처음부터 랄프에게 대적한다. 브룩은 골딩의 원작을 살려서, 어린 아이들이 이유 없이 두려움을 느끼다가 괴물을 상상해내고 그 추상적인 공포가 모든 아이들에게 퍼져가는 과정을 세밀히 보여주는 반면, 훅의 영화에서는 잭이 아이들에게 무서운 이야기를 해주면서 직접 공포심을 조장한다. 다친 기장을 돌보자는 랄프에게, 기장이 미쳤으며 짐이 될 뿐이니 죽이자는 극단적인 발언을 잭이 하는 부분에서, 관객은 잭이 단순한 문제아가 아니라 극악한 인물임을 실감하게 된다. 따라서 잭이 점점 사냥에 미쳐가며 야만적으로 변하는 것은 훅의 영화에서는 미리 예정된 당연한 수순일 뿐이다. | 사진 13 | 이처럼 랄프는 처음부터 선한 존재로, 잭은 악한 존

재로 형상화되어 있으므로, 이들의 갈등을 그리는 훅의 영화는 인간의 복합적인 면모를 탐색한 골딩의 소설과 달리 착한 학생과 악한 학생의 충돌이라는 조야한 이원론을 그린 일차적인 우화로 변질된 것이다.

랄프와 잭의 갈등의 의미를 더 명확하게 전달해주는 인물이 피기와 사이먼이다. 피기는 『산호섬』에는 등장하지 않는 인물로 온전히 골딩의 창조물이며 소년들의 악함을 잘 드러나게 하는 기제로 기능하고 있다. 정식 이름이 끝내 소개되지 않은 채 자신이 외면하고 싶어하던 별명으로만 알려지게 되는 피기는, 천식을 앓고 있으며 뚱뚱하다는 신체적인 결함으로 인해 처음부터 조롱의 대상이 되고 국외자로 밀려난다. 그는 자신을 키워준 고모를 맹신하므로 어른이 있으면 모든 것이 해결될 것이라는 어린애다운 환상을 가지고 있다. 사이먼의 죽음에 대해서 자신도 동참했다며 랄프가 책임을 인정하며 괴로워하는 것과 달리, 그것은 우연한 사건이었다면서 잊어버리라고 말하는 비겁한 모습도 보인다. 그러나 "삶은 과학적"(*Lord* 105)이라고 믿으면서 상식적이며 현실적으로 사태를 해결하려는 지성을 가진 피기는 합리주의의 목소리를 대변한다. 그는 아이들이 두려워하는 괴물의 실존 자체를 부정하며, 두려워할 존재는 "사람"(*Lord* 105)이라는 통찰을 한다. 자신의 안경을 뺏긴 후에는 그것을 찾으러 가겠다는 당당한 용기를 보이며 자신을 위협하는 잭의 패거리들에게 질서 있는 삶의 가치를 절규한다.

> "너희들처럼 색칠을 한 검둥이패거리가 되는 것과, 랄프처럼 이성을 찾는 것 중에서 어느 것이 더 낫겠니? 규칙을 만들고 지키는 것과 사냥하고 죽이는 것 중에 어느 것이 더 낫겠니? 법을 지키고 구조되는 것과 사냥하고 깨부수는 것 중에 어느 것이 더 낫겠니?" (*Lord* 221-2)

그러나 피기의 질문은 강력한 본능적 희열 앞에서 공허하게 들릴 뿐이다. 결국 현실적인 맥락에서 삶을 응시하던, "피기라 불리던 진실하고 현명한 친구"(*Lord* 248)가 로저(Roger)와 같은 무책임한 소년이 굴린 돌에 맞아 머리가 깨져서 죽는 현실을 통해서, 골딩은 인간이 합리적인 정신으로 삶을 대응하는 것이 얼마나 허무한 지를 상징적으로 보여준다.

브룩이 영상화한 피기의 모습은 골딩의 의도를 적절히 영상으로 옮긴 수작이다. 피기가 처음에는 랄프에게서도 업신여김을 당하고 나중에는 잭의 괴롭힘을 받는 장면 등은, 원작의 경우보다 등장하는 빈도가 적기는 하지만 핵심적인 의미는 잘 전달하고 있다. 피기의 역할을 한 휴 에드워즈는 골딩의 의도를 효과적으로 영상에 옮겨놓았다. 첫 장면에서 과감하게 옷을 벗고 바다로 뛰어드는 랄프와 달리 뒤뚱거리면서 양말을 벗다가 수영을 포기하고 바닷가에 앉아있는 모습, 어린 아이들을 보살피며 그들의 이름을 묻고 정리를 하는 모습, 자신의 별명을 아이들에게 이야기한 랄프에게 따지는 모습, 아이들에게 따돌림을 당하며 나무 둥치 뒤에 숨어있는 모습, 자신에게만 고기를 주지 않자 항의할 때의 표정과 손짓 등은 원작의 디테일을 그대로 살려주면서, 현명하면서도 한편으로는 허약한 피기의 이중적인 모습을 잘 그려낸 부분이다. | 사진 14 | 피기의 특징은 프레임 속의 구도로도 전달된다. 자신의 별명을 다른 아이들에게 폭로한 것에 대해 랄프에게 따질 때, 피기는 화면의 좌측에 정

| 사진 14 | 1963년작. 잭이 잡아온 고기를 얻어먹지 못하고 소외된 피기.

| 사진 15 | 1963년작. 자신의 별명이 피기라는 것을 떠벌린 랄프에게 따지는 피기.

| 사진 16 | 1963년작. 당황해서 사과하는 랄프는 작게 포착된 반면 피기는 크게 잡힘.

| 사진 17 | 1963년작. 나무둥치로 화면을 분할하여 다른 아이들에게 소외당하는 피기의 모습을 시각화함.

면으로 잡힌 반면, 피기에게 사과하는 랄프의 당황한 얼굴이 정면으로 잡힐 때 피기는 화면 좌측에 크게 잡혀서 피기에게 정당성이 부여되고 있다. | 사진 15, 16 | 이후 랄프가 자신의 잘못을 사과하고 피기가 이를 수긍하는 장면으로 이어지면서 카메라는 비대칭적인 포커스를 포기하고 이들의 원근적 배치를 줄이면서 랄프와 피기는 같은 크기로 복귀된다. 아이들의 조롱의 대상이며 집단의 아웃사이더가 된 피기의 처지는 화면 구성으로 전달된다. 비스듬하게 누워있는 큰 나무둥치가 화면의 반 정도를 분할하며 피기는 분할된 화면의 좌측 한 구석, 나무 둥

치 뒤에 숨어있고 이 나무 둥치는 다른 아이들과 피기를 구분해주는 장치로 작용한다. | 사진 17 |

그런데 브룩의 영상서사에서 피기가 원작에서 묘사된 것처럼 합리적이고 현명한 친구로 관객에게 각인되었을지는 의문인데, 그것은 바로 시각에 의존하는 영상 매체의 특성 때문이다. 소설에서도 피기의 뚱뚱한 외모와 천식에 걸린 허약한 몸이 묘사되었지만 독자의 뇌리에 남아 있는 것은 피기의 현명한 태도이다. 그러나 영화에서 끊임없이 피기를 눈앞에 보게 되는 관객은 피기의 진정한 속성이 아니라 피기의 뚱뚱한, 소위 열등한 외모를 시각적으로 강요당하고 있다. 피기가 아이들을 모아놓고 자신이 살던 마을이 캠브리지 타운에서 캠벌리로 개명한 이유를 길게 설명하는 부분은 원작에 없는 장면을 브룩이 삽입한 것인데, 아마도 이를 통해 브룩은 아이들을 다루는 피기의 현명한 태도를 강조하려고 한 듯하다. 그러나 영상이 만들어낸 피기의 특징, 즉 열등한 존재라는 강력한 인상을 만회하기에는 역부족인 것으로 보인다. 영상매체의 강력한 시각적 효과가 진정한 의미를 왜곡하는 예는 피기의 죽음을 다룬 장면에서도 나타나는 아쉬운 점이다. 자신의 안경을 찾으러가서 아이들의 잘못을 질책하다가 로저가 굴린 돌에 맞아 피투성이로 쓰러지는 장면에서, 브룩은 굴러 내려오는 돌을 로우 앵글로 찍어서 거의 화면에 꽉 차게 클로즈업하고, 깜짝 놀라며 비명을 지르는 피기의 얼굴, 랄프의 경악한 얼굴, 무심하게 얼어붙은 아이들, 돌을 굴려놓고도 무표정한 로저의 얼굴을 정지 장면으로 일별하여 보여주면서 이 비극적 사건의 의미를 생생하게 전달한다. | 사진 18 | 그러나 이 장면에서도 아이들의 타락과 잔인성은 크게 부각된 반면 원작에서 강조된, 현명한 친구인 피기에 대한 랄프의 절절한 애도는 제대로 전달되지 못하고 있다. 원작의 독자는 현명한 친구를 잃었

| 사진 18 | 1963년작. 로저가 굴린 돌에 맞아 죽은 피기를 보고 경직된 아이들.

다는 랄프의 절규에 공감하게 되지만, 브룩의 영화를 보는 관객은 잔인한 폭력에 희생당한 허약한 존재로서의 피기를 더 기억하게 될 뿐이다. 바로 이 점이 영상서사와 소설서사의 간극을 만들어내는 부분이며 소설 서사를 왜곡할 수 있는 지점이라 하겠다.

훅의 영화에서 피기는 더욱 실망스럽게 재현되고 있는데, 그것은 랄프에 대한 영상화와 밀접하게 연결되어 있다. 랄프를 처음부터 현명한 존재로 설정한 훅의 영화에서 피기가 맡은 역할은 극도로 줄어들 수밖에 없기 때문이다. 피기는 원작이나 브룩의 영화에서처럼 현명한 대안을 제시하는 친구로 재현된 것이 아니라, 랄프처럼 든든한 지도자에게 의존하는 허약한 존재로 부각된다. 심지어 소련군이 와서 자신을 잡아가 올림픽에 참가시키면 어떡하느냐는 어리석은 질문을 피기가 하는데, 훅은 원작에 없는 이 장면을 추가하여 피기의 우스꽝스럽고 어리석은 면모를 강조하고 있다. 원작에서는 현명하지만 열등한 외모 때문에 존재 자체가 잭의 화풀이의 대상이 되는 피기의 부조리한 삶이 강조되었고, 브룩은 피기의 현명한 면을 보여주면서도 동시에 랄프가 피기만 감싼다는 잭의 불만을 거듭 보여주어 인간관계의

| 사진 19 | 1990년 작. 피기를 감싸 안은 모습에서 랄프의 지도자적인 관대한 성품이 드러남.

갈등을 삽입했다면, 혹은 피기가 랄프의 보살핌을 필요로 하는 허약한 존재임을 더 강조함으로써 피기를 랄프의 관대한 성품과 지도자적인 자질을 강조하는 기제로 사용하고 있는 것이다. | 사진 19 | 훅의 영화에서는 자신이 당하는 부당한 상황을 질질 짜면서 하소연하는 피기의 연기가 부담스럽기도 하지만, 피기가 그 외의 다른 역할을 할 수 있는 대안도 없었던 것으로 보인다. | 사진 20 | 훅은 외모로는 피기를 소설에 묘사된 것과 비슷한 인물로 찾았지만 피기의 복합적인 내면의 모습은 그려내지 못한 것이다. 더구나 뚱뚱한 아이가 내포한 부정적인 전형을 훅이 그대로 수용하여 시각적으로 재생산하는 위험한 면모를 보이고 있다는 점에서 더 심각한 문제가 있다.

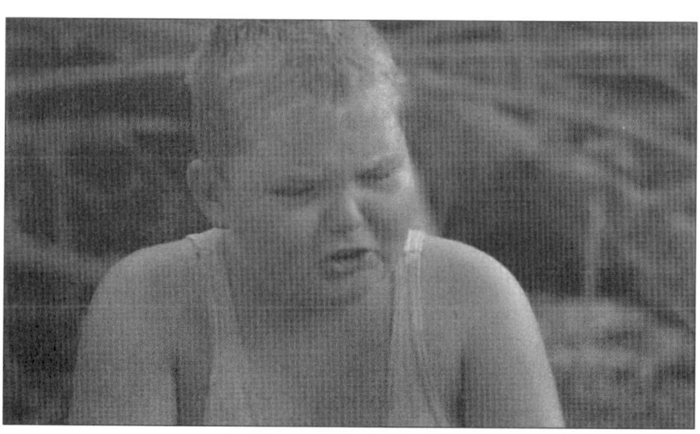

| 사진 20 | 1990년 작. 자신의 처지를 하소연하는 피기의 허약한 모습이 부각됨.

골딩의 소설에서 인간에 대한 예언적 혜안을 가진 존재로 등장하는 사이먼[16]은 인간에게 악한 본성이 내재해있다는 것을 독자에게 직접 "말해주는" 기제로 작동한다. 아이들이 근거 없이 괴물의 존재를 상상하며 두려워할 때, 상식에 따라 초자연적인 존재가 실재한다는 것을 부정하는 현실적인 피기와 달리, 사이먼은 괴물이 분명히 존재하는데 그것은 바로 "사람"(*Lord* 105)이며 "우리"(*Lord* 111)라는 통찰을 한다. 골딩은 사이먼과 돼지머리가 대화를 나누는 환상적인 장면을 삽입하여 사이먼의 통찰을 더 분명하게 전달한다. 사이먼은 아이들이 두려워하는 괴물의 실체를 밝히기 위해 혼자서 산에 올라갔다가 잭이 괴물을 달래기 위해 바친 제물인 꼬챙이에 꽂힌 돼지머리를 보게 되는데 부패한 돼지머리에는 이미 파리떼가 들끓고 있다. 이 돼지머리가 파리 대왕[17]이라는 환상으로 나타나 사이먼에게 말을 걸면서, 바로 자신이 괴물인 동시에 사이먼을 비롯한 아이들에게 내재해 있는 악한 본성이라며 사이먼을 조롱한다.

> "괴물을 사냥해서 죽일 수 있다는 멍청한 생각을 하다니!" 돼지머리가 말했다. 잠시 숲과 희미하게 보이던 다른 것들이 마치 웃는 것 같은 메아리가 울렸다. "내가 너의 일부라는 걸 넌 알고 있었지? 가깝고, 가깝고, 가깝다는 걸! 진전이 없는 이유가 바로 나 때문이란 걸 말야? 왜 현재의 상태로 되어버렸는지를 말야?" (*Lord* 178)

16 골딩은 『산호섬』의 피터킨을 사이먼의 모델로 삼고 있지만 그는 자신이 사이먼을 "예수와 같은 인물"(*Hot Gates* 97)로 창조했다고 밝힌 바 있다. 사이먼이라는 이름은 "피터라 불리던 사이먼", 즉 베드로를 상징하며, 사이먼의 죽음에 대한 묘사는 그의 성자적인 면모를 암시한다(Johnston 15).

17 골딩은 막대에 꽂혀 썩어가는 돼지머리에 파리떼가 들끓는 형상을 파리 대왕이라고 이름 붙였다. 히브리어와 그리스어에서 바알세붑(Baalzebub)이 파리대왕이라는 뜻인데 이후 이 이름은 기독교 문화권에서 마왕, 악마를 의미하게 된다.

파리 대왕이 "내가 너의 일부라는 걸 넌 알고 있었지?"라고 하면서, "우리", 즉 자신과 아이들이 재미를 볼 것이라고 외칠 때, 사이먼은 파리 대왕이 바로 "아이[인간]의 본성에 들어있는 내적 어둠의 외면화"(Johnston 10)라는 것을 확인하게 되는 것이다. 이후 사이먼은 괴물이라고 생각했던 것이 사실은 낙하산 줄에 매달린 비행사의 시체라는 사실을 확인한 후 그 사실을 알리려고 해안으로 달려갔다가 춤을 추며 광란의 잔치를 벌이던 아이들에게 괴물로 오인 받아 살해되는데, 이때 사이먼을 창으로 찌르고 찢어 죽이는 아이들 속에는 로저, 잭, 심지어 랄프와 피기까지 포함되어 있으므로, "우리"의 놀이를 방해하면 그냥 두지 않겠다던 파리 대왕의 예언은 완성된 셈이다. 어둠과 괴물에 대한 막연한 두려움 때문에 생겨난 사고라고 볼 수 있는 이 사건을 계기로 아이들은, 그들을 억제하던 "옛 생활의 금기," 즉 "부모와 학교와 경찰과 법의 보호"(*Lord* 78)를 완전히 벗어버리고 "무책임한 권위"(*Lord* 197)를 행사해도 된다는 자유로움을 느끼며, 그 결과 로저는 백주 대낮에 돌을 굴려 피기를 살해하는 무모한 행동을 벌이는 것이며, 이후 잭 무리는 계획적으로 랄프를 죽이고자 뒤쫓게 되는 것이다.

사이먼과 돼지머리의 대화는 골딩이 소설 전체에서 인물들의 갈등을 통해 독자에게 "보여준" 주제를 다시 한 번 "말하는" 이중 작업이라고 할 수 있다. 이런 작업은 소설의 풍부한 공간으로 인해 가능하며 허용될 수도 있는 반면, 상영 시간의 제약이 있는 영화에서는 부담스럽기도 하며 불필요한 작업이기도 하다. 더구나 사이먼과 돼지머리의 대화와 같은 환상적인 장면은 자칫 영화의 사실성을 손상시킬 위험이 있다. 브룩과 훅은 둘 다 사이먼과 파리 대왕의 대화라는 환상적인 장면은 생략하고 대신 사이먼의 얼굴, 돼지 머리, 거기에 모여든 파리 떼 등을 클로즈업하여 그 장면의 의미를 관객의 상상력에 맡기면서, 영화를 현실

| 사진 21 | 1990년작. 돼지머리와 거기 붙은 파리떼를 보고 놀라는 사이먼.

적 맥락에 올려놓았다. | 사진 21 | 그와 더불어 두 감독 모두 사이먼의 신비적인 면모를 대폭 생략했는데, 대신 공통적으로 강조하고 있는 것은 자연과 인간에 대한 사이먼의 공감과 애정이다. 브룩의 영화에서 도마뱀을 소중하게 안아주는 사이먼의 모습은 훅의 영화에서도 반복되어 나타나면서 사이먼이 자연과 공감하는 인물이라는 점이 강조된다. | 사진 22 | 또 사이먼은 인간에 대한 따뜻한 애정을 가진 인물로 등장한다. 브룩의 영화에서는 고기를 얻어먹지 못한 피기가 불평할 때 랄프는 외면하며 자신의 몫을 뜯어먹는 반면 사이먼은 자신의 몫을 피기에게 건네준다. 훅의 영화에서 사이먼은 정신이 혼미한 기장을 보살피며 물을 찾아 나서며 또 그가 행방불명되자 열심히 찾아다닌다.

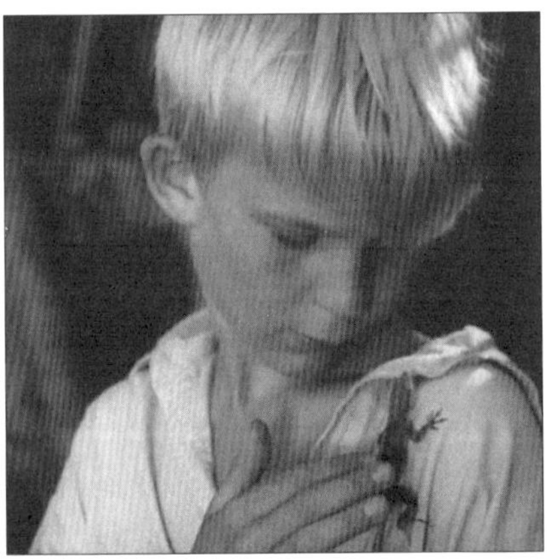

| 사진 22 | 1963년작. 도마뱀을 소중히 다루는 사이먼의 모습을 통해 자연과의 공감을 강조함.

이처럼 인간에 대한 사이먼의 애정을 강조하면서 두 감독은 인간의 진실을 파헤치고자 하는 사이먼의 시도는 축소시키고 있다. 브룩은 괴물의 존재에 대한 아이들의 말을 듣고 있다가 사이먼이, "그건 우리들이야"라고 말하는 원작의 디테일을 그대로 살려내고 있기는 하지만 이후는 그런 예언적 요소를 별로 부각시키지 않는다. 예언자적인 면이 축소된 사이먼의 모습은 괴물의 정체를 발견한 후의 행동을 보여주는 영상에서도 나타난다. 원작에서는 사이먼이 낙하산줄에 얽혀있는 비행사의 시체를 풀어서 자유롭게 해주는 등 적극적인 면모가 강조되지만, 브룩의 영화에서는 비행사의 시체와 마주한 사이먼의 두려움에 질린 작은 모습이 관객의 응시의 대상이 된다. 즉 관객의 시선을 대신하는 카메라는 정면에서 사이먼의 얼굴 부분을 롱 쇼트로 포착해서 화면 가운데에 놓은 후 점점 얼굴을 클로즈업했다가, 바람 부는 대로 움직이는 시체로 포커스를 옮긴다. 곧 카메라는 방향을 바꾸어 사이먼의 놀란 얼굴을 클로즈업한 후 뒷걸음치면서 점점 작아지는 사이먼에게 포커스를 맞추어, 두려움을 느끼는 사이먼을 더 강조한다. | 사진 23 | 혹은 예언적이고 환상적인 사이먼의 특성을 나타내기 위해 사이먼이 두 차례 꿈을 꾼 것으로 설정하여, 기장이 건강해진 모습으로 나타나 구조될 것이라는 말을 전달하는 것과 헬

| 사진 23 | 1963년작. 괴물이라고 여겼던 것이 사실은 죽은 비행사의 시체라는 것을 발견한 사이먼.

기가 폭발하는 꿈을 꾸게 한다. 그러나 막상 이런 꿈들이 사이먼의 예언적 요소와 연결되고 있지는 않다.

사이먼이 죽는 장면은 충격적인 영상으로 효과적으로 전달된다. 괴물의 정체를 알려주려고 산을 내려온 사이먼은 원작에서는 창에 찔리고 찢겨서 죽는 것으로 끔찍하게 표현되는데, 브룩과 훅은 그 장면을 프레임 밖에서 처리하고 있다. 이처럼 프레임 바깥에 두는 것은 어둠, 신비, 죽음과 관계될 때 더욱 효과적인데, 관객은 볼 수 없는 것을 더 두려워하기 때문이다(자네티 62). 사이먼의 죽음은 프레임 밖에서 이루어져 관객의 상상력에 맡겨지면서 실제로 살인행위를 영상화한 것보다 더 무시무시하게 관객의 상상력을 압도한다. 브룩은 별빛을 받은 바다가 반짝일 때 떠다니는 사이먼의 시체와 뒤에서 들리는 아이들의 합창소리를 통해 감히 말할 수 없는 그 행동을 무시무시한 현실로 만들고 있다. 훅 역시 사이먼의 죽음을 브룩과 비슷한 쇼트로 전달하고 있다.

봉화불이 아니라 랄프를 살해하기 위해 숲을 태우는 파괴의 불을 보고 구조대가 나타나 랄프의 목숨을 구하게 되는 결말은 인간의 모순적인 삶을 그대로 반영하는 것이며, 동시에 이 소설을 아이들에 대한 이야기에서 어른에 대한 이야기로 급변시키는 중요한 부분이다. 얼핏 보기에 골딩은 랄프나 피기의 생각과 말을 통해 어른이 질서의 근원임을 피력하는 것으로 보인다. 랄프는 아버지와 살던 과거를 낙원 같은 곳으로 여기며 그리워하고, 피기는 자기를 키워준 고모와 같은 어른이 있었더라면 질서가 무너지지 않았을 것이라면서, 부모나 선생과 같은 어른의 규율을 질서와 동일시한다. 잭을 비롯한 아이들이 어른의 통제의 손길이 없어서 타락한 것을 볼 때 랄프와 피기의 생각은 골딩의 동의를 얻고 있는 듯하다. 실제로 결말에서 어른인 군인 덕분에 파괴행위가 중단되며 랄프는 생명을 건진다.

그러나 어른들만 있으면 모든 것이 해결될 것이라는 순진한 생각은 어린 아이의 환상일 뿐, 어른의 세계가 오히려 악의 근원임을 골딩은 처음부터 명시하고 있다는 점을 간과해서는 안 될 것이다. 아이들이 무인도에 표류하게 된 것은 어른들이 핵전쟁을 일으켰기 때문이며, 아이들에게 공포를 일으켰던 괴물은 섬의 상공에서 치열하게 전투를 벌이던 중 추락한 비행사의 시체이므로, 어른세계는 건강한 질서의 세계가 아니라 "인간의 더 큰 어둠과 악"(Gindin, *Golding* 29)을 반영할 뿐이다. 따라서 구출된 소년들은 낙원으로 돌아가는 것이 아님은 물론이거니와, 바람직한 현실세계로 되돌아가는 것도 아니고, 핵전쟁이 일어난 죽음과 파괴의 세상으로 돌아가는 것에 불과하다는 것이 현실에 대한 골딩의 진단이다. "너는 온 곳으로 되돌아갈 거야"(*Lord* 137)라는 사이먼의 예언이 아이러니컬하게 실현되는 셈이다.

현실에 대한 골딩의 이런 비관적인 인식은 랄프가 마침내 만나게 되는 어른의 무심한 모습에 대한 골딩의 시니컬한 시선에 분명히 드러나 있다. 랄프가 생명을 빼앗기게 될 위급한 순간에 해변에 나타난 해군 장교는, 절망적으로 도망치다 모래밭에 나뒹그러진 랄프와 온몸에 칠을 한 채 뒤쫓아온 아이들을 번갈아 쳐다보면서 잠시 당황하지만 진실을 찾아내려고 하기보다는, "재미있는 놀이"(*Lord* 246)를 하고 있느냐고 물으면서 참혹한 현실을 애써 외면한다. "영국소년들이라면… 이보다는 더 나은 모습을 보일 것으로 여겼는데"(*Lord* 248)라는 안이한 시각을 가진 장교는 어른을 대표하는 존재로, 무인도에서 벌어진 참혹한 실상, 즉 사이먼과 피기의 죽음에 대한 진상을 어른들이 파헤칠 가능성이 없다는 것을 시사한다. 더구나 아이들의 타락한 모습을 보면서, "『산호섬』에서처럼 멋진 광경이군"(*Lord* 248)이라고 결론지어버리는 장교의 시각을 통해, 친구를 실제로 살해한 소년들의 악행은 유치한 게임으로 축소되며, 악의 화신이 되었던 잭은, "빨강머리에 특이한 검은 모자 나부랭이를 걸치고 있는 꼬마"(*Lord* 248)로 격하된다는 점에서, 더 큰 악은 바로 어른의 세계라는 골딩의 인식이 확인되며, 그래서 이 소설은 골딩의 비관적인 현실인식을 나타낸다고 여겨지는 것이다.

그러나『파리 대왕』이 비관적인 소설에 그치지 않고 인간의 미래에 대한 일말의 희망을 담고 있다는 것을 보여주는 것이 랄프의 눈물이다. 소설 초반에 무인도에 오게 된 것을 "상상도 못한 꿈이 현실화"(*Lord* 21)된 것으로 여기며 철없이 좋아하던 낭만적인 소년에 불과했던 랄프가 마지막에 흘리는 눈물은, 그가 인간에 대한 깨달음을 얻었다는 것을 보여주기 때문이다.

> 아이들 한가운데서, 지저분한 몸에, 머리카락은 엉겨 붙은 채로, 콧물을 흘리며, 랄프는 순수의 종말에 대해, 인간 마음의 어둠에 대해, 피기라 불리던 진실하고 현명한 친구가 공중을 가르며 떨어진 것에 대해 울었다. (*Lord* 248)

사이먼은 신성한 존재이지만 자신의 혜안을 전달하지 못하며, 피기의 현실적 지혜는 악을 이기지 못한 반면, 인간의 본성에 대한 깨달음을 얻은 랄프는 살아남았고 그 깨달음을 문명사회로 전달할 가능성을 담지하고 있다는 점에서, 인간의 삶이 건강해질 수 있다는 골딩의 비전을 역설적으로 보여주고 있는 것이다.

브룩의 결말은 원작에 나타난 인간에 대한 비관적인 견해와 실낱같은 희망을 제대로 포착하여 영상에 옮기고 있다. 솟아오르는 검은 연기, 필사적으로 달아나는 랄프, 살인욕구에 사로잡힌 아이들의 모습은 나락 끝에 떨어진 인간의 비극을 강렬한 영상으로 제시한다. 도망치다가 해변가에 널부러진 랄프의 모습을

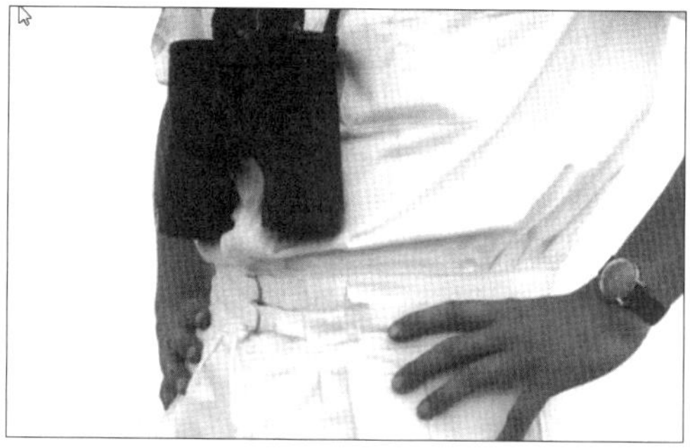

| 사진 24 | 1963년작. 하얀 제복, 허리춤에 올린 손, 손목시계를 클로즈업하여 섬의 상황과의 이질감을 부각시킴.

풀 쇼트로 포커스를 맞추어 집중적으로 보여주던 카메라는 장교의 하얀색 구두로 시선을 옮겨서, 아주 천천히 느리게 위로 올라가면서 장교의 하얀 양말, 하얀 반바지, 하얀 해군 셔츠, 시계, 망원경, 그리고 허리춤에 댄 팔, 어리둥절해하는 얼굴까지 천천히 응시한다. | 사진 24 | 불쾌할 정도로 느린 카메라는 장교의 어리둥절해하는 얼굴에서 멎은 후 방향을 바꾸어, 무서운 속도로 달려오다가 놀라서 멈추어선 채 옹기종기 모여 있는 아이들을 보여준다. 살인까지 할 수 있었던 잔인한 존재로 부각되었던 아이들은 부조리할 정도로 새하얀 제복을 입은 해군 앞에서 전쟁놀이를 하는 꼬마들로 격하되어 버린다. 이 부조리한 대조를 카메라는 침묵 속에서 응시하다가, 곧이어 눈물을 흘리는 랄프의 얼굴을 클로즈업하는데, 이 표정 속에서 브룩은 랄프의 안도감, 비애감, 인간의 악함에 대한 각성을 통합

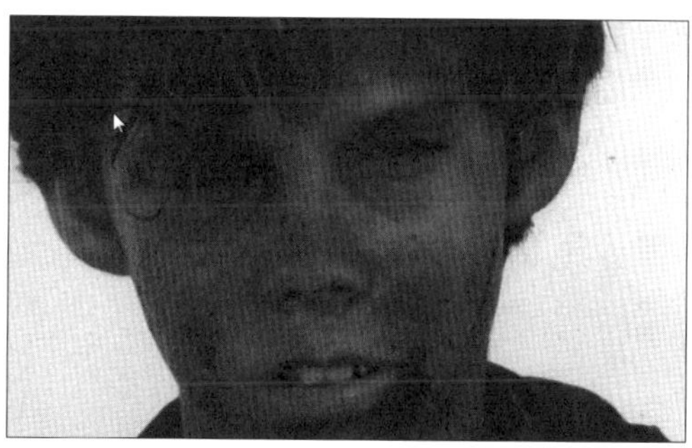

| 사진 25 | 1963년작. 인간의 숨은 본성에 대한 깨달음을 얻는 랄프의 눈물.

적으로 전달한다. | 사진 25 | 이런 브룩의 결말이 어른의 부조리에 대한 강력한 상징으로 읽힐 수 있는 것은, 영화의 첫 장면에서 핵전쟁을 시사하는 스틸사진의 시퀀스가 효과적으로 제시되었기 때문이다. 결과적으로 브룩의 영화는 원작의 디테일을 충실히 재현하면서 원작의 주제를 전혀 다른 매체인 영상언어로 전달할 수 있는 가능성을 보여준 모범적인 사례로 볼 수 있다.

훅의 결말 부분의 영상도 브룩의 영상과 크게 다르지 않다. 해변가에 나동그라진 랄프, 뒤이어 쫓아온 야만적인 모습의 아이들, 카메라가 랄프의 시각을 쫓아 군인의 발부터 위로 차츰 올라가며 얼굴을 클로즈업 하는 것, 눈물을 흘리는 랄프의 얼굴에 대한 클로즈업 등, 훅도 브룩과 비슷하게 쇼트를 운영하고 있다. 그런데 훅의 결말이 브룩의 결말이 주는 깊은 감동과 상징적 효과를 주지 못하는 것은 왜일까? 그 큰 이유는 브룩의 첫 장면에서 보여준 상황이 빠져있기 때문이다. 브룩의 영화에서는 원작과 마찬가지로 어른이 일으킨 핵전쟁으로 인해 아이들이 무인도에 표류한 것으로 그려져 어른 세계의 부패가 암시되고 있지만, 훅은 아이들이 난파하게 된 원인을 영화에서 생략했

| 사진 26 | 1990년작. 야만인이 되어버린 아이들을 한심한 시선으로 바라보는 미군 해병 장교

으므로, 소년들의 타락은 어른의 세계와 단절되었기 때문에 생긴 그들 만의 문제로 한정되면서 랄프의 눈물의 의미도 축소된다. 따라서 결말에 등장하는 용감한 미군 해병대는 질서를 상징하며, 아이들을 한심하게 바라보는 해병 장교의 시각은 타락한 아이들의 세계와 흔들림 없이 탄탄한 자신의 어른세계를 분리하고 있다. | 사진 26 | 이처럼 훅의 영화는 브룩의 쇼트와 비슷한 쇼트를 사용하고 있으면서도 전체적인 맥락을 연결하지 못했기 때문에 깊은 의미를 이루어내는데 실패한 것이다.

V. 맺음말

지금까지 골딩의 원작소설『파리 대왕』과 그것을 충실하게 각색한 브룩과 훅의 <파리 대왕>을 분석하면서 원작소설에 나타난 작가의 의도가 영상서사를 통해 어떻게 효율적으로 재현되는지를 살펴보았고, 감독과 영상화 시점의 환경에 따라 영화가 어떻게 차이를 보이고 있는지도 살펴보았다. 두 영화가 대체로 원작자 골딩의 의도를 충실하게 재현하려는 목표를 가지고 있음에도 불구하고, 인간이라는 존재에 대한 골딩의 냉철한 인식과 비전을 세세한 디테일까지 살리면서 충격적인 영상으로 각인시켜준 브룩의 영화와 달리, 훅의 영화는 골딩의 주제를 선과 악의 대결이라는 이분화된 구도로 단순화시켜버림으로서 실패한 영화로 평가된다. 실패의 한 요인은 랄프를 처음부터 영웅적인 리더로, 잭을 그에 대비되는 악한 존재로 평면적으로 설정한 것으로, 그로 인해 훅은 모든 인간에게 내재해 있는 악의 실재에 대한 골딩의 복합적인 통찰을 제대로 영상화하지 못한 것이다. 또 브룩은 쇼트와 앵글, 프레임, 인물의 구도 등으로 이루어진 영상언어를 잘 활용하여 골딩의 소설 서사를 생생하고 강력한 이미지들로 비주얼화하여 예술적으로 완성된 영상서사로 완성한 반면, 훅은 단조로운 쇼트와 인물배치로 일관하여 효과적인 영상을 만들어내는데 실패하고 있다.

그러나 브룩의 뛰어난 영상은 아이러니컬하게도 영상매체의 한계를 보여주는 계기가 되기도 한다. 우리는 피기에 대한 영상화에서 감독의 의도와 상관없이 영상이 관객을 오도하는 중요한 예를 경험했다. 소설에서 피기는 뚱뚱한 모습으로 묘사되지만 그의 외모는 곧 잊혀지고 그의 현명함이 독자의 뇌리에 남는 반면, 끊임없이 관객을 시각적으로 자극하는 영화에서는 피기의 현명함보다는 그의 외모가 더 관객의 뇌리에 각인되면서 피기를 지혜로운 인물로 제시하려는 감독의 의도가 관객의 호응을 얻는데 실패하고 있다. 실제로 소설에서는 못생긴 주인공이 독자의 공감을 얻는 것이 가능하지만, 영상에서는 거의 다 잘 생긴 주인공으로 바뀌어 등장하는 현실은 영상예술의 시각적 독점력을 증거한다. 결국 시각적 인상이 감독의 의도를 장악하게 되는 시각예술의 한계를 어떻게 극복할 지가 영상서사의 숙제라고 할 수 있겠다.

참고문헌

이형식. 『영화의 이해』. 서울: 건국대출판부, 2001.

이형식 · 정연재 · 김명희. 『문학텍스트에서 영화텍스트로』. 서울: 동인, 2004.

자네티, 루이스. 『영화의 이해: 이론과 실제』. 김진해 역. 서울: 현암사, 1999.

Biles, Jack I. *Talk: Conversations with William Golding*. New York: Houghton Mifflin Harcourt, 1971.

Ebert, Roger. "Lord of the Flies." *rogerbert.com*. n.p. March 16, 1990. Web. 10 April, 2010.

Gindin, James. *William Golding*. London: Macmillan, 1988.

_____. *Harvest of a Quiet Eye: The Novel of Compassion.* Bloomington: Indiana UP, 1971.

Golding, William. *Lord of the Flies.* 1954. London: Faber and Faber, 1981.

_____. *The Hot Gates and Other Occasional Pieces.* New York: Harcourt, Brace & World, 1965.

Green, Peter. "The World of William Golding." Page 76-97.

Hodson, Leighton. *William Golding.* New York: Capricorn Books, 1969.

Johnston, Arnold. *Of Earth and Darkness: The Novels of William Golding.* Columbia & London: U of Missouri P, 1980.

Kermode, Frank. "Golding's Intellectual Economy." Page 50-66.

"Lord of the Flies." *Answers.com.* Answers Corporation, n.d. Web. 10 April, 2010.

"Lord of the Flies (1963 film)." *Wikipedia, the Free Encyclopedia.* Wikimedia Foundation, Inc., n.d. Web. 6 April, 2009.

"Lord of the Flies (1990 film)", *Wikipedia, the Free Encyclopedia,* Wikimedia Foundation, Inc., n.d. Web. 6 April, 2009.

Maxwell, Barrie, "Lord of the Flies (1990)." *DVDVERDICT.* n.p. 20 November, 2001. Web. 10 April, 2010.

Page, Norman. Ed. *William Golding: Novels, 1954-67. Casebook.* London: Macmillan, 1985.

Peter, John. "The Fables of William Golding." Page 33-45.

Subbarao, V. V. *William Golding: A Study.* New York: Vantage Press, 1987.

프랑스 중위의 여자

The French Lieutenant's Woman

소설의 전지적 시점과 영화적 변용

배현_목포대학교

* 이 글은 2010년 9월 30일 발간된 『영어영문학21』 제23권 3호에 게재된 「존 파울즈 서술기법의 영화적 변용」이라는 필자의 논문을 원용하고 재고성해 쓴 글이다.

I. 존 파울즈의 소설 『프랑스 중위의 여자』

존 파울즈(John Fowles, 1926-2005)는 영국의 현대 소설가로는 드물게 전문 연구자들과 일반 독자로부터 동시에 인기를 누리는 작가이다. 고대로부터 현대에 이르는 서양의 고전과 문명사, 그리고 신화에 대한 깊은 이해를 바탕으로 한 파울즈의 소설 세계는 인간의 본질과 자신의 참된 자아에 대한 현대인의 실존주의적 탐색이라는 주제를 중심으로 펼쳐진다. 처녀작인 『콜렉터』(*The Collector*)(1963)로부터 『마법사』(*The Magus*)(1965, 1977), 『프랑스 중위의 여자』(*The French Lieutenant's Woman*)(1969), 『칠흑의 탑』(*The Ebony Tower*)(1974), 『다니엘 마틴』(*Daniel Martin*)(1977), 『만티사』(*Mantissa*)(1982), 그리고 『유충』(*A Maggot*)(1985)에 이르기까지 파울즈의 소설은 다양하면서도 심오한 주제 의식과 독창적이고 실험적인 소설 기법으로 인해 주목을 받아 왔다. 역사와 문명의 발전과 퇴보에 대한 성찰, 진화의 주체인 여성과 퇴화의 대상인 남성의 대립, 예술의 생명력과 과학의 비생명적 속성에 대한 로렌스 류의 관심, 고대 신화와 문명사에 대한 T. S. 엘리엇적인 탐색, 신과 인간의 자유의지에 대한 성찰, 움베르토 에코 풍의 지적 유희, 사랑과 소유, 인간 내면의 외설적 충동 등이 파울즈의 작품에서 발견되는 중요한 주제의 목록이다.

한편 소설 미학적인 차원에서 파울즈는 연구자들의 특별한 관심과 비평의 대상이 되어 왔다. 파울즈의 소설 기법은 대단히 다양한 스펙트럼을 가지고 있다. 그는 사실주의 소설 양식의 유용성을 신봉하는 전통주의자로 평가받는가 하면, 포스트모더니즘 시대의 특징적인 표현 양식인 메타픽션의 대표적인 작가로 거론되기도 한다. 작가로서의 이력 초기인 1963년, 그는 『콜렉터』에 대해 언급하면서 "이제 우리는 영국 소설의 위대한 전통, 곧 사실주의로 복귀할 필요성이 있다"(Newquist 220)고 역설하였고, 자신의 중요한 작품을 모두 발표하고 난 뒤인 1984년 한 인터뷰에서, 당시 유행하던 해체주의와 구조주의 이론 등이 지나치게 지성적인 것을 강조하는 경향을 자신이 『만티사』에서 조롱의 대상으로 삼았다고 고백하기도 했다(Barnum 198). 이러한 작가 자신의 언급에도 불구하고 파울즈는 사실주의라는 소설의 견고한 전통을 그대로 모방하는 대신, 그것을 의도적으로 왜곡하거나 패러디함으로써 실험주의자의 면모를 여실히 드러낸다. 1974년 파울즈에 대한 최초의 단행본 연구서를 펴낸 윌리엄 파머(William Palmer)가 파울즈의 소설 세계를 개관하면서 메타픽션이라는 용어를 사용한 이후 오늘에 이르기까지 파울즈를 아이리스 머독과 존 바스, 토마스 핀천, 그리고 블라디미르 나브코프 등과 함께 소설의 새로운 전통을 모색하는 실험적인 작가로 평가하는 견해가 주류를 이루고 있다.

『프랑스 중위의 여자』는 1967년을 살고 있는 전지적 화자가 꼬박 1세기 전인 1867년에 발생한 사건을 기술하는 서술 구조를 가지고 있다. 1867년 3월, 영국 남서부의 작은 해안 마을인 라임 레지스(Lyme Regis)에는 일 년 중 가장 사나운 동풍이 불고 있다. 그 거칠고 황량한 바닷가, 유서 깊은 성벽을 따라 몰락한 귀족 집안의 예비 상속자인 찰스 스밋슨(Charles Smithson)과 그의 약혼녀인 부유한 사업가의 외동딸 어네스티나 프리먼(Ernestina Freeman)이 산책하고 있다. 거센 바닷바람에 위협을 느낀 그들이 발길을 돌리려는 순간, 찰스는 바다로 뻗어간 방파제 끝, 폐기된 대포의 총신에 기대고 서있는 검은 옷을 입은 여인을 발견하고, 약혼녀의 만류에도 불구하고 위험을 경고하기 위해 그녀에게 접근한다.

우연한 첫 만남에서부터 찰스는 형언할 수 없는 신비로움을 지닌 여인, 사라 우드러프(Sarah Woodruff)에게 자신도 모르게 매혹된다. 이후 화석을 채집하는 아마추어 생물학자인 찰스와 사회로부터 격리된 채 자신만의 영토를 향유하려는 사라는 여러 차례 마을 외곽의 해안 절벽과 원시의 숲을 다니며 조우하게 되고, 찰스는 사라가 이웃 마을에 난파되었던 프랑스 장교와 밀애를 나누었다는 이유로 마을 사람들에게 단죄된 채 위선적인 기독교 윤리로 무장한 폴트니 부인(Mrs. Poulteney)의 집에 의탁하여 스스로의 어리석음과 죄를 속죄하는 삶을 살고 있음을 알게 된다. 그녀에게서 비범한 정신적 능력을 발견한 찰스는 사라에게 현실의 질곡에서부터 벗어나기를 충고하고, 사라는 금지된 장소를 다닌다는 이유로 폴트니 부인의 집에서 추방되었을 때, 그의 제안을 받아들여 라임 지방을 떠나 엑스터(Exeter)로 간 뒤, 찰스를 자신이 묵고 있는 앤디코트 호텔(Endicott's Family Hotel)로 오도록 청한다.

『프랑스 중위의 여자』에서 작가는 세 개의 결말을 제시한다. 런던에서 라임 레지스로 돌아가던 찰스가 엑스터 역에 내렸을 때, 하인인 샘(Sam)에게 마차를 준비하도록 지시하고 그 길로 약혼녀의 곁으로 돌아가 빅토리아조 신사의 의무를 지키는 것이 작품의 첫 번째 결말이다. 그리고 첫 번째 결말이 제시된 뒤, 작가가 소설 속에 등장하여 이 결말이 거짓이었음을 밝히고 찰스가 엑스터 역에서 라임으로 가지 않고 그곳에서 하루를 머무는 두 번째 이야기를 설정한다. 앤디코트 호텔을 찾은 찰스는 사라의 발목 부상으로 그녀를 침실에서 면담하게 되고 그녀의 의도적인 실수에 이끌려 육체관계를 갖게 되는데, 그 결과 그는 사라가 순결을 상실했다는 것도 다리 부상을 입었다는 것도 모두 거짓이었음을 알게 된다. 찰스가 신사로서의 의무감에서 어네스티나와의 약혼을 파기하고 다시 사라를 찾았을 때, 그녀는 행방을 감춘 뒤였다. 이후 엑스터와 런던 구석구석을 뒤져서도 사라를 찾지 못한 찰스는 미국으로 건너갔고, 2년이 지나서야 의뢰했던 사설탐정에게서 사라의 행방을 찾았다는 전갈을 받는다. 그가 찾아간 곳은 전위적인 화가 단테 가브리엘 로제티(Dante Gabriel Rossetti)의 집이었고 그곳에서 신여성, 러프우드(Roughwood)로 변신한 사라를 만난다. 이 두 사람의 재회가 단 한 번의 육체관계를 통해 잉태된 랄라쥐(Lalage)라는 아이를 통해 낭만적인 결론에 도달한다는 것이 두 번째 결말이다. 한편 랄라쥐를 등장시키지 않고 사라가 자신의 진정한 자유를 얻기 위해 모든 것을 희생하는 선택을 했음을 찰스가 깨닫고 자신의 삶의 의미에 대해 실존적인 자각을 얻고 스스로의 길을 떠난다는 것이 세 번째 결말이다.

『프랑스 중위의 여자』는 일차적으로 찰스와 어네스티나, 그리고 사라의 삼각관계를 다룬 애정소설로 읽힌다. 이들 사이의 사랑과 배신, 이별과 재회라는 다소 진부한 바탕 이야기 위에, 작가는 시대의 변화와 계급 갈등, 개인의 실존적 자유를 향한 고독한 선택과 같은 진지한 주제들을 다룬다. 그래서 이 작품은 "번영과 진보"의 시기이면서 동시에 "불안과 고뇌"의 시기였던 영국의 빅토리아 시대에 대한 사회학적 보고서로도 읽힌다. 당대의 영국은 제국의 팽창과 산업혁명의 눈부신 발전, 그리고 과학 기술의 발달로 인해 외형적으로는 역사의 황금기를 구가했으나 과도한 도시화와 빈곤층에 대한 착취 등 자본주의의 폐해로 인해 내부적인 모순과 갈등이 심화되던 시대였다. 작품의 시대적 배경이 되는 1867년은 칼 마르크스의 『자본론』이 출판된 해였고, 1859년 출판된 찰스 다윈의 『종의 기원』은 이천년 동안 서구인의 믿음의 근거가 되어왔던 기독교적 세계관에 심각한 도전을 제기하고 있었다. 이 작품은 이러한 혼란과 갈등의 시대에 영국과 영국인이 겪는 사회적, 경제적, 정신적 충격과 변화를 충실히 그리고 있다.

찰스가 대표하는 빅토리아 시대 귀족계급은 무기력하고 위선적이다. 프리먼 가문이 대표하는 신흥자본가계급은 귀족계급을 경멸하는 동시에 선망하는 속물적인 근성을 보인다. 그들 사이에 정략적인 결혼이 성립되고 이 틈바구니에 샘과 메어리(Mary)로 대변되는 영악하고 생명력이 강한 하류계층이 개입하여 신분상승의 생존 게임을 벌인다. 엄격한 기독교 이데올로기를 대변하는 폴트니 부인은 가혹한 사회적 금기를 내세워 사라를 '마녀사냥'의 희생양으로 삼고 자유의지와 본능, 자발적인 사랑으로 무장한 사라는 이에 저항한다. 이러한 빅토리아 시대의 역사적, 사회적, 종교적 논쟁점들이 이 작품의 저변에 배치되어 있는 치열한 주제의 목록들이다.

다윈의 진화론은 이 작품의 주제와 미학적 구조를 지배하는 가장 중요한 모티브이다. 당대의 다양한 사회 계층을 대변하는 등장인물들은 "적자생존의 법칙"에 서로 다른 방식으로 대응하면서 더러는 진화하고 더러는 퇴화하는 모습을 보인다. 화석을 "채집"하고 "분류"하는 과학정신으로 무장한 찰스는 적자생존을 위한 예술적 감수성을 결여하여 진화의 법칙에 의해 희생되는 인물이다. 그는 사라의 불운을 동정하는 마음과 자신의 낭만적 기질에 이끌려 차츰 그녀에게 사랑을 느낀다. 그가 약혼이라는 사회적 구속의 사슬을 벗어 던지고 사라에게 다가갔을 때, 그녀는 그를 피해 잠적한다. 우월한 사회적 지위가 적자생존을 위한 유리한 조건으로 작용하지 않는 것이다. 이 생존의 게임에서 주도권을 잡고 스스로의 운명을 창조적으로 개척해 나가는 인물은 사라이다. 사라가 폴트니 부인의 집에 스스로를 유폐시키는 삶을 선택했던 것은 그녀에게 가해지는 사회적 편견과 위선적인 인습에 대한 적극적인 저항의 수단이었다. 찰스와의 은밀한 관계가 마침내 그의 사회적 위상을 파멸시킬 수 있는 한계 상황에 도달했을 때, 그녀는 그의 곁을 떠남으로써 찰스에게는 실존적 선택의 기회를 주고 그녀 스스로는 해방을 성취한다. 찰스의 하인으로 등장하는 샘 또한 자연도태의 대상인 찰스를 상대하여 승리를 쟁취하는 적자(The Fittest)의 지위를 차지한다. 그는 찰스의 부도덕한 행위를 프리먼 씨에게 은밀히 제보함으로써 신분 상승의 전기를 마련한다. 주인이 처한 윤리적 모순과 딜레마를 능동적으로 활용하여 새로운 시대의 생존에 적합한 신흥 중산계급에 편입되는 성공을 이루어내는 것이다.

다윈 사상은 등장인물들 사이의 관계, 그들의 운명의 전환을 지배할 뿐 아니라 이 작품에 나타난 작가의 예술론에도 작용한다. 요컨대 파울즈는 빅토리아 시대의 사회상을 충실히 그림으로써 역설적으로 그 가치관의 진정성을 검증하려고 시도하는 한편, 영국 빅토리아조 사실주의 서술기법을 반성적으로 채택함으로써 사실주의 전통의 유용성에 의문을 제기하고 "어떤 문학 장르가 살아남을 것인가?"라는 문학의 진화 법칙에 대해 고민하는 모습을 보여준다. 이를 위하여 이 작품에서 작가는 헨리 제임스 이후 견고하게 구축되어 온 현대 소설의 "보여주기" 전통에서 벗어나 전지적 작가의 자의적인 개입을 서슴지 않는 실험을 시도한다.

파울즈는 소설이 실재를 가장 충실하게 반영하는 문학 장르라는 전통적 견해를 의심하고, 작가의 창작 행위, 소설가의 창조자로서의 권위, 그리고 언어의 의미지시 기능 등에 대해 의문을 제기하였다. 『프랑스 중위의 여자』에서 파울즈는 작가-내레이터-등장인물로 이루어진 고차원의 방정식을 통하여 다양한 모습의 작가 개입을 선보이고, 세 개의 복수 결말을 제시하여 독자와의 유희를 시도하기도 한다. 이런 전위적인 실험들은 신과 같은 지위에서 자신이 창작한 소설의 의미를 결정하는 소설가의 권위에 대한 작가 자신의 의심을 반영하는 것이다. 파울즈의 이러한 태도는 그가 사실주의 서술 방식으로의 복귀를 주장하면서도 한편으로는 거대담론이 사라지고 소설 장르의 유용성이 의심되는 현실을 자각하였고, 또한 '주체의 소멸'이나 '저자의 죽음'과 같은 문제로 고민하는 동시대 소설가들과 인식을 같이하고 있음을 보여준다.

소설의 발생기에 활약했던 사무엘 리처드슨이나 헨리 필딩과 같은 작가들은 자신들의 소설이 예술적 상상력이 만들어낸 픽션이 아니라 실재 일어났던 사건들을 기록한 것이라는 위장된 입장을 취하였다. 한편 19세기의 작가들은 자신들이 창조한 픽션의 세계를 현실인 것처럼 제시하고 독자들은 작가의 권위를 인정하여 그 픽션을 현실로 수용하는 신화적 기반을 가지고 있었다. 그러나 독자와 공유하는 그러한 신화적 기반이 붕괴되어 버린 현대의 작가들은 그들이 창조한 픽션의 세계를 유의미하게 독자들에게 전달하기 위한 새로운 서술 방식을 모색해야 하게 되었다.

『프랑스 중위의 여자』에서 파울즈는 일차적으로 빅토리아 시대의 역사적 현실을 충실히 반영한 사실주의 전통의 픽션을 창조하고, 그것을 다시 현대를 살고 있는 전지적 작가가 적극적으로 개입하는 방식으로 서술함으로써 그 사실주의의 전통을 왜곡하고 풍자하는 전략을 구사한다. 월터 알렌(Walter Allen)은 1970년 『인카운터』(*Encounter*)지에 실린 서평에서 『프랑스 중위의 여자』를 "전통적인 의미의 역사소설"이라고 평했고(66), 랙함(Jeff Rackham) 역시 이 작품을 빅토리아 시대의 삶과 사상에 대한 문화역사적 자료집이라고 평가했다(98). 이러한 평가들은 이 작품이 빅토리아 시대의 전형적인 인물들을 통하여 당대의 사회적 관습과 지적 풍토, 그리고 역사적 사실을 성공적으로 재현하고 있다는 사실에 주목한 것이다.

그러나 『프랑스 중위의 여자』에서 파울즈는 이처럼 리얼리티를 충실히 반영하여 구축된 픽션의 세계가 단지 픽션일 뿐이라는 사실을 독자들에게 끊임없이 상기시키기 위해 전지적 작가를 등장시킨다. 다시 말해서 파울즈는 빅토리아 시대의 역사적 현실을 리얼리즘의 전통에 입각하여 창조한 다음 그것을 포스트모더니즘 시대의 자의식적인 작가의 목소리로 서술함으로써 리얼리즘 서술 양식의 효용성을 전복시키고 독자를 의미 창조의 과정에 개입하도록 유인하고 있는 것이다.

피터 울프(Peter Wolfe)는 이 작품에 등장하는 전지적 화자의 목소리가 찰스 디킨스와 조지 엘리엇 등 빅토리아 시대 작가들의 작품에 등장하는 목소리와 유사하다고 지적하면서 파울즈는 "이야기를 서술해 나가는 동시에, 그 이야기를 비판하고 설명이 필요할 때마다 언제라도 이야기 속에 끼어들기 위해"(126) 전지적 화자를 사용하고 있다고 지적하였다. 요컨대 파울즈가 빅토리아 시대 작가들처럼 리얼리티의 권위를 강화하기 위해 전지적 화자를 사용했다는 것이다. 한편 홈즈(Frederick Holmes)는 파울즈가 이 작품에서 전지적 화자를 통하여 사실을 기록하고 전달하는 전통적인 내러티브의 기능과 허구로 재현된 리얼리티를 검증하기 위해 리얼리티의 환상을 허무는 자의식적인 서술 방식을 교묘하게 혼합하는데 성공하고 있다고 지적하였다.

> 그래서 그는 그가 서술하는 이야기가 허구의 것임을 그 이야기 구조를 허물지 않고도 정기적으로 환기시킨다. 순간적으로 등장인물들이 소설의 맥락을 벗어나 실재를 갖고 있다는 환상을 깨뜨림으로써, 작가는 완전히 새로운 허구적인 배경을 창조할 필요 없이 플롯을 이끌어 나갈 수 있는 것이다. (185)

앞서 지적한 것처럼 이 작품은 1867년에 발생한 사건을 1967년을 살고 있는 화자가 간섭하고 중계하는 구조를 가지고 있다. 1867년 사건의 당사자인 찰스와 사라, 그리고 어네스티나의 스토리는 일종의 "배경 텍스트"(background text)가 되고 그것을 서술하는 1967년의 전지적 작가의 시선은 "전경 텍스트"(foreground text)가 된다. 소설이 시작되는 장면을 살펴보자.

> 영국이라는 땅덩어리가 남서쪽으로 길게 다리처럼 뻗어 내려간 지형의 아래쪽에서 바다가 움푹 파고들어와 형성된 가장 큰 만(灣)에 해당하는 라임 베이에 가장 모질게 부는 바람은 동풍이었다. 1867년 3월 하순, 춥고 세찬 바람이 몰아치는 어느 날 아침, 라임 만이라는 명칭의 유래가 되었던, 별로 크지는 않지만 유구한 역사를 간직한 라임 레지스의 부두를 따라 한 쌍의 남녀가 걸어 내려오기 시작했다. 어떤 호기심 많은 사람이 이들을 지켜보았더라면 당장에 몇 가지 아주 그럴듯한 이야기를 지어낼 수 있었으리라.[1]

이 장면을 서술하는 목소리는 얼핏 3인칭 전지적 시점의 것처럼 들린다. 그런데 곧 이어 작품의 세 번째 문단에 이르러 라임 레지스 마을의 유서 깊은 성벽인 코브(Cobb)를 묘사하는 장면에서 독자는 작가의 의도적인 시대착오 기법과 노골적인 작가의 개입을 만나게 된다.

> 그것은 원시적이면서도 복잡하고, 거대하면서도 섬세하며, 오묘한 곡선과 양감으로 가득 차 있는 것이 마치 헨리 무어나 미켈란젤로의 조각을 연상시켰다. 순수하고 깨끗하며 소금기가 배어 있는 대형 건축물의

1 John Fowles, *The French Lieutenant's Woman* (New York: Signet, 1981) 9. 이후 같은 책에서의 인용은 괄호 속에 쪽수를 표기함.

> 백미와 같은 것이었다. 내가 지나치게 과장하고 있는 것일까? 그럴지도 모른다. 하지만 코브는 내가 쓰고 있는 이 소설의 시대로부터 거의 변하지 않았기 때문에 내 말이 맞는지 직접 확인해 봐도 좋다. 하지만 라임 읍은 많은 변화를 겪었기 때문에, 시선을 육지 쪽으로 돌려 읍을 바라보는 것은 공정한 게임이 아닐 것이다. (9-10)

1867년의 사건을 서술하는 서술자가 20세기의 대표적인 조각가인 헨리 무어를 언급하여 독자를 혼란에 빠뜨리더니 금새 '나'라는 1인칭 화자가 등장하고 그 화자는 자신이 소설을 쓰고 있는 작가라는 정체를 밝힌다.

『프랑스 중위의 여자』에서 '배경 텍스트'를 서술하는 20세기 전지적 화자의 목소리는 지속적으로 등장하여 독자는 배경 텍스트를 읽는 동안에도 늘 그 목소리를 의식하게 된다. 그 목소리는 소설의 첫 장면에 등장한 젊은 남녀의 옷차림을 현대의 패션 스타일과 비교하기도 하고, 과학자의 기질을 가진 찰스의 식견을 말하면서 비행기와 제트 엔진, 텔레비전과 레이더를 언급하기도 한다. 사라의 비범한 지적 능력을 설명하면서 그녀가 한 세기를 뛰어넘어 가슴 속에 컴퓨터를 갖고 태어난 것과 같았다고 말하거나 어네스티나를 소개하면서 그녀가 1846년에 태어나 히틀러가 폴란드를 침공하던 날 사망했다고 하는 장면에서는 일종의 장난기가 느껴지기도 한다.

전지적 화자의 목소리가 지속적으로 들리는 것에 비하여 1인칭 작가의 개입은 간헐적으로 이루어진다. 실제로 1장에서 "내가 쓰고 있는 이 소설의 시대" 운운하며 깜짝 등장한 1인칭 작가의 모습은 2장과 3장이 다 지나도록 다시 나타나지 않기 때문에 독자는 서술자의 목소리가 3인칭 전지적 시점의 것이라고 느끼게 된다. 그러다가 독자들이 3인칭 전지적 화자의 목소리에 익숙해지려는 순간, “그 놀라운 사건은 1866년 봄에 일어났는데, 그러니까 내가 이제까지 이야기했던 시간으로부터 정확히 1년 전이었다”(23)라거나 “나는 사라 우드러프가 왜 폴트니 부인의 심문에 기꺼이 응했는지에 대해 두 가지 명백한 이유를 제시했다”(46)와 같은 방식으로 불쑥 작가의 개입이 이루어진다.[2]

『프랑스 중위의 여자』의 13장은 서술자가 플롯의 진행을 중단하고 장 전체를 1인칭 작가의 목소리로 서술함으로써 독자들에게 지적인 유희를 제공하는 한편 연구자들에게 수많은 비평적 논쟁의 단서를 제공하고 있다.

> 나는 모른다. 내가 지금 하고 있는 이 이야기는 모두 지어낸 것이다. 내가 창조한 인물들은 내 마음 바깥에 존재했던 적이 없다. 내가 이제까지 내 주인공들의 마음과 깊은 생각까지 속속들이 아는 척 해왔다면, 그것은 내가 이 이야기의 배경이 된 시대에 보편적으로 통용되던 관습, 즉 소설가는 신에 버금가는 자리에 있다는 관습 속에서 이 글을 쓰고 있기 때문이다. 소설가라고 해서 모든 것을 알 수는 없지만 늘 아는 척하려고 노력한다. 그러나 나는 엄연히 알랭 로브그리예와 롤랑 바르트의 시대에 살고 있다. 이 이야기가 소설이라고 한다면, 현대적인 의미에서의 소설일 수는 없다. (80)

> 찰스가 절벽에서 사라 곁을 떠났을 때 나는 그에게 곧장 라임으로 돌아가라고 명령했다. 그러나 그는 그렇게 하지 않았다. 그는 자기 멋대로 방향을 돌려 목장으로 갔던 것이다. 아, 어쩌면 여러분은 나에게 이렇게

2 많은 연구자들이 이 작품의 시점을 1인칭 전지적 작가 시점으로 설명하고 있지만 파울즈 자신은 제임스 켐벨(James Campbell)과의 인터뷰에서 『프랑스 중위의 여자』를 3인칭으로 썼다고 했다(463). 이 문제는 별도로 상세한 토론이 필요하기 때문에 이 글에서는 “현대적 시각을 가진 전지적 화자 그리고/혹은 1인칭 개입 작가”라는 입장을 견지하기로 한다.

말할지 모른다. “당신이 글을 쓰는 도중에 문득 찰스로 하여금 목장에 들러 우유를 마시게 하고, 사라를 다시 만나게 하는 편이 더 효과적이라고 생각하지 않았느냐?” 이것은 분명 그때 일어난 일에 대한 하나의 설명이다. 나는 그것을 단지 기록했을 뿐이고 비록 가장 충실한 증인이기는 했지만 그 발상은 분명 내가 아니라 찰스 자신에게서 나온 것이었다. 그는 이제 자율성을 획득했을 뿐 아니라 나는 그의 자율성을 존중해야 한다. (81)

이 장면에서 파울즈는 소설 창작 행위에 대한 자기반영적인 진술을 통하여 자기 이야기 속에 등장하는 주인공들의 운명을 결정하는 권한이 자신에게 주어지지 않았다고 고백한다. 구조주의 이론가들과 동시대를 살고 있는 현대 작가로서 자신이 더 이상 빅토리아 시대 소설가들이 누리던 신과 같은 지위를 누릴 수 없다고 말한다. 찰스가 자신의 지시를 이행하기 않고 자기 멋대로 행동하는 자율성을 발휘하는데 자신은 그 자율성을 존중할 수밖에 없다고 불평한다.

그러나 이러한 파울즈의 고백은 위장된 고백이다. 그리하여 그는 소설의 같은 장에서 자신의 신념을 수정하여 제시한다.

가장 전위적인 현대 소설조차 작자를 완전히 배제하지 못하는 것이 현실인 이상 소설가는 창조하기 때문에 여전히 신이다. 변한 것이 있다면 오늘날의 소설가는 빅토리아 조의 전지전능하고 명령하는 그런 이미지를 가진 신은 아니며, 권위가 아니라 자유를 제1원리로 삼는 새로운 신학적 형상을 가진 신이라는 사실이다. (82)

실제로 작가의 의도로부터 완전히 독립적인 주인공의 자유 의지란 언어의 유희에 불과한 것이다. 캠벨과의 인터뷰에서 파울즈는 이 문제에 대한 자신의 소신을 피력하는데, 캠벨이 그에게 사르뜨르의 “소설가는 신이 될 수 없다”는 선언에 찬성하는지를 물었을 때 다음과 같이 대답한다.

> 소설가가 신이 아니라고 혹은 신인 척 할 수 없다고 말하는 것은 어리석은 일이다. 소설을 쓸 때 작가는 잠재적으로 독재자가 된다. 소설가가 작품 속에서 제거하거나 변경하려는 의지를 가진 것 가운데 소설 속에 남아 있을 수 있는 것은 아무 것도 없다. (463)

그 대신 파울즈는 새로운 신학적 원리에 의해 작용하는 신의 개념을 주장한다. 이제 현대의 소설가는 작품의 의미를 재단하고 규정하여 선포하는 절대적인 권위를 가진 신은 아니라 작가로서 자신의 자유를 누리기 위해 등장인물들의 자유를 허용할 수밖에 없는 새로운 개념의 신이라고 말한다. 이때 등장인물들에게 허용된 자유는 기실 독자에게 돌아가는 자유, 곧 작품의 의미 결정에 참여하는 독자의 권한을 의미한다.

한편 “소설을 쓰고 있는 작가인 나”의 목소리로 내러티브를 간섭하던 진짜 작가 파울즈는 몇 차례 결정적인 순간 소설 속에 등장인물로 나타나기도 한다. 55장에서 찰스가 런던으로 돌아가기 위해 기차를 탔을 때, 구레나룻이 더부룩하고 실크해트를 반듯하게 쓴 마흔 살 가량의 신사가 같은 객실 맞은편에 앉아 찰스를 찬찬히 관찰하는데, 작가는 “이 신사 양반의 얼굴은 내가 너무나 잘 알고 있는 얼굴이다. 이제 나는 더 이상 위장하지 않고, 내가 바로 그 신사라는 것을 인정하겠다.”(317)고 고백한다. 또한 찰스가 사라와 재회하여 화해를 이루는 작품의 두 번째 결말이 제시되고 난 뒤인 61장에서, 작가는 첼시가(街) 로제티의 집 바깥에 세련된 차림새의 오페라단 흥행주의 모습으로 등장하여 자신의 회중시계를 15분 전으로 되돌림으로써 필름을 거꾸로 감듯 이야기를 되돌려 작품의 최종적인 결말을 다시 시작하는 역할을 담당하기도 한다.

이처럼 『프랑스 중위의 여자』에서 '배경 텍스트'를 구성하는 사건은 19세기 중엽에 발생하고, 그 사건을 '전경 텍스트'의 형식으로 20세기 전지적 화자가 논평적으로 서술하다가, 불쑥불쑥 그 전지적 화자의 목소리가 작가의 것임이 밝혀지고, 다시 작가는 스스로 등장인물이 되어 소설 속에 모습을 드러내기도 한다. 그래서 이 작품에서 파울즈가 서술양식과 시점을 중심으로 구사하고 있는 현란한 기교는 마치 방정식의 미지수가 하나씩 추가되면서 한 차원씩 높아져가는 고차방정식을 상기시킨다.

현실 세계에 견고하게 뿌리를 내린 안정된 리얼리티를 충실하게 반영하여 픽션을 창조하는 기능이 소설의 가장 중요한 특성으로 인식되어 왔다. 그러나 현대에 이르러 진리가 유동적이고 인간의 실존 자체가 부조리한 것으로 판명되었을 때, 그 불안정한 실재를 가공하여 박진감 있고 의미 있는 픽션을 창조하는 어려운 과제가 현대의 소설가들에게 주어졌다. 앞서 파울즈가 『프랑스 중위의 여자』에서 리얼리티를 반영한 픽션의 세계가 단지 픽션일 뿐이라는 사실을 독자들에게 상기시키기 위해 전지적 작가를 등장시켰다고 지적하였다. 이 작품에서 그가 구사하고 있는 "전지적 화자" 그리고/혹은 "1인칭 작가의 개입", "작가-등장인물"의 설정과 같은 고차방정식은 바로 리얼리티를 소설 속에 어떻게 그려낼 것인가, 그리고 소설이 과연 실재를 재현하는 유용한 수단인가에 대한 작가의 고민이 반영된 것이다.

2. 존 파울즈 작품의 영화화 작업

존 파울즈의 초기 대표작에 속하는 『콜렉터』와 『마법사』 그리고 『프랑스 중위의 여자』는 모두 영화로 제작되었다. 1963년 소설로 발표되었던 『콜렉터』는 1965년에, 그리고 1965년에 출판된 『마법사』가 1968년에 각각 미국에서 영화로 제작되었으니 비교적 영화화 작업이 신속히 이루어진 셈이다. 그에 비해 1969년 작인 『프랑스 중위의 여자』는 12년이 경과한 1981년 영국에서 영화로 제작되었다.

『콜렉터』와 『마법사』를 원작으로 한 두 편의 영화는 거장 감독이 연출하고 당대의 명배우들이 출연했음에도 불구하고 비평가들로부터 높은 평가를 받지는 못했다.[3] 파울즈 또한 이 두 작품에 대한 자신의 불만을 핼펀(Daniel Halpern)과의 인터뷰에서 다음과 같이 고백했다.

> 이 두 편의 영화 모두 마음에 들지 않는다. 『콜렉터』는 봐 줄만 하지만, 그래도 원래의 의도대로 저예산 흑백영화로 소박하게 만들었어야 했다. 사실은 프랑스 감독 로베르 브레송(Robert Bresson)에게 연출을 맡기려 했고, 그가 했더라면 훌륭하게 해냈을 텐데 불행하게도 할리우드로 갔다. 두 번째 영화인 『마법사』는 끔찍하다. 이 영화는 1960년대 만들어진 최악의 필름 중 하나다. . . . 이 영화의 시나리오를 내가 썼기 때문에 엔드 크레딧에 내 이름이 올라가기는 하지만 감독과 제작자들을 만족시키기 위해 많은 수정을 해야 했고 정말 말이 되지 않는 결과를 낳았다. 감독도 캐스팅도 엉망이었고 결국 재앙으로 끝났다. (44)

3 『콜렉터』는 명장 윌리엄 와일러(William Wyler)가 감독했고 클렉(Clegg) 역을 맡은 테렌스 스탬프(Terence Stamp)와 미란다(Miranda) 역을 맡은 사만다 에거(Samantha Eggar)가 1965년 제18회 깐느영화제에서 남우주연상과 여우주연상을 동시에 수상했으며, 가이 그린(Guy Green)이 감독한 『마법사』에서는 마이클 케인(Michael Caine)이 니콜라스 역을, 앤서니 퀸(Anthony Quinn)이 콘치스 역을, 그리고 캔디스 버겐(Candice Bergen)이 릴리/줄리의 역을 맡았으니 가히 호화 캐스트라는 평을 들을 만했다.

『콜렉터』와 『마법사』의 실패는 우선 소설을 원작으로 영화를 제작할 때 발생하는 일반적인 제약이 그 원인이었던 것으로 보인다. 시간적 제약을 거의 받지 않는 소설에 비해 영화는 상영 시간을 고려하고 제작비를 감안해야 하는 외형적인 제약으로부터 자유롭지 못한 특성을 지닌다. 그래서 소설을 원작으로 제작된 거의 모든 영화는 원작의 스토리를 변형, 축소하여 촬영하고, 촬영한 뒤에도 편집과정을 통해 다시 일정 부분을 삭제하는 과정을 겪게 된다. 파울즈는 또한 소설과 영화가 서로 다른 장르라는 인식을 갖고 있었던 것으로 보인다.

> 실제로 소설은 영화와 아무 관련이 없는 예술이다. 소설과 영화는 전혀 다른 예술 형식이다. . . . 소설은 영화가 할 수 없는 수 백 가지를 해낼 수 있다. 영화는 과거를 엄밀하게 묘사할 수 없고, 옆길로 벗어날 수도 없으며, 무언가를 배제할 수 없다. 영화가 정말 특별한 것은 화면 속에 어떤 특정한 의자, 어떤 의상, 그리고 장식이 꼭 등장해야 한다는 점이다. 하지만 소설에서는 이 모든 것을 배제하고 이야기할 수 있다. . . . 소설에는 무한한 선택의 자유가 있다. (Halpern 45-6)

파울즈가 영화에 대해 이런 견해를 갖고 있었음에도 불구하고 자신의 소설을 영화로 제작하는 일에 지속적인 관심을 갖고 있었다는 것은 다소 이율배반적으로 보인다.

한편 이처럼 소설을 영화화할 때 직면하는 일반적인 문제에 더하여 파울즈가 이 두 작품에서 구사하고 있는 몇 가지 개성적이고 독창적인 서술 기법 또한 영화가 실패했던 원인이 되었다. 『콜렉터』에서 파울즈는 동일한 사건을 두 개의 상반된 시점을 통해 이중적으로 서술하는 양식을 사용하였다. 소설의 두 주인공이 자신들의 경험을 주관적 관점에서 각각 1인칭으로 서술하는 방식은 두 인물이 속해있는 세계가 극단적으로 이질적인 세계임을 보여주는 동시에 서로의 스토리에 대해 상호텍스트적인 기능을 수행하게 한다. 그런데 영화에서는 미란다의 일기 부분이 송두리째 삭제되고 그녀의 정신적 스승으로 등장하는 G. P. 등 중요 인물들의 스토리가 완전히 생략됨으로써 원작이 표현하고 있는 입체적인 효과를 전혀 살리지 못한 평면적인 작품으로 전락해 버린 것이다.

『마법사』는 주인공인 니콜라스(Nicholas Urfe)의 1인칭 시점에 의해 서술이 진행된다. 니콜라스의 서술은 비교적 간결한 문체로 진행되며 무미건조하고 사실적인 특징을 갖고 있다. 하지만 그가 그리스의 외딴 섬에서 겪는 체험은 현실과 허구의 세계가 교묘하게 교차하고, 불가사의한 인물 콘치스(Conchis)가 고백한 과거가 니콜라스의 눈앞에서 메타시어터의 형식으로 재현되는 등 아주 복잡한 구성을 갖고 있다. 대단히 구체적이고 정교하게 조직되어 니콜라스가 리얼리티라고 파악한 것들이 순식간에 픽션으로 판명되어 부서져버리고, 다음 순간 그에게 또 다른 픽션의 세계가 엄숙한 현실성을 가지고 제시되는 일이 되풀이된다. 주인공의 체험이 마치 상자 속에 작은 상자가 계속 중첩되어 있는 차이니스 박스처럼 전개되는 『마법사』의 구성은 이 작품을 영화로 제작하는 데 난관으로 작용하였다.

『프랑스 중위의 여자』를 영화로 제작하는 과정에서도 작가 고유의 서술기법을 영화적 문법으로 치환하는 일이 난제로 작용하였다. 원작이 채택하고 있는 '19세기 사건을 서술하는 현대 전지적 화자의 목소리'와 '1인칭으로 등장하는 작가의 개입'을 영화적으로 표현할 수 있는 적절하고 효과적인 기법을 고안하는 일이 핵심적인 과제가 되었던 것이다. 파울즈 자신도 헤럴드 핀터(Harold Pinter)가 쓴 시나리오에 붙인 서문에서 "빅토리아 시대 중반과 현대라는 양쪽의 시점에서 서술되는 이 작품의 구조가 영화화가 늦어진 이유였다"고 말하고 있다("Forward" x).

『프랑스 중위의 여자』를 영화화하는 작업은 핀터가 각본을 쓰고 카렐 라이스(Karel Reisz)가 감독을 맡기로 하면서 순조롭게 진행된다. 핀터가 『생일파티』(*The Birthday Party*)(1958)와 『관리인』(*The Caretaker*)(1960)의 성공에 힘입어 이미 세계적인 작가의 대열에 올랐고, 라이스 또한 『토요일 밤과 일요일 아침』(*Saturday Night and Sunday Morning*)(1960)과 『맨발의 이사도라』(*Isadora*)(1968)를 연출하여 세계적 명성을 얻고 있던 상황이었기 때문이 이들의 참여는 이 영화의 성공에 대한 기대를 높였을 것으로 생각된다.

감독과 각본을 쓸 사람이 정해지고 영화화가 진행되었기 때문에 시나리오 작업에서부터 핀터와 라이스 사이에 의사소통이 있었을 것으로 짐작된다. 소설을 원작으로 영화가 제작되었을 때 보통의 경우 연구자들은 문자 텍스트와 영상 텍스트를 비교 연구한다. 그런데 이 작품의 경우 핀터가 쓴 시나리오를 포함하여 모두 세 개의 텍스트가 연구 대상이 되는 것은 아무래도 현대 부조리극의 대가로 평가되는 해롤드 핀터의 위상에 힘입은 것으로 보인다. 예를 들어 피터 콘라디(Peter Conradi)와 쇼사나 내프(Shoshana Knapp) 등은 핀터의 각본이 원작을 변형하거나 추가한 내용과 편집 과정을 통해 삭제된 장면들을 상세히 검증하였는데[4] 이 글에서는 파울즈의 원작과 완성된 영화본을 중심으로 토론하기로 한다.

4 다음은 콘라디와 내프의 논문이 지적한 몇 가지 중요한 사항들이다. 샘과 메어리의 사랑 이야기는 핀터의 각본에 포함되어 있어서 촬영되었지만 메인 스토리를 가린다는 이유로 편집과정에서 삭제되었다. 찰스의 백부와 관련된 이야기도 촬영했지만 역시 편집 과정에서 삭제되었다. 활 쏘는 어네스티나의 모습과 테니스 치는 찰스의 모습은 핀터의 아이디어였다. 원작 39장에 나오는 찰스와 친구들의 런던 밤거리 유흥 장면은 시나리오에는 포함되었으나 경비 문제로 촬영하지 않았다.

3. 카렐 라이스 감독의 영화 『프랑스 중위의 여자』

(1) "영화 속 영화"

소설 『프랑스 중위의 여자』가 채택하고 있는 "전지적 화자"와 "1인칭 작가의 개입"이라는 서술 기법에 대해 핀터가 찾아낸 영화적 대응장치는 "영화 속 영화"(film-within-the-film)라는 방법이었다. 이 아이디어는 원래 라이스 감독이 제안한 것을 핀터가 수용한 것으로 알려졌는데(Conradi 49), 찰스와 사라의 19세기 러브 스토리를 영화로 제작하는 로케이션 현장을 일종의 격자(frame)로 사용한 것이다. 요컨대 여주인공 메릴 스트립(Meryl Streep)은 영화 속에서 미국 출신의 여배우 애나(Anna)의 배역을 맡고 제레미 아이언스(Jeremy Irons)는 런던에 거주하는 남자 배우 마이크(Mike)의 배역을 연기한다. 이들은 영화 속에서 영화로 제작되는 『프랑스 중위의 여자』에 캐스팅되어 찰스와 사라의 배역을 연기하는 동안 로케이션 현장에서 비밀스러운 사랑을 나눈다.

<프랑스 중위의 여자> (1981)

영화 전체에서 14개의 장면으로 제시되는 애나와 마이크의 "촬영현장 사랑이야기"(location romance)는 파울즈의 소설을 영화로 제작할 때 발생하는 수많은 난제들을 대단히 효과적으로 해결한 독창적이고 탁월한 장치라는 평가를 받았다. "영화 속 영화"라는 장치는 원작 소설이 갖고 있는 노골적인 작가의 개입, 복수의 결말, 소설 창작에 대한 자기반영적 태도 등과 같은 문학적 특성을 성공적으로 영화적 문법으로 치환한다. 그리고 그 과정을 통해 원작이 지닌 어떤 특성을 충실히 재현하기도 하고, 원작의 심오한 차원을 보여주기에 미흡한 측면을 드러내기도 하며, 혹은 원작과는 상이한 영상 미학을 창조해내기도 했다.

영화의 첫 장면은 거울을 보며 분장을 확인하는 여배우 애나의 모습이 화면에 나타나고 감독이 보이스 오프(voice off-screen)로 "좋아요. 준비됐나요, 애나?"라고 확인하는 목소리가 들린다. 곧 이어 스텝들이 화면에서 벗어나면서 크래퍼보드(clapper-board)가 나타나고 감독의 "액션!"이라는 외침이 들린다. 그 다음 화면은 카메라 워크가 롱 테이크(long take) 방식을 2분 이상 끌고 가면서 영화 속 영화의 주인공 사라가 거센 파도가 몰아치는 해안 방파제를 걸어가 그 끝에 멈추어 서는 장면을 보여준다. 2분 10여 초 동안 지속되는 이 첫 장면은 관객들에게 영화의 기본 구도를 대단히 효과적으로 제시한다. 다시 말해서 "19세기 메인 스토리를 영화로 제작하는 과정을 담고 있는" 것이 바로 이 영화라는 사실을 하나의 롱 쇼트(long shot)로 보여줌으로써 관객들이 두 개의 스토리를 구별하여 감상하도록 안내함과 동시에 로케이션 현장과 메인 스토리가 장면전환 없이 연결됨으로써 장차 이 두 개의 줄거리가 나란히 가면서 교차하고 종국에는 수렴될 것이라는 것을 상징적으로 보여주기도 한다.

| 사진 1 |

영화 『프랑스 중위의 여자』가 채택하고 있는 "영화 속 영화" 기법은 찰스와 사라의 메인 스토리와 마이크와 애나의 프레임 스토리를 병렬식으로 교차시키기도 하고 직렬식으로 연결하기도 하면서 두 사랑 이야기의 동질성과 차이점을 보여주는 한편 두 개의 내러티브가 서로 상호텍스트적인 기능을 수행하도록 한다. 메인 스토리의 중심 모티토리에서는 마이크와 그의 아내, 그리고 애나와 그녀의 파트너로 이루어진 사각관계로 변형되었지만 본질적인 갈등 구조는 동일한 것이다. 영화가 진행되면서 관객들은 이 두 개의 내러티브가 교묘하게 교차하면서 짐짓 하나의 스토리를 구성하고 있다는 느낌을 갖게 된다.

로케이션 현장 네 번째 씬은 마이크와 애나가 세트장에서 찰스와 사라의 언더클리프 조우 장면을 연습하는 모습을 보여준다. 처음에 장난스럽게 연습을 시작한 두 사람이 차츰 자신들의 배역에 감정을 이입하고, 애나가 빠른 걸음으로 마이크를 지나쳐 가다가 미끄러지는 연습 장면이 순간 메인 스토리로 연결되면서 화면이 좁고 질척한 숲속 오솔길에서 넘어지는 사라를 찰스가 부축하는 장면으로 바뀐다. 찰스가 사라에 대한 관심과 약혼녀에 대한 의무 사이에서 겪는 심리

| 사진 2 |

| 사진 3 |

적 갈등은 애나가 침대에서 곤히 자고 있는 동안 창가에서 심각하게 담배를 피우는 마이크의 모습을 통해 증폭된다. 라임을 떠나 새로운 인생을 설계하라는 찰스의 권유를 받고 갈등하는 사라의 모습은 곧 다음 장면에서 해변에 피크닉을 나와 포도주를 마시다가 고민스럽고 슬픈 표정을 짓는 애나를 통해 다시 한 번 조명된다. 사라가 폴트니 부인의 집에서 퇴출되어 라임을 떠나는 장면은 라임에서의 촬영분을 모두 마친 애나가 라임을 떠나는 장면으로 연결되고, 단 한 번의 정사 뒤 갑자기 사라진 사라를 찾아 런던의 공장지대와 뒷골목을 배회하는 찰스의 모습은 런던에 돌아와 애나의 호텔로 전화를 하며 애타게 그녀를 찾는 마이크의 모습과 오버랩이 된다.

| 사진 4 |

이런 장면들은 관객들에게 찰스와 사라의 메인 스토리와 마이크와 애나의 프레임 스토리가 한 세기를 사이에 두고 되풀이되는 본질적으로 동일한 러브 스토리라는 사실을 인식하게 만든다. 한편 "영화 속 영화" 기법은 원작 소설에 나타난 "1인칭 작가의 개입"을 대체하는 효과를 보여주기도 한다. 마이크와 애나는 자신들이 연기하는 메인 스토리의 인물들과 주제에 대해 끊임없이 비평적인 태도로 언급하는데, 이런 장면들을 통해 관객은 사라와 찰스의 이야기를 새로운 시각으로 바라볼 수 있게 된다.

두 번째 로케이션 장면은 마이크와 애나가 애나의 호텔 방에서 함께 밤을 보낸 후, 아침에 스텝에게서 걸려온 전화를 마이크가 받음으로써 그들이 관계가 노출되는 상황을 보여준다. 이 때 애나는 "그들이 나를 부도덕하다고 해고하겠어요. 모두들 나를 헤픈 여자로 알겠어요."라고 말하지만 마이크와 애나 모두 이런 상황을 심각하게 생각하지 않는다. 두 사람의 관계가 부적절한 것이고 이제까지 비밀스럽게 유지했던 관계가 공개되는 상황에 직면해서도 이를 위기로 인식하지 않고 가볍게 대응하는 두 사람의 태도는 20세기의 애정관이 반영된 것이지만 관객들에게 19세기 연인들인 찰스와 사라의 딜레마를 새로운 각도로 생각하도록 하는 여지를 제공한다.

세 번째 로케이션 장면에서는 마이크와 애나가 침대에 함께 누워서 애나가 빅토리아 시대 사회상을 다룬 책을 읽는 동안 마이크는 신문의 크로스워드 퍼즐에 열중하고 있다.

> 애나: 이것 봐요. 1857년 현재 런던 시내에 대략 8만 명의 창녀가 있었다는군요. 60집 중 한 집이 창녀의 집이었던 거예요. 이 때 런던에 거주한 모든 연령의 남자 인구가 125만 명이었다고 해요. 그러면 창녀들이 매주 평균 200만 명의 손님을 받았던 거예요.
>
> 마이크: 200만 명이라고?
>
> 애나: 내가 무덤 장면에서 런던에 가는 것에 대해 했던 이야기 생각나요? "제가 런던으로 간다면 사람들이 이곳 라임에서 저를 부르는 바로 그런 신분이 될 거라는 걸 저는 잘 알고 있습니다."고 했던 것 말이에요.
>
> 마이크: 그래서?
>
> 애나: 글쎄, 이것이 바로 그녀가 직면했던 문제였던 거죠. 이 책에는 수많은 창녀들이 양가집 아가씨들이거나 실직한 가정교사였다고 되어 있어요. 바로 그 거예요. 고용주의 마음에 들지 않는다, 그러면 해고되고, 거리로 쫓겨나는 거였다고요. 그것이 현실이었어요.
>
> 마이크 : 남성 전체 인구가 125만 명이었다고? 자, 이중에서 어린애들과 노인으로 3분의 1을 제하고, 어디 보자, 그러면 빅토리아 시대 신사 양반들은 매주 2.4회의 혼외정사를 즐기셨다는 계산이 나오네.

이 장면에서 애나는 빅토리아 시대 여성의 취약한 사회적 지위와 성적인 착취에 대해 언급하고 자신이 연기하고 있는 사라가 바로 그런 한계상황에 노출되어 있었음을 지적한다. 그런데 마이크는 애나의 지적에 직접 대응하는 대신 "빅토리아 시대 신사 양반들이 매주 2.4회의 혼외정사를 즐겼다"고 대꾸함으로써 애나가 제기한 심각한 주제를 희화화한다. 더구나 영화는 마이크가 퍼즐을 하던 신문지 한 쪽 구석에 계산을 하는 모습을 화면에 클로즈업(close-up)하여 보여줌으로써 19세기의 심각한 주제를 대하는 현대인들의 무심한 태도를 여실히 보여주고 있다.

20세기의 배우들이 19세기 스토리의 인물들과 주제에 대해 비평적인 논평을 하는 방식은 원작 소설이 채택하고 있는 20세기의 전지적 화자가 19세기 내러티브에 끼어드는 방식과 1인칭으로 등장하는 작가의 개입을 대체하면서 더러는 유사한 효과를 만들기도 하고 더러는 원작과는 다른 미학적 결과를 가져오기도 한다. 우선 원작 소설은 현대적 시각과 감수성으로 무장한 20세기 전지적 화자가 1 세기 전의 사건에 대해 초월적인 입장에서 코멘트 함으로써 독자들이 배경 텍스트에 감정적으로 몰입되는 것을 방해하고 브레이트(Bertolt Brecht)의 소격효과(alienation effect)나 낯설게하기(defamiliarization)의 효과를 거두고 있는데 영화본에서 20세기 배우들이 19세기 스토리에 대해 언급하는 방식이 이와 대단히 유사한 효과를 거두고 있다.

그런데 영화본 『프랑스 중위의 여자』에서 현재의 시각으로 과거를 들여다보고 그 의미를 재단하는 방식은 원작 소설에서 전지적 화자와 1인칭 작가의 목소리가 확보하고 있는 초월적인 지위를 결여하고 있다. 특히 원작에서 간헐적으로 등장하는 1인칭 작가 개입은 소설의 위기로 치부되는 20세기 후반에 소설을 쓰는 작가가 소설 창작과정에 대한 예민한 자기반영적인 성찰을 보여주고 있는데, 영화본에서는 이와 같은 인식론적 드라마를 좀처럼 발견하기 어렵다.

그 대신 영화본에서는 두 개의 내러티브를 나란히 진행시키면서

20세기의 시각이 능동적으로 19세기의 스토리에 개입함으로써 상대적으로 우월적인 지위를 획득한다. 소설을 읽는 독자들은 20세기 전지적 화자와 1인칭 작가의 개입이 만들어내는 현란한 지적 게임을 즐기는 동안에도 줄곧 배경 텍스트에 해당하는 찰스와 사라의 운명에 대해 관심을 집중한다. 하지만 영화를 보는 관객들의 시선은 계속해서 애나와 마이크의 스토리에 머문다. 127분에 달하는 이 영화의 러닝 타임에서 실제로 프레임 스토리에 해당하는 애나와 마이크의 장면은 극히 일부에 불과하다. 해변 피크닉 씬이나 애나가 마이크의 점심 초대에 응하기 위해 의상실에 들르는 3개의 연속 씬은 불과 10초에서 15초 정도 지속되기도 한다. 그럼에도 불구하고 관객들의 시선은 화면 대부분을 차지하고 있는 찰스와 사라의 스토리에서 쉽게 빠져나와 마이크와 애나의 스토리로 돌아온다. 소설에서 파울즈는 일차적으로 19세기의 리얼리티를 견고하게 구축하고 전기적 화자 혹은 작가의 목소리를 통해 그 가공의 세계의 진실성을 검증하려는 게임을 시도했다. 그에 비해 영화에서는 20세기의 등장인물들이 19세기의 스토리를 자신들의 연기를 통해 창조하고 있다는 우월적인 지위를 확보함으로써 손쉽게 그 스토리의 가공성을 드러내면서 자신들의 이야기, 즉 로케이션 현장의 사랑 이야기에 훨씬 견고한 현실성을 부여하는 것이다.

| 사진 5 |

(2) 엔딩의 문제

영화 『프랑스 중위의 여자』가 채택한 "영화 속 영화"라는 기법은 원작 소설의 복수결말이라는 독창적인 형식적 특성에 대단히 효과적으로 대응한다. 이 기법이 소설의 결말 문제를 탁월하게 해결한 방식을 콘라디는 다음과 같이 정리하였다.

> 무엇보다 두 개의 이야기를 등장시킨 수법은 각각의 이야기가 갈등과 위기를 별도로 추구하면서 동시에 점차 서로의 이야기를 이율배반적으로 비추어주고, 배가시키고, 종국에는 차츰 수렴되어 가면서 원작 소설의 결말 문제에 대한 놀랍고 기발한 해법을 제공해 준다. (50)

영화 속에서 엔딩의 문제는 열세 번째 로케이션 장면, 즉 마이크 집 런천 파티에서 마이크와 데이비드(David)의 대화를 통해 처음 언급된다.

> 데이비드: 영화의 결말을 어떻게 끝낼지 결정했나요?
> 마이크: 결말이요?
> 데이비드: 내가 듣기로는 계속해서 각본을 고치고 있다고 해서요.
> 마이크: 전혀 그렇지 않은데요. 어디서 들으셨어요?
> 데이비드: 원작에는 두 개의 결말이 나오지 않나요? 해피엔딩과 언해피엔딩. 아닌가요?
> 마이크: 우리는 첫 번째 결말로 갈 거예요. 아! 그러니까 두 번째 결말을 말하는 거지요.

원작 소설에서 파울즈는 세 개의 결말을 제시하고 있다. 이 가운데 플롯이 4분의 3쯤 진행된 43장에 제시된 첫 번째 결말, 즉 찰스가 엑스터에서 약혼녀인 어네스티나에게로 돌아가고 더 이상 사라의 운명에 간섭하지 않게 되었다는 결말은 많은 연구자들에 의해 작가의 장난기가 발동된 거짓 결말로 간주되고 있기 때문에 영화 속에서 두 사람이 두 개의 결말에 대해 토론하고 있는 것을 원작의 변형이라고 지적할 필요는 없는 듯하다. 원작에서 찰스가 2년의 세월이 지나 사라를 다시 만났을 때, 사라는 지난 날 자신이 찰스의 친절을 이용해서 현재의 새로운 삶을 찾게 되었다고 고백하고 사랑의 결과물인 어린 아이를 통해 두 사람이 화해와 재결합에 도달할 것임을 암시하는 결말이 해피엔딩에 해당한다. 한편 이 결말이 제시되고 나서 소설의 마지막 장인 61장에서는 찰스와 사라의 재회 장면이 다시 재현되면서 사라는 자신의 행위에 대해서 후회도 사과도 하지 않고, 찰스가 사라의 행위를 통해 인생이 신비로운 법칙과 선택에 의해 흘러가는 강물과 같은 것이라는 깨달음을 얻고 그 인생의 수수께끼를 향해 홀로 걸어 나간다는 결말이 언해피엔딩이다.

영화 『프랑스 중위의 여자』는 이 복수 결말의 문제를 메인 스토리인 찰스와 사라의 사연을 해피엔딩으로 처리하고 프레임 스토리의 주인공 애나와 마이크의 사랑을 언해피엔딩으로 끝냄으로써 원작 소설이 가지고 있는 유희성을 능숙하게 영화적 문법으로 변환한다. 영화 속에서 찰스는 미국으로 건너간 후 3년이 지나 사라를 찾았다는 전보를 받는다. 그리고 그는 윈더미어 호수(Lake Windermere) 인근 건축가 엘리어트의 집에서 미망인의 신분으로 살고 있는 사라를 찾아간다. 찰스가 그녀에게 왜 엑스터에서 사라졌는지를 추궁했을 때, 사라는 다음과 같이 대답한다.

> 사라 : 그 때는 제가 미쳤었어요. 분노와 질투에 가득 차 있었지요. 그래서 당신이 약혼한 신분이라는 걸 알면서도 억지를 부렸지요. 부도덕한 일이었어요. 당신이 떠나고 난 뒤 저는 우리 사이

에 시작된 관계를 제가 파괴해야 한다는 걸 알게 되었어요.

사라의 변명에 쉽게 납득할 수 없는 찰스가 그녀의 무책임함과 그녀를 찾기 위해 그가 얼마나 애썼는지를 말하자 사라는 "제 삶을 찾는데 시간이 걸린 거예요. 제 자유를 찾는데 이만큼 시간이 걸린 거라고요."라고 대답한다.

찰스: 자유라고! 사랑과 모든 인간적인 감정을 조롱하는 자유 말이오? . . . 당신은 내 가슴에 단검을 꽂고, 그것을 비틀 권리를 얻기 위해 그 빌어먹을 자유가 필요했던 거요?

| 사진 6 |

이 장면에서 찰스가 격렬한 분노에 사로잡혀 사라를 거칠게 밀어젖히는 바람에 사라가 바닥에 넘어지게 된다. 그리고 깜짝 놀라 그녀를 안아 일으키는 찰스에게 사라는 말한다.

사라: 저는 당신의 용서를 구하고자 당신을 이곳으로 오시도록 했어요. 당신은 한 때 저를 사랑하셨지요. 지금도 저를 사랑하신다면 저를 용서하실 수 있을 거예요. 물론 당신은 저를 비난할

수 있는 정당한 권리를 갖고 있어요. 하지만 저를 사랑하신다면 부디 용서해 주세요.

사라의 간절한 호소에서 진정성을 발견한 찰스는 그녀를 용서한다고 말하고 두 사람은 입을 맞춘다. 영화의 다음 장면은 찰스와 사라 두 사람이 윈더미어 호수로 배를 저어 나가는 모습을 보여준다. 이 장면에서 카메라는 다리 밑 좁고 어두운 아치형 터널을 벗어나 환하고 넓은 호수로 노를 저어 가는 두 사람의 모습을 고정된 앵글로 비춤으로써 두 사람이 과거의 갈등과 불행을 극복하고 희망과 화해, 그리고 행복을 향해 나아갈 것임을 상징적으로 보여준다.

| 사진 7 |

영화의 다음 씬은 열네 번째 로케이션 씬이면서 동시에 이 영화의 라스트 씬이 된다. 화면은 영화 촬영을 마친 배우와 스텝들이 댄스파티를 벌이는 장면을 비춘다. 파티가 한창 진행되는 도중에 애나는 파티장을 벗어나 분장실로 올라가서는 서둘러 짐을 챙겨 현장을 떠난다. 애나의 뒤를 쫓아 2층에 올라온 마이크가 그녀를 찾아 마지막 촬영 세트였던 2층 거실에 들어섰을 때, 그는 애나가 떠나는 자동차 엔

진 소리를 듣는다. 그리고 급히 창가로 달려가 창밖을 향해 "사라!"라고 외친다. 애나가 떠난 것을 마이크가 확인하는 공간을 영화 속 영화에서 찰스와 사라의 재결합 공간이었던 2층 거실로 설정한 것은 원작 소설에서 두 개의 결말이 15분의 시차를 갖고 같은 장소에서 되풀이 되었던 것을 패러디한 것으로 보인다.

한편 마이크가 애나를 향해 "사라!"라고 부른 것은 앞에서 콘라디가 언급한 두 개의 스토리가 수렴되는 효과를 설명하는 장면이다. 마이크가 자신의 연기 파트너를 영화 속 영화의 연인이었던 "사라"라고 부름으로써 이제까지 서로를 이율배반적으로 비쳐주고, 평행선을 달리기도 하고 교차하기도 했던 두 개의 내러티브가 절묘하게 하나로 합쳐지는 효과를 발휘한다. 마이크와 애나의 불행한 결말이 찰스와 사라의 행복한 결말과 하나가 되면서 두 개의 스토리가 서로 대체가능한 것이었음을 보여주는 것이다. 이처럼 서로 다른 내러티브가 하나로 수렴되는 장면은 임권택 감독의 『서편제』 마지막 장면에서 송화가 심봉사가 눈을 뜨고 심청과 재회하는 소리를 하면서 실제로 유일한 혈육인 동호와 재회하는 장면을 연상시킨다.

"사라!"하고 창밖을 향해 외치는 마이크의 얼굴을 클로즈업으로 잡았던 카메라는 다음 순간 낙심과 절망에 휩싸인 마이크가 창가 긴 의자에 앉아 담배를 빼어 무는 모습을 하이앵글(high angle)로 잡고 어둠에 싸인 거실의 그늘에 그가 앉아 있는 모습을 롱 쇼트로 보여줌으로써 그의 심리적 상태를 비춰어 준다. 그리고 절망에 빠져있는 마이크의 모습이 엔드 크레딧이 올라가는 동안 다시 어두운 다리 밑 통로를 빠져나와 호수 중앙으로 노를 저어가는 찰스와 사라를 비추는 장면으로 대치되면서 영화는 두 개의 결말이 동전의 양면과 같이 같은 스토리의 두 결말이라는 사실을 다시 한 번 강조한다.

영화가 제시하고 있는 두 개의 결말은 원작의 결말과는 차이를 가진다. 소설에서는 사라의 행방을 샘이 제보한 것으로 나오는데, 영화에서는 사라 자신이 스스로 소재를 밝힌 것으로 처리되었다. 자신을 찾는 찰스의 노력을 일찍 알았음에도 불구하고 자신의 진정한 자유를 획득하기까지 침묵을 지키다가 이제 그의 용서를 구하기 위해 사라가 스스로 소재를 밝힌다는 설정은 플롯 전개상의 개연성을 현저하게 떨어뜨리는 결과를 가져온다. 또한 영화는 전체적으로 샘과 메어리의 러브 라인을 원작에 비해 크게 축소했는데, 그 바람에 샘이 주인의 곤경을 기회로 삼아 신분 상승의 기회를 잡았으나 세월이 지나 자신의 행위에 대한 양심을 가책을 이런 방식으로 경감하려 했다는 이면의 스토리를 모두 생략해 버린 셈이 되었다. 영화는 또한 독신으로 늙어가는 백부에게서 작위를 계승할 수 있었던 찰스의 전망이 뒤늦게 백부가 결혼하기로 결심하면서 사라져버렸다는 이야기 전체도 생략하고 있다. 샘과 백부의 이야기를 생략한 것은 원작 소설이 다루고 있는 또 하나의 중요한 주제인 빅토리아 시대의 사회적 신분과 계층 갈등의 주제가 영화에 전혀 반영되지 않게 되는 결과를 낳게 된다.

한편 영화에서 애나와 마이크의 사랑이 결별로 끝나는 것은 원작 소설의 최종적인 결말과 대응하기는 하지만 그 의미의 층위는 상당한 차이를 보인다. 원작의 최종 결말에서 찰스는 사라에게 "당신은 내 가슴에 비수를 꽂았을 뿐만 아니라, 그 칼을 비트는 데서 기쁨을 느끼고 있소"(362)라고 추궁한다.

> 한때는 내가 당신의 마지막 의지할 대상이라고 당신이 말했었지. 내가 당신의 인생에 남아있는 마지막 희망이라고. 이제 우리의 처지가 역전되었군. 당신은 나한테 내줄 시간조차 없단 말이지. 좋아요. 하지만 변

명하려고 애쓰진 마시오. 그것은 이미 당신이 나에게 준 모욕이라는 상처에 원한을 덧붙일 뿐이니까. (363)

여기서 사라는 찰스에 대한 자신의 행위를 변명하지 않는다. 그 대신 찰스가 그녀를 돌아보았을 때, 언젠가 샘과 메어리에게 그들의 밀애 장면이 발각되던 순간 그녀가 지었던 미소, 그 의미를 헤아리기 어려운 야릇한 미소를 짓고 있는 사라의 모습을 본다.

그는 그녀의 눈 속에서 그녀의 진정한 의도를 가늠할 증거를 찾아보았지만, 자기 자신을 제외하고는 모든 것을 희생할 각오가 되어 있는 정신—그 정신의 완전무결한 상태를 지키기 위해서라면 진실이나 감정, 심지어는 여성의 정결까지도 아낌없이 버리겠다는 정신—만을 보았을 뿐이다. (364)

'실존주의적 결말'이라고 평가되는 원작의 최종적인 결말에서 사라는 시대가 그녀에게 제공할 수 있는 최상의 안식처인 전위 예술가 그룹에 안착하여 존재론적 자유를 획득한다. 그리고 그녀는 찰스에게도 자신이 추구했던 진화 법칙을 따르도록 요구한다. "자기 자신을 제외한 모든 것을 희생시킬 수 있는 정신"으로 무장하기를 가르친다.

이 결말에서 찰스는 마침내 우연을 가장한 접근과 강요된 이별을 통해 사라가 자신에게 부과한 교훈을 이해하게 된다. 그리고 그 교훈을 통해 자신의 삶과 존재의 의미를 스스로 선택하고 깨우쳐야 한다는 사실을 고통스럽게 체득하게 된다. 그리하여 찰스는 복원할 수 없는 과거를 뒤로 한 채 자신이 아는 것을 행하는 길을 선택한다.

그는 마침내 자신 속에서 신념의 작은 입자를 발견한 것이다. 그 위에 자신을 세울 수 있는 진정한 고유성을 찾은 것이다. 자신은 아직 고통스럽게 부정하려 하지만, 그 부정을 뒷받침하듯 그의 눈에서는 눈물이 솟아오르고 있었다. 사라가 비록 스핑크스의 역할이라는 유리한 입장에 있는 것처럼 보인다 하더라도, 인생이란 상징이 아니라는 것, 수수께끼가 아니라는 것, 그리고 그 수수께끼를 푸는데 실패하는 일이 있을 수 없다는 것을 찰스는 이미 깨닫기 시작했다. 인생에는 하나의 얼굴만이 존재하는 것이 아니고, 주사위가 한 번 굴러 내기에서 졌다고 포기해버릴 수 있는 것도 아니다. 인생이 아무리 부적절하고 허망하고 또 절망적으로 도시의 냉혹한 심장부로 끌려 내려갔다 하더라도 우리는 우리의 삶을 견디어 내야 한다. 그리하여 깊이를 알 수 없는 거친 바다로, 찝찔한 소금기가 배어 있는 저, 인간들을 소외시키는 바다로 다시 나아가야 한다. (366)

영화에서 마이크와 애나의 사랑과 이별은 원작이 그리고 있는 주인공들의 실존적 자아 탐색의 치열한 여정을 표현하고 있지 않다. 사실 관객들은 애나와 마이크의 사랑의 본질을 잘 알 수 없다. 그들이 어떤 존재론적 상처를 가지고 있는지 그래서 그 사랑이 얼마나 절박한지 잘 이해할 수 없다. 마이크는 권태로운 결혼 생활에서 벗어나려는 무책임한 유부남으로 보이고, 애나는 자기 것을 모두 지키면서 이국에서의 일시적인 일탈을 즐기는 현실주의자로 보인다. 요컨대 이들의 사랑이 촬영 현장에서 흔히 발생하는 특급 배우들 사이의 통속적인 불장난처럼 여겨지는 것이다.

(3) 메릴 스트립과 사라, 그리고 제레미 아이언스와 찰스

애나와 사라를 연기한 메릴 스트립과 찰스와 마이크의 역을 맡은 제레미 아이언스는 연기파 배우라는 명성에 걸맞은 연기를 했지만 영화 속에 그려진 두 주인공의 성격과 관계는 원작 소설과 일정 부분은 동일하고 일정 부분은 상이하다. 제레미 아이언스와 흔들리는 유부남 마이크 역할은 자연스럽게 어울려 보였다. 이 작품은 그의 필모그라피에서 초기작에 속하는 것인데 훗날 『로리타』(*Lolita*, 1997)와 『엠 버터플라이』(*M. Butterfly*, 1993) 등에서 그가 보여준 부적절한 관계에 빠진 남성의 불안한 시선과 고뇌에 찬 표정들이 이 영화에서 충분히 훌륭하게 표현되었다.

사실 원작 소설에 나타난 찰스의 성격은 아이언스가 연기한 전형적인 영화 속 캐릭터들과는 조금 이질적인 것이었는데, 영화본에서 찰스의 성격이 많이 각색되었기 때문에 조화를 이루는 데 크게 무리가 없었다. 즉, 원작에서 찰스는 지적인 능력이 훨씬 강조되고, 능청스러울 만큼 여유 있는 태도와 미묘하고 다양한 성격의 소유자로 나오는데 반해, 영화본에서 마이크가 연기하는 찰스는 다소 단순하고 직선적이며 평범한 내면세계를 가진 인물로 그려진다. 영화의 도입부에서 그가 어네스티나를 온실에서 만나 단도직입적으로 청혼하는 장면과 결말 부분에서 자신의 집 런천 파티가 끝나는 순간 가족들이 있는 현관 옆 응접실에서 애나와 위태롭게 키스하는 장면 등이 원작과 다른 영화 속 찰스의 성격을 잘 보여주는 장면들이다.

메릴 스트립이 이 배역을 연기한 시점은 이미 그녀가 『디어 헌터』(*The Deer Hunter*, 1978)와 『크래이머 대 크래이머』(*Kramer Vs. Kramer*, 1979) 등을 통해 연기력을 인정받고 난 뒤였다. 사실 원작에서 작가가 소설가의 전유물인 내러티브를 통해 묘사하고 있는 사라의 외모와 표정을 배우가 연기하는 일은 쉽지 않은 노릇이다. 찰스는 사라의 첫 인상을 다음과 같이 기록하고 있다.

> 그녀의 얼굴은 결코 어네스티나처럼 예쁘지는 않았다. 어느 시대, 어떤 취향을 기준으로 삼더라도 아름다운 용모는 분명 아니었다. 그러나 그

> 것은 결코 잊을 수 없는 얼굴, 슬픔을 머금은 얼굴이었다. 그 얼굴에서는 슬픔이 숲속의 샘물처럼 순수하고 자연스럽게 끊임없이 솟아나오고 있었다. 거기엔 어떤 꾸밈도, 위선도, 발작도, 가면도 없었다. 더욱이 광기라고는 흔적조차 찾아볼 수 없었다. . . . 그 후 찰스는 두고두고 그 시선을 하나의 창(lance)으로 떠올리곤 했는데, 그것은 그 시선이 창과 같았을 뿐 아니라 그것이 그에게 준 효과가 창으로 찌르는 듯한 충격이었기 때문이다. (14-5)

메릴 스트립은 화려하거나 인형처럼 예쁜 외모를 지닌 배우는 아니지만 이 배역을 연기한 30대 초반의 그녀는 시대를 초월한 아름다움과 슬픔, 그리고 신비로움을 간직한 사라를 완벽하게 소화해 낼 수 있는 조건과 재능을 갖추고 있었다고 판단된다. | 사진 2 |

원작에서 사라는 불가사의한 존재로 등장한다. 소설의 중심인물이고 사건 진행의 열쇠를 쥐고 있는 인물임에도 불구하고 사라는 실제 지면에 많이 등장하지 않는다. 그리고 1인칭 작가의 목소리는 번번이 자신이 사라의 내면세계를 들여다 볼 수 없다고 불평한다. 12장이 끝나는 자리에서 작가는 "사라는 누구인가? 도대체 어떤 어둠 속에서 그녀는 걸어 나왔는가?"(80)라고 공공연하게 이야기하기도 한다.

| 사진 8 |

사라의 정체성을 불가해한 것으로 남겨두려는 파울즈의 의도는 그가 핀터와 라이스에게 이 작품의 영화 제작을 의뢰할 때 제시한 유일한 요구사항이 "사라를 불가사의한 인물로 남겨둘 것"(Conradi 47)이었다는 사실에서도 확인된다. 영화는 사라의 행위와 그 동기를 원작에 비해 훨씬 단순하게 설정하고 있다. 엔디코티 호텔에서 사라는 다리를 다쳐 찰스를 자신의 침실에서 만나게 되는데 미혼의 남녀가 한 방에서 만나는 상황은 당대의 사회적 규범에서 크게 벗어나는 것이었다. 두 사람이 육체관계를 갖고 나서 찰스는 그녀가 다리를 다쳤다는 것이 거짓이었음을 발견하는데 영화에서는 사라의 이러한 속임수가 생략되었다. 그 밖에도 앞에서 지적했던 것처럼 자신의 소재를 스스로 찰스에게 알리는 사라의 행위 등은 원작에 비해 그녀를 훨씬 상식적인 인물로 표현하고 있지만 여전히 관객들은 사라의 정체를 쉽게 파악하지 못한다.

관객들이 사라의 내면세계를 이해하기 어려운 이유는 영화 속에서 찰스의 시선을 통해 사라를 보기 때문이다. 카메라의 초점이 줄곧 찰스의 관점에 머물고 사라는 시종일관 피사체의 지위를 고수한다. 이러한 카메라의 앵글은 마치 1인칭 시점으로 서술되는 소설과 같은 효과를 주는데 그 결과 관객들은 사라의 내면적 독백을 읽을 수 없는 독자와 같은 입장에 놓이게 된다. 찰스와 사라의 이러한 관계는 마이크와 애나에게도 똑같이 적용되는데, 관객은 영화를 보는 동안 줄곧 마이크의 시각을 통해 애나를 관찰하는 경험을 한다.[5] 그래서 관객들은 마이크의 불안한 욕망을 이해하는 만큼 애나의 내면적 갈등과 딜레마를 이해할 수 없다.

---

5 마이크 집 런천 파티에서 애나가 폴트니 부인의 역을 맡았던 노배우와 함께 마이크와 마이크의 가정에 대해 이야기하는 씬에서는 애나의 시선으로 마이크를 본다.

한편 중심인물들의 관계에서 주도권을 행사하는 쪽은 여성들이다. 카메라의 시각은 사라를 수동적인 인물로 고정시키고 있지만 정작 두 사람의 관계를 능동적으로 이끌어 가는 인물은 사라이다. 핀터는 영화에서 사라의 단호한 성격과 능동적인 태도를 강조하기 위해 원작에 없는 두 개의 에피소드를 더하고 있는데, 그 중 하나는 그림을 그리는 사라의 모습이다. 영화 도입부에서 사라의 고용주가 사망함으로써 그녀가 의지할 곳이 없는 처지가 되었을 때 사라는 계단에 앉아 어둡고 우울한 이미지의 초상화를 그린다. 그림을 그리는 사라의 모습은 그녀가 폴트니 부인에게 쫓겨나기 위해 호출될 때도 다시 한 번 나타나는데 이러한 설정은 훗날 그녀가 예술가로서의 새로운 삶을 찾게 된다는 사실에 대한 전조(foreshadowing)로 기능하기도 한다. 두 개의 그림은 모두 초상화인데 그 중 두 번째 그림은 거울을 보고 그린 자화상이고 첫 번째 그림은 하녀 모습의 한 여성을 그린 것이다. 이 그림 속의 하녀의 용모는 사라의 것은 아니지만 가정교사였던 그녀 또한 주인의 사망으로 의지할 곳 없는 신세가 되었기 때문에 자신의 불안한 심리를 그림으로 표현하고 있었던 것이다. 이 때 그림에 몰두하는 사라는 현실 세계로부터 철저히 유리된 것 같은 모습으로 나타난다. 그녀는 내면의 불안과 갈등을 스케치북에 옮기면서 마치 자신의 현실과 운명에 대해서는 무감각하거나 초월한 것처럼 보인다. 그녀에게 목사가 다가와 폴트니 부인에게 의탁할 것을 제안하자 사라는 무심한 표정으로 "그 분의 저택에서 바다가 내려다보이나요? 그렇다면 목사님의 제안을 감사하게 받겠습니다."라고 말한다. 이와 같은 사라의 태도는 그녀가 자신이 의도하는 목표를 향해 대단한 집념과 의지를 가지고 능동적으로 행동하는 인물이라는 사실을 보여준다.

핀터가 고안한 두 번째 사라의 모습은 폴트니 부인 일행이 트랜터 부인을 방문하여 차를 마실 때, 주위 사람들의 눈을 피해 찰스에게 쪽지를 건네는 모습이다. 당시의 규범과 관습에 비추어볼 때 밤늦은 시간 마을 공동묘지에서 만날 것을 청하는 쪽지를 찰스에게 전하는 사라의 행동은 찰스를 놀라게 할 만큼 대담한 것이었다. 사라의 이러한 행위는 자신의 실존적 자유를 쟁취하기 위한 도구로 찰스의 관심을 이용하기로 한 그녀의 결심을 실행하는 첫 번째 전략이었다. 자신의 목적을 이루기 위해 사회 제도와 관념 등을 무시하고 치밀하게 행동하는 사라의 능동적인 성격을 잘 보여주는 장면이다.

찰스는 체면을 중시하는 빅토리아 시대의 신사 계급이라는 사회적 틀과 허위의식에 갇혀 있는 인물이다. 그는 산업화라는 시대의 조류에 둔감하여 상업에 종사하라는 프리먼 씨의 제안을 모욕으로 받아들인다. 찰스에 비해 사라는 훨씬 자유롭다. 그녀는 자신의 계급적 한계와 사회 변화에 대한 통찰력을 갖고 있었으며 진정한 자유를 쟁취하기 위해 자신을 위장된 그물 속에 가둔다. 그리고 그 그물을 뚫고 비상한다.

사라가 찰스와의 관계에서 주도권을 행사하는 것처럼, 애나는 마이크와의 관계를 능동적으로 이끌어간다. 그리고 찰스보다 사라가 자유로웠던 것처럼 애나는 마이크보다 자유로운 모습을 보인다. 런던에 거주하는 마이크에게는 가정이라는 구체적인 구속의 실체가 영화에 등장한다. 그는 동료 배우들을 초대하여 정원에서 런천 파티를 베푸는 집을 가지고 있고, 파티에서 어린 자녀들과 탁구를 즐기는 자상한 가장의 면모를 보이기도 한다. 그의 아내 소냐(Sonia)는 평범한 주부의 모습을 하고 있어서 관객들은 찰스의 권태를 어렴풋하게 이해하게 되지만 애나는 그녀에게 "모든 것이 부럽다"고 말하고, 영화 속 영화에서 사라를 괴롭혔던 폴트니 부인의 역을 맡았던 노배우는 그녀가 지닌 가정주부로서의 정숙이라는 미덕을 칭찬한다. 그에 비해 애나의 가정적 배경은 대단히 모호하다. 촬영을 마치고 이제 미국으로 돌아가야 하는 그녀에게는 데이비드라는 파트너가 있지만 다섯 번째 로케이션 씬에서 잠에서 덜 깬 애나가 마이크의 기척을 느끼고 "다비드?"라고 불렀던 것과 그의 부자연스러운 영어발음을 통해 그가 프랑스인이라는 사실이 넌지시 암시되어 있을 뿐 그녀의 다른 가정적인 배경은 영화에 등장하지 않는다. 마이크가 구체적인 대안을 갖지 못한 상황에서 두 사람의 관계를 막연히 연장하고 싶어 하는 무절제하고 무책임한 태도를 보이는데 반해 애나는 촬영 현장에서의 로맨스를 즐거운 기억으로 간직한 채 자신의 파트너에게 돌아가기로 결심하고 단호하게 그와의 관계를 정리하는 모습을 보여준다.

파울즈의 소설에서 과학적 사고방식에 익숙한 남성은 변화에 능동적으로 적응하는 유전인자를 결여한 채 퇴화되어 가는 개체로 그려지고, 예술적 원리로 무장한 여성은 적자의 유전인자를 보유하고 진화의 법칙에서 살아남는 모습으로 그려진다. 작가의 이러한 세계관은 이 영화에서 원작을 손상시키지 않는 차원으로 다양한 영화적 장치와 변형을 통해 구현되고 있다. 영화는 주인공들의 성격을 단순하고 평면적으로 각색하기도 하고 성격적인 특성을 강조하기 위해 원작에 들어있지 않은 에피소드를 추가하기도 했다. 그래서 창조된 찰스-마이크와 사라-애나라는 인물 방정식은 원작에 나타난 남성성과 여성성의 대립 구조를 충분히 반영하고 있으며 표현력이 뛰어난 배우들의 연기와 앙상블을 이루면서 이 영화의 완성도를 높이는데 기여하고 있는 것이다.

참고문헌

Allen, Walter. "The Achievement of John Fowles." *Encounter* 35 (1970): 64-7.

Barnum, Carol M. "An Interview with John Fowles." *Modern Fiction Studies* 31 (1985): 187-203.

Campbell, James. "An Interview with John Fowles." *Contemporary Literature* 17.4 (1976) : 455-69.

Conradi, Peter J. "*The French Lieutenant's Woman:* novel, screenplay, film." *Critical Quarterly* 24.1 (1982): 41-57.

Fowels, John. *The French Lieutenant's Woman.* New York: Signet, 1969.

_____. "Forward." *The French Lieutenant's Woman: A Screenplay.* Harold Pinter. Boston: Little Brown, 1981.

Halpern, Daniel. "A Sort of Exile in Lyme Regis." *London Magazine* 10.12 (1971): 34-46.

Holmes, Frederick M. "The Novel, Illusion and Reality: The Paradox of Omniscience in *The French Lieutenant's Woman.*" *Journal of Narrative Technique* 11 (1981): 184-98.

Knapp, Shoshana. "The Transformation of a Pinter Screenplay: Freedom and Calculators in *The French Lieutenant's Woman.*" *Modern Drama* 28.3 (1985): 55-70.

Newquist, Roy. *Counterpoint.* Chicago: Rand-McNally, 1964.

Palmer, William. *The Fiction of John Fowles: Tradition, Art, and the Loneliness of Selfhood.* Columbia: U of Missouri P, 1974.

Rackham, Jeff. "John Fowles: The Existential Labyrinth." *Critique: Studies in Modern Fiction* 13.3 (1972): 89-103.

Wolfe, Peter. *John Fowles, Magus and Moralist.* Lewisburg: Bucknell UP, 1976.

주홍글자 *The Scarlet Letter*

17세기 미국 사회의 억압된 역사적 진실 드러내기*

민진영_안산대학교

* 본 글은 2009년 12월 31일에 발간된 『미국소설』 제16권 2호에 게재된 필자의 논문 「소설 『주홍글자』의 창의적 영상화: 롤랑 조페의 영화 <주홍글자> 다시 읽기」(75-104)를 원용하여 재구성해서 쓴 것이다.

I. 미국 청교도 선조 신화 비판: 소설 『주홍글자』

나사니엘 호손(Nathaniel Hawthorne)의 『주홍글자』(*The Scarlet Letter*)는 초기 미국 소설을 영국의 사회 반영 소설과 구분하여 '로맨스'(romance)라는 장르로 구분 짓고 그것의 특징을 비역사적이고 비사회적이며 비정치적인 것으로 규정한 라이오넬 트릴링(Lionel Trilling)과 리차드 체이스(Richard Chase)의 이론에 영향을 받아 전통적으로 인간의 보편적 심층 심리와 청교도적 죄의식 등에 대한 깊은 이해를 담고 있는 작품으로 평가받아왔다. 그러나 1980년대 후반부터는 미국의 '로맨스'가 당대 사회 현실에서 유리되어 정치적 함의가 없는 듯 보이지만 실제로는 바로 그러한 통념과 상상의 요소를 활용하여 지배 담론에 도전하는 "주변적 담론"(Buell 23)이자 "민주화의 중요한 장르"(Fluck 447)라는 주장이 대두되기 시작하였고, 동시에 문학 작품을 사회와 역사로 되돌리려는 경향 가령 신역사주의 비평이 영미문학 비평계에 확산되면서부터 이 작품을 19세기 중엽 당대 미국의 사회 역사적 맥락 속에서 해석하려는 경향이 나타나기 시작했다. 이러한 비평적 접근은 곧 이 작품이 갖고 있는 역사성과 현실성은 물론 당대 사회의 범국민적 합의에 대한 작가의 비판적 통찰을 인정하는데 일몫을 하게 되어 호손의 역사의식을 새롭게 조명하고 그의 작품 세계 전체에 대한 평가의 폭을 확장시키는 데 기여를 하였다.

호손이 이 작품 속에 비판적으로 반영하고 있는 당대 사회의 국가적 합의는 '미국적 예외주의'(American exceptionalism)에 기반을 둔 17세기 미국 건국 선조 신화이다. 역사기술과 같은 당대의 지배 담론에 따르면, 17세기 청교도 선조들은 기독교적 사랑과 형제애, 이타주의, 공동체 정신, 정신적 고결함, 종교적 경건함, 도덕적 순결성 등으로 규정 가능한 미국적 성격을 형성하여 "초보적 민주주의의 온상이며 중심이고 예시"(McWilliams Jr 28 재인용)인 이상 사회를 건설하였고 그 사회는 따라서 구세계의 인습과 억압적 경험의 때가 전혀 묻지 않은 '새로운 이스라엘'(New Israel)이자 '새로운 예루살렘'(New Jerusalem)이었다. 그러나 실제로 17세기의 청교도 사회는 개인의 자유와 평등을 옹호하는 민주주의 공동체가 되지 못했다. 당시에는 출생, 교육, 부, 종교적 정통주의가 특권을 부여하며 위계질서가 분명하였고 지도자 존 윈스롭(John Winthrop)은 민주주의를 "모든 정치 형태 중 가장 조악한 것"(Wish 14 재인용)이라며 반대했다. 또 종교교리, 계층, 성별, 빈부, 세대, 인종, 직업 등에 따른 구성원 간 갈등이 처음부터 존재하였고(Elliott 183-204) 공동체 안의 차이나 공동체 밖의 위협으로 간주된 사람들—토마스 모튼(Thomas Morton), 앤 허친슨(Anne Hutchinson), 로저 윌리엄스(Roger Williams), 퀘이커 교도, 마녀, 인디언 등—을 선민 공동체를 파괴하려는 악의 세력으로 매도하여 처단하고 고문하며 추방하고 죽이는 독선과 오만을 보여주었던 것이다.

나사니엘 호손은 과거에 대한 국가적 합의가 내포한 위와 같은 이중성을 간파하고 이에 대한 깊은 회의와 비판을 소설 『주홍글자』 속에 주제로 담아내었다. 이 소설을 통해 미국의 과거사를 바로 정립하고자 하는 그의 도덕적 용기와 작가적 책임의식은 소설의 서문 격인 「세관」("The Customs House")에서 퀘이커 교도와 마녀를 박해하였던 자기 조상들의 죄를 공적으로 고백하며 이 소설의 저작을 통해 대신 속죄하고 그들의 부정적 유산을 영원히 청산하기를 소원하는 모습에서 나타난다. 그리고 공식 역사에서는 망각되었으나 노인들의 구전에 의해 사적으로 전수되어온 여성의 이야기를 보존해준 퓨(Pue) 검사관을 예술적 조상으로 삼고 그 여성의 이야기를 상징하는 주홍색 천 조각을 가슴에 대어 동일화 과정을 수행하는 것에서 그의 타자적 역사의식을 감지할 수 있다. 호손이 "스스로를 완전히 타자로 상상하는 능력"(Budick 209)을 갖고 있고 그가 창조한 소설 속 역사는 공적 역사를 의심하고 회의하는 "사생아 역사"(앞글 205)라는 평가가 타당한 것은 이런 맥락에서이다.

본 소설 속에서 호손이 창조한 "사생아 역사"는 17세기 미국 청교도 사회의 비극적 이중성이다. 소설 속에서 호손은 뉴잉글랜드(New England) 청교도 선조들이 구대륙의 죄악과 부패의 경험으로부터 자유로운 '성인들'(saints)이라는 초역사적 자아상을 가지고 신대륙에 도덕적 선과 행복으로 구성된 인류 구원의 이상 사회를 건설하겠다는 고귀한 열망을 지니고 있었음을 말해준다. 그리고 위대한 역사적 과업의 성패와 낯선 땅에서의 생사가 걸려있는 두렵고 불안한 시작의 상황이었기에 구성원들 모두가 연로한 지도자들의 불굴의 용기와 단련된 성실성, 많은 경험에서 나온 지혜와 덕을 갖춘 정의로움에 의지하며 그들의 권위와 법과 규율에 순종하고 절제된 생활을 하며 한 마음으로 결속하는 것이 필수적이었음을 인정한다. 그러나 길들여지지 않은 인간의 자연 본성과 육체적 욕망, 창조적 상상력과 열정, 독립적 사고와 정신, 명랑한 웃음과 유쾌한 놀이 문화 등은 경건하고 신성한 공동체를 죄악과 타락, 분열과 갈등상태로 빠뜨리는 악의 위협적 요소로 판단되어 엄격히 억압되었다는 사실도 함께 제시한다. 그리고 이러한 삶의 특수성으로 인하여 공동체의 엄격한 규범과 틀에서 벗어나는 개성적 인간 같은 내부의 차이들과 악의 사주를 받아 공동체를 무너뜨리려고 한다고 간주된 인디언과 같은 외부의 차이들을 처벌하고 추방하고 죽이는 것이 곧 그들의 순결함과 의로움을 구별하고 지키는 방식으로 여겨졌음도 간과하지 않는다[1]. 선민의식과 사명의식에 사로잡혔던 17세기 청교도 선조들은 고귀한 종교적 이상을 이루려는 실천 과정에서 결과적으로 경직되고 획일적이며 억압적인 사회를 건설하게 되었고 자기중심적으로 타자를 박해하는 편협성과 배타성, 잔인성과 독선을 그 대가로 치러야 했던 것이다. 건국 과정에서 뉴잉글랜드 공동체가 이룬 것과 잃은 것을 호손은 객관적이고 균형적인 시각으로 소설 속에 총체적으로 재현하고 있다. 그리고 이러한 주제는 육체적 성과 사적 욕망을 해방시켜 청교도 사회의 권위와 규율을 위협하기에 박해를 받게 되는 헤스터(Hester)와 도덕적 순결의 모범이란 공적 자아상 이면에 실재하는 인간적 불완전성 때문에 고뇌하는 딤즈데일(Dimmesdale)의 이야기로 제시된다.

II. 소설에서 영화로: 다양한 각색 시도의 예

소설 『주홍글자』는 그동안 여러 감독에 의해 다양한 영화로 제작되어 왔다. 영화산업의 초창기인 1910년부터 현재까지 이 작품은 상영시간이 12분 정도 되는 6편의 무성영화를 포함하여 11번이나 영화로 만들어졌다(손홍기 외 59-60). 상영시간이 1시간이 넘고 원작에 기

1 본 소설의 "장터"라는 장에서 호손은 권위에 복종하지 않는 하인과 자식이 태형기둥에 묶여 매질당하고 도덕률 폐기론자와 퀘이커교도 등의 이단은 마을 밖으로 추방되며 백인이 준 독주에 취한 인디언은 채찍을 맞으며 숲속으로 쫓겨나고 히빈스(Hibbins) 같은 마녀는 교수형에 처해진다는 예를 들며 "청교도 사회의 가혹함"(40-1)과 타자 박해 현실을 가볍게 스치듯 짤막하나 직접적인 표현으로 지적하고 있다. 또한 청교도 사회 아이들의 유희라고는 예배 보러 교회에 가는 것, 퀘이커 교도를 매질하는 것, 인디언과의 가상 전투에서 인디언 머리 가죽을 벗기는 것, 마녀의 주술을 모방하여 서로를 공포에 몰아넣는 것 같은 "무자비한 방식의 놀이"(70-1)만 있었음을 역시 짧지만 의미심장하게 언급함으로써 청교도 사회의 경직성과 잔인성을 암시하고 있다.

반을 둔 줄거리가 있어 분석이 가능한 영화만 해도 총 5편에 이른다. 청교도에 대해 비판적인 원작의 성격을 낭만적인 멜로드라마로 완화(이향만 191)한 빅터 시스트롬(Victor Sjostrom) 감독, 릴리안 기쉬(Lillian Gish) 주연의 1926년 흑백 무성영화, 로맨틱 코미디 요소가 가미된 로버트 비놀라(Robert Vignola) 감독, 콜린 무어(Colleen Moore) 주연의 1934년 유성영화, 성 갈등 문제가 정치적 의식을 갖고 반영된(Dunne 33) 빔 벤더스(Wim Wenders) 감독, 센타 베르게(Senta Berger) 주연의 1972년 독일어판 영화(*Der Scharlachrote Buchstabe*), 원작 속 인물들의 복합적 성격이 훌륭하게 열연되고 죄, 용서, 구원의 의미를 진지하게 탐색하여 "원작의 정신을 성공적으로 형상화"하여 "원작을 읽는 것에 버금가는 체험을 할 수 있게"(손홍기 외 193) 해주는 릭 하우저(Rick Hauser) 감독, 메그 포스터(Meg Foster) 주연의 1979년 PBS(Public Broadcasting System) 제작 TV 드라마, 마지막으로 6천만 달러의 제작비와 기라성 같은 슈퍼스타들의 기용, 그리고 아카데미상과 황금종려상에 빛나는 유명 감독의 제작으로 기대를 모았으나 그해 "최악의 개작 부문 골드 라스베리 상"(Golden Raspberry Award)(Wikipedia)을 받은 롤랑 조페(Roland Joffe) 감독, 드미 무어(Demi Moore) 주연의 1995년 할리우드 블록버스터 영화가 바로 그 5편이다. 끊임없이 재해석이 가능한 원작 자체의 여러 가지 요소들과 그 시대와 사회와 문화와 관객을 첨예하게 의식해야 하는 영화 자체의 속성들이 결합되어 각기 다른 버전의 『주홍글자』 각색 영화를 만들어냈다고 할 수 있다.

이 영화들은 주안점과 재현 방식이 각기 달라도 동명의 소설을 기반으로 하고 있기 때문에 1979년의 PBS 드라마처럼 꼭 원작을 충실히 재현하지는 않았다 해도 원작의 정신을 이해하는 데에 분명 어떤 식으로든 도움을 준다고 할 수 있다. 사실 고전 소설을 각색한 영화가

<주홍글자> (1995)

관객에게 의미를 갖게 되는 가장 큰 이유는 영화를 통해 그 고전 소설의 내용과 주제, 배경이 된 시대와 사회, 인물의 특성과 작가 정신을 간접적으로나마 접할 수 있기 때문인 것이다. 최근 들어 멀티미디어 세대인 학생들을 대상으로 영화를 통해 문학을 가르치는 경향이 활발한 것도 바로 이러한 이유일 것이다.

그럼에도 불구하고 유독 1995년 롤랑 조페 감독의 <주홍글자> 영화는 많은 비평가들로부터 원작 훼손이라는 이유로 "거의 보편적인 비난"(Dunne 30)을 받았기에 그동안 고전 소설을 각색한 영화로서의 가치를 외면당해왔다고 해도 과언이 아니다. 브루스 다니엘스(Bruce Daniels)에 따르면 이 영화가 발표된 첫 주에 뉴욕(New York), 로스앤젤레스(Los Angeles), 시카고(Chicago), 워싱톤(Washington)의 신문 평론 총 46편 중 40편은 부정적이고 4편은 중도적이며 2편만 긍정적이었다고 『버라이어티』(*Variety*)(Daniels 2)지가 밝혔다. 헨리 제임스(Henry James)가 "아주 우수한 고전 미국 소설"(앞글 1 재인용)이라고 존경했던 작품이 "너무나 쓰레기 같고 엉터리인 어떤 것으로 변모"(James)되었다고 많은 평자들이 개탄하였던 것이다. 제임스 웰쉬

(James M. Welsh)는 이 영화가 "최고의 문학에 대한 모욕"(Welsh 299)이라고 혹평했고 한국의 평자들 역시 유사한 관점으로 가령 이 영화가 "원작을 훼손한 '용서받지 못할 죄'를 범했다"(김성곤 81)고 평가하기도 하였다.

"원작을 지나치게 훼손시켜 에로물이나 액션물로 변형시켰다는 혹평"(유정숙 116)에 대해 "비평가들 사이에 보기 드문 만장일치"(Dunne 30)를 보이는 이유에는 여러 가지가 있다. 가장 주된 이유들을 꼽아보자면, 인고하며 회개해야 한다고 여겨지는 헤스터의 역할에 어울리지도 않고 그런 모습을 보이지도 않는 주연 여배우 드미 무어의 캐스팅, 선정적이고 오락적인 할리우드 영화적 속성의 첨가, 시기적 배경의 변경과 그에 따른 원작에 없는 사건들의 삽입, 엔딩의 변화, 원작에서는 거의 존재감이 없는 인디언들의 전경화, 플롯과는 연관성이 없어 보이는 불필요한 장면들, '듀 에 마키나'(dues ex machina)로 생각될 만큼 갑작스럽고 설득력 없게 느껴지는 결말, 너무나 평면화된 등장인물들의 성격 등이다.

이러한 모든 이유들이 타당성이 없는 것은 물론 아니지만 그 중 많은 부분은 매체로서 영화가 소설과는 기본적으로 다른 속성을 지닌다는 측면에서, 그리고 영화 역시 소설 못지않게 그것이 생산된 시대와 사회와 문화의 산물이라는 측면에서, 마지막으로 호손의 원작을 "자유롭게 각색"했다는 이 영화의 공언된 원칙의 측면에서, 해명이 가능할 수 있다고 본다. 즉, 추상적 문자로 독자에게 의미가 자유롭게 던져지기에 독자의 상상력과 감수성 혹은 학문적 훈련과 독서 경험 정도 등에 따라 의미의 여운이 풍부하고 다양하게 전달되는 소설과 달리, 영화는 감독의 시각에 따라 제작된 구체적 영상으로 의미가 관객에게 확실히 주어지기에 인물들과 사건들이 갖는 복합성과 모호성과 불가해성과 다원성 등의 오묘한 문학적 깊이를 영상으로는 충분히 표현해내기 어려운 한계가 있을 것임을 인정해야 할 것이다. 그리고 영화는 거액의 제작비가 투입되는 만큼 흥행을 염두에 두지 않을 수 없고 따라서 그 시대의 대중 관객이 갖고 있는 보편적인 사회문화적 관심사와 기호와 흥미와 무의식적 욕망을 충족시켜줄 수 있는 모티프와 장치를 택해야 할 것임을 인정해야 할 것이다. 마지막으로 고전 소설의 영화화에서 "문제는 원작의 각색이 어느 정도까지 수용될 수 있느냐 하는 점"이고 "그 구체적인 기준을 제시하기는 어렵지만 원작의 정신이 어느 정도 담기느냐가 하나의 잣대가 될 수 있다"(이향만 207)고 본다면, 특히 원작을 "자유롭게 각색"했다고 공언하는 영화를 비평할 때에는 원전의 내용에 얼마만큼 충실했느냐 보다는 원작의 핵심적 모티프를 얼마만큼 정확히 포착해서 영화 속에 충실히 담아내고 있는가를 쟁점으로 삼는 것이 더 타당할 것이다.

이러한 각도에서 본다면 앞서 언급한 바 롤랑 조페 감독의 영화 <주홍글자>에 대해 비판적인 이유들 전부가 원작을 완전히 손상시키는 것은 아니다. 오히려 그 중 많은 것이 "원작에서 암시한 것을 영상화"(성경준 107), 즉 원작의 주제와 작가 정신을 잘 반영하여 의미가 풍부하면서도 명확히 전달되는 효과적 영상으로 재현하고 있는 것이다. 이에 필자는 앞서 논한 원작의 중심 주제와 작가 정신이 롤랑 조페 감독의 영화 속에 어떻게 반영되고 재현되고 있는지를 영화의 쇼트를 따라가며 분석해보고자 한다. 이를 통해 원작의 세계를 이해하는 데 도움을 주는 작품으로서의 이 영화의 가치와 의의를 결론으로 제시할 수 있을 것이다.

III. 원작의 창의적 영상화: 롤랑 조페의 영화 <주홍글자>

롤랑 조페가 호손의 작가 정신과 주제를 전경화시키기 위해 선택하여 집중하고 있는 소설 속 미국 역사의 진실은 바로 청교도 선조들의 다양한 타자 박해이다. 그리고 이러한 감독의 의도는 영화 속에서 헤스터와 인디언의 두 가지 플롯 라인으로 전개된다. 보다 큰 비중을 차지하는 헤스터의 플롯에서는 원작의 내용을 일부 재현하되 히빈스를 중심으로 한 다른 소외 여성들과의 여성주의적 연대, 마녀 사냥, 마녀 재판 등의 문제를 창의적으로 첨가하고 있다. 인디언의 플롯에서는 원작에 없는 왐파노그(Wampanoag) 부족과의 갈등과 습격이라는 내용을 새롭게 창조하여 삽입하고 있다. 이 두 가지 플롯 라인은 독립적으로 진행되면서 동시에 서로 연계되다가 마지막에는 하나로 만나게 됨으로써 17세기 청교도 사회에 뿌리 깊게 만연되어 있던 타자 박해의 현실을 전경화하려는 감독의 의도를 효율적으로 전달하고 있다.

감독의 의도는 첫 장면부터 상당히 분명하게 제시된다. 영화의 첫 장면은 관객의 시선을 고정시키는 어둠 속 주홍색 빛을 익스트림 클로즈업함으로써 시작하고 이것은 곧 인디언이 운반하는 횃불임이 드러난다. 그리고 이 횃불은 곧 롱 쇼트를 통해 숲속 깊은 계곡에서 사는 인디언 부족 추장 마싸소잇(Massasoit)의 화장식을 위한 것임이 밝혀진다. 이 화장식에 백인 2명이 나타나는데 딤즈데일과 청교도 사회의 주지사 벨링엄(Bellingham)이다. 벨링엄이 백인들의 정착을 도와준 고마운 추장의 죽음에 애도를 표하자 추장의 아들 메타코밋(Metacomet)은 백인들에게 도움을 주지 말고 죽도록 버려두었어야 했다며 백인들이 거짓말로 아버지를 살해했노라고 적개심을 보인다. 그러나 딤즈데일만은 그들의 진정한 친구임을 인정한다.

| 사진 1 |

이 첫 장면은 소설에는 없다. 소설에 존재하지 않는 장면이 영화의 초두에 삽입되었다는 것은 이 장면이 감독의 메시지와 주제 전개에 꼭 필요하기 때문일 것이다. 무엇보다 관객은 장소적 배경을 염두에 두게 된다. 원작에서처럼 숲은 백인들이 건설한 마을과 대립되는 곳으로서 인디언처럼 청교도 사회가 두려워하는 존재 및 그들의 상징적 가치와 밀접하게 연결된다. 또한 주홍색의 모티프가 관객의 시선을 사로잡는다. 주홍색 횃불을 들고 가는 인디언 위로 영화 제목 <주홍글자>가 나타남 | 사진 1 | 으로써 둘 사이의 연관성이 암시된다. 앞으로 주홍색은 횃불, 글자 'A', 의상, 숲속의 신비한 새, 모반 등의 영화적 도구와 장치를 통해 인디언뿐 아니라 헤스터와 펄(Pearl), 히빈스, 미투바(Mituba) 등 청교도 사회에서 타자로 핍박받는 거의 모든 사람들과 연결된다. 이는 원작에서처럼 개성과 본성을 억압하는 무채색이 지배하는 마을에 대하여 그들이 공유하는 개별적 독자성과 다채로운 자연 본능의 가치를 표현하는 색채적 상징이라고 할 수 있다. 동시에 관객은 인디언과 청교도 사회 간의 반목을 느끼게 되는데, 그 심상치 않은 갈등의 발단은 청교도 사회가 제공했고 앞으로 그 갈등이 영화를 진행시키는 중요한 한 가지 플롯 라인이 될 것임을 인식할 수 있다. 나아가 주홍색 횃불이 주홍글자와 연결되고 있기에 인디언과 마찬가지로 주홍글자의 주인공인 헤스터 역시 청교도 사회와 갈등하게 되고 그것이 영화를 진행시

키는 또 다른 중요한 플롯 라인이 될 것이며 청교도 사회에 대한 그녀의 처지와 위치는 인디언의 그것과 유사할 것이라는 점도 추측할 수 있다.

영화 속에서 롤랑 조페가 청교도 사회의 타자로서 인디언과 헤스터를 연결하고자 한다는 사실은 인디언 부족장의 화장식에서 타오르는 횃불 장면이 이중 노출을 통해 대서양을 건너 신대륙에 도착하는 헤스터의 등장 장면과 오버랩 되는 편집으로도 제시되고 있다. 이 때 성장한 펄의 보이스 오버가 들리는데 그녀의 내레이션에 따르면 배경은 소설 속 시대 배경(1642-49)보다 약 20여년 더 늦은 1666년 메사추세츠(Massachusetts) 만 식민지로서 헤스터는 "두려움이나 박해 없이 신을 경배할 수 있는 자유"를 찾아 희망을 가득 품은 채 이 신대륙에 찾아온 것이다. 이 오프닝 크레디트 부분에 흐르는 음악은 이 영화의 서곡 격으로서 헤스터가 속박이 없는 자유를 느끼거나 열망할 때 반복되는 자유의 테마곡이다. 당시 신대륙은 헤스터를 비롯한 많은 사람들에게 구대륙에서의 구속과 박해의 경험에서 해방되어 신앙과 삶의 자유를 실현할 수 있는 가능성의 터로서 소망되었음을 알려주는 쇼트인 것이다. 원작의 서두에서 호손이 인정했던 청교도 선조들의 순수한 이상 즉 "인간의 선과 행복을 보장하는 유토피아"(Hawthorne 39)에 대한 갈망을 적절한 영상과 음향 효과로 표현하고 있는 쇼트이다. 과연 이 곳에서 그 갈망이 실현되고 있는지는 플롯의 진행을 통해 전달되겠지만, 백인 사회에 대해 인디언들이 느끼는 배신과 원망을 다룬 장면 바로 뒤이은 편집상 배치를 통해 헤스터가 꿈꾸는 희망이 현실화되고 있지 않다는 메시지가 암시되고 있다고 할 수 있다.

이 사회의 타자로서 헤스터의 성격 창조는 영화 속에서 특히 초반의 몇몇 쇼트를 통해 이루어지고 있다. 무엇보다 제일 먼저 헤스터의

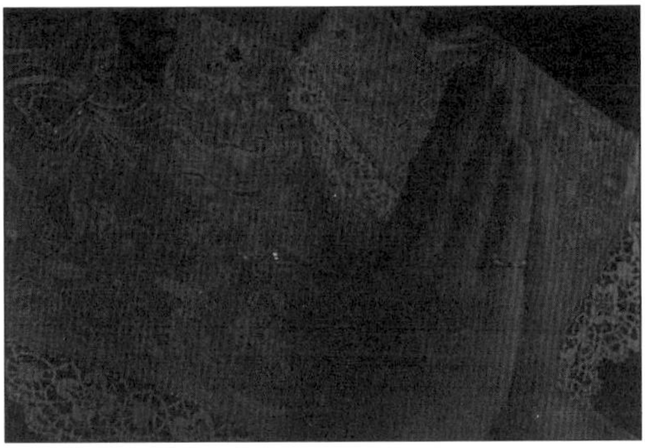

| 사진 2 |

독립성과 도전 정신, 개성과 자유분방한 성품이 제시된다. 남편 없이 3개월간 항해를 한 것이나, 벨링엄 주지사에게 먼저 악수를 청하는 모습, 프린 부인(Mistress Prynne) 보다는 헤스터라는 자신의 이름을 불러줄 것을 요구하는 것, 혼자서 지낼 집을 마을 사람들이 살지 않는 바닷가 절벽 위에 정하는 모습, 혼자서 말을 타고 마차를 몰며 경매장에서 남성 노동자들과 노예를 혼자 계약하고 밭일을 손수 하는 등이 그러한 예이다. 특히 그녀의 옷의 레이스가 너무 화려하다고 마을의 노 목사 스톤홀(Stonehall)에게 경고 받는 장면, 개인 목욕통을 가지고 온 것에 대해 마을 여자들이 수군거리는 장면, 혼자서 지내겠다고 선언할 때 마을 지도자들이 놀라는 장면 등은 앞으로 전개될 그녀와 마을 사이의 부조화를 암시하는 복선이 된다. 그리고 바로 이어지는 장면에서 목사 집에 저녁 식사 초대를 받은 헤스터의 화려한 흰색 레이스 드레스와 그 속으로 비치는 하얀 목과 어깨와 가슴이 익스트림 클로즈업 | 사진 2 | 되는데, 이는 그녀의 자유로운 상상력과 열정, 아름다운 육체와 성적 매력, 숨어 있는 자연 본능 등을 시사한다. 벨링엄 주지사가 밝히고 있듯이 마을에서는 "모든 문제에 절대적 질서"가 필요하고 "규칙을 지키지 않는 한 생존할 수 없다"는 생각이 지배하고 있기에 그리고 사람들은 주로 검정색과 회색, 흰색의 단순한 무채색 옷을 입고 자신의 개별성과 본능을 묻고 살아가고 있기에, 헤스터의 비전통적인 행동과 남다른 의상을 전경화하는

연출은 이 사회에서 그녀의 경계적 위치를 부각시키는 것이라고 할 수 있다. 더구나 편집상 이 장면을 스톤홀 목사가 헤스터의 레이스에 대해 권고하는 장면 바로 다음에 배치시키기에 그녀가 권위에 무조건적으로 순종하지는 않을 것이며 그것이 그녀와 청교도 사회 남성 지도자들 간에 갈등을 심화시킬 것이라는 암시를 강하게 전달한다.

원작에서 헤스터가 박해받는 가장 중요한 이유 즉 그녀가 구현하는 육체의 가치와 숲의 상징성을 감독은 바로 다음 장면에서 영화적 기법과 연출로 잘 표현하고 있다. 인디언이 출몰하여 마을 사람들은 두려워 가지 않는 바닷가 절벽 위의 숲 앞집을 망설임 없이 얻고 밭일을 하던 헤스터는 인디언의 횃불만큼이나 관객의 시선을 고정시키는 주홍색 새를 보자 홀린 듯 숲속으로 따라 들어간다. 이 때 그녀는 빗장을 넘어가는데 이 소도구는 마을의 가치와 숲의 가치를 가르는 상징적인 의미를 갖는 것으로서 그것을 넘어가는 헤스터는 마을에서 금기하는 세계로 들어간 것이라 해석할 수 있다. 과연 숲속에서 헤스터는 마을에서와는 전혀 다른 모습으로 변신한다. 숲에 들어갈 때는 머리를 틀어 올린 상태로 신발을 신고 있었는데 숲속에서는 머리를 완전히 풀어 내리고 자유로운 맨발의 상태 | 사진 3 | 가 되어 있다. 변화된 헤스터의 이러한 외양은 마을/의식/이성의 세계와 대립되는 혹은 그

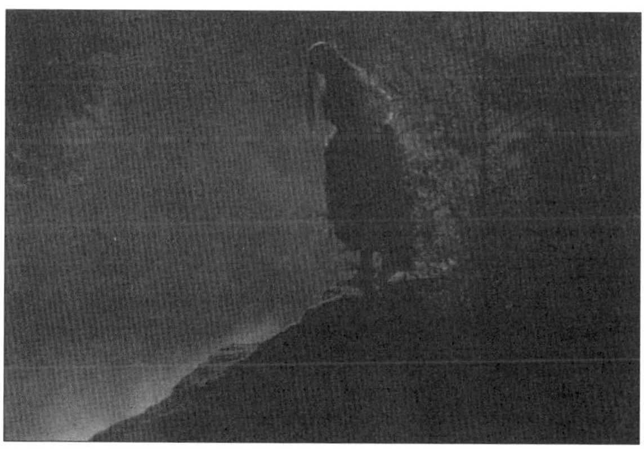

| 사진 3 |

이면에 억눌려있는 숲/무의식/육체의 세계가 해방되었음을 상징하는 감독의 연출로 볼 수 있다. 이 때 들리는 불가사의한 타악기 소리와 동물의 울음소리, 새의 노래 소리 등의 음향효과는 마치 인간의 깊은 무의식을 건드리는 듯 신비로워서 억압되어 있던 육체의 가치가 깨어남을 더 효과적으로 암시하며 앞으로도 주홍색 새가 나타날 때는 거의 언제나 지배적인 음향효과로 작용한다.

의미심장한 것은 감독이 이러한 프레임 속에 딤즈데일을 등장시킨다는 것이다. 즉 딤즈데일은 숲속 호수에서 나체 수영을 즐기는 모습으로 헤스터에게 처음 소개가 된다. 원작에서는 있을 수 없는 이 장면을 헤스터의 색욕을 드러내주기 위한 것으로 비판하는 사람도 있지만 필자의 해석으로는 감독이 딤즈데일과 헤스터의 첫 간접적 만남을 이렇게 창조한 것에는 다른 의미가 있다. 즉 공적 정체성은 청교도 사회의 정신적 가치를 구현하고 선도하는 종교적 지도자이지만 이면에는 마을이 억압하는 숲의 요소 즉 육체, 열정, 본능, 사랑, 감성 등의 요소가 은밀히 내재하고 있다는 원작 속 딤즈데일의 핵심적 진실을 상징적 영상으로 잘 표현하고 있는 것이다. 숲의 요소는 헤스터의 속성이기에 감독은 이러한 연출을 통하여 두 사람에게 공통적으로 존재하는 타자성을 암시하는 것이라 할 수 있다. 또한 첫 직접 대면을 한 후 함께 말을 타고

| 사진 4 |

숲속을 달리는 가운데 둘은 즐거운 웃음을 터뜨리게 되는데 | 사진 4 | 이 웃음의 속성 역시 축제와 놀이 문화를 통제되지 않은 본성의 표출이라 하여 억누르고 대신 진지함과 단죄 문화가 지배하게 된 마을에서는 경계되는 타자성이다. 이때 헤스터의 자유의 테마곡이 들리는 것은 그들의 공통된 자유로운 영혼과 정신적 독립성을 상징하는 적절한 영화적 기법이라고 할 수 있다. 이런 상징성을 띤 숲속 장면이 예비되어 있었기에 차후 두 사람이 마법처럼 서로에게 끌리는 것은 자연스러운 발전으로 간주된다.

마을과 불협화음을 이루게 될 헤스터와 딤즈데일의 공통된 타자적 속성이 주로 매우 인상적인 영상적 이미지로 암시되고 있는 것과는 달리 이 사회의 또 다른 타자인 인디언과 마을의 갈등은 매우 직접적인 메시지의 형태로 전달된다. 이어지는 마을 예배 장면에서 감독은 딤즈데일의 설교를 통해 이 사회가 이루려는 이상을 다시 한 번 상기시키고 그로부터 멀어지고 있는 현실 즉 인디언에 대한 청교도 사회의 잘못을 강하게 질책하고 있기 때문이다. 딤즈데일의 설교의 요지는 이 사회가 되어야 할 '뉴 예루살렘'은 귀족과 평민, 노예와 평민, 인디언과 청교도가 사랑으로 하나가 되어야 하는 사회로서 청교도들은 인디언의 영역을 탐하면 안 된다는 것이다. 인디언과의 화평에 대한 언급과 마을 사람들의 탐욕에 대한 직접적 비판이 담긴 이 설교는 영화 속 마을 사람들에게는 최초의 이상을 기억하라는 강한 촉구이지만 영화 밖 관객에게는 백인의 거짓과 배신에 마음을 닫는 인디언들을 제시했던 영화의 첫 장면을 상기시키며 백인의 잘못으로 깊어져가는 두 집단 사이의 갈등의 골을 인식시키는 효과가 있다. 잊거나 은폐해왔던 청교도 건국 선조의 어두운 역사적 진실을 바로 직시하라는 감독의 메시지가 전달되는 것이다. 동시에 청교도 사회의 기만과 배신으로 인디언이 처하게 된 억울한 상황에 공감하고 그들의 입장을 대변해주는 딤즈데일의 모습을 제시함으로써 딤즈데일이 자신의 공적 정체성의 경계를 넘어 청교도 사회의 타자인 인디언과 공유할 수 있는 속성을 지니고 있음을 시사한다.

딤즈데일이 헤스터와 함께 인디언과 공유하는 중요한 한 가지 공통 속성은 청교도 사회의 법과 규율에 의해 통제받지 않는 열정이다. 이것은 설교 후 치버(Cheever) 목사가 마을의 영역 밖에 "야만인의 땅" 즉 인디언의 거주지가 있는데 그 곳은 "어둡고 길들여지지 않은 야만스런 열정"이 있는 곳이라고 정의내리는 장면과 헤스터가 마을 사람들이 모르는 딤즈데일의 열정을 그의 자연 본성으로 인정하는 장면을 연속시킴으로써 암시된다. 마을의 남성 지도자들이 볼 때 열정은 야만성과 인디언과 악과 연상 작용을 일으키는 두려운 인간 자연 본성이다. 그렇다면 딤즈데일과 헤스터가 지니고 있는 열정은 마을에서는 억압되어야 하고 분출될 경우 인디언과 같은 부류로 간주되며 이 사회에서 소외되고 박해받을 것임을 예측할 수 있다.

그러나 과연 마을의 영역 밖은 치버 목사의 정의대로 악하고 야만적인 무리들이 사는 곳인가? 익스트림 롱 쇼트로 제시된 장면은 관객으로 하여금 목사의 정의를 의심하게 한다. 밝은 햇볕 아래 낮은 산과 얕은 강의 목가적

| 사진 5 |

인 풍경 속에서 평화롭게 어우러져 살아가고 있는 남녀 인디언들과 히빈스, 그리고 소외된 여성들—샐리(Sally Short), 메리(Mary Rollins), 영국인을 믿지 않는 원주민 여성 마토나(Matona)—의 화기애애한 모습이 프레임 안에 나타나기 때문 | 사진 5 | 이다. 그들은 모두 예배에 초대받지 못한 존재들로서 마을에서는 배타시되는 무리이지만 관객에게는 함께 모여 즐겁게 사과주를 마시고 담소를 나누며 웃고 노래하고 춤추고 뜨개질과 같은 자신의 창의적 개성을 발휘하며 살고 있는 선량하고 평범한 사람들로 비쳐진다. 오히려 백인과 인디언, 남성과 여성이 함께 화평하고 평등하게 공존하고 즐거움과 유쾌함과 놀이가 함께 하는 삶 방식을 반영하는 이러한 영상은 마을의 경직되고 획일적이며 불평등한 삶 방식과 대조되며 그에 대한 바람직한 대안적 삶이 될 수 있음을 암암리에 전달한다. 또한 히빈스는 밤의 숲이 자신의 영역이며 숲은 "인간의 마음 속 진실"을 읽어낼 수 있는 능력을 갖고 있다고 스스로 인정함으로써 마을이 두려워하는 "마녀 담화"를 하는데 관객은 그녀에게서 청교도 사회가 규정한 섬뜩한 마녀의 전형을 전혀 느낄 수가 없다. 감독은 조안 플로라이트(Joan Plowright)를 캐스팅함으로써 히빈스에게 자애로움과 신실함과 사려 깊음과 상식과 진실성과 선함과 소외된 사람들을 거두는 사랑과 민간요법에 대한 깊은 지식 등이 묻어나는 성격 창조를 하였다. 이러한 선택은 의미 있는데, 마을에서 악의 추종자로 규정하고 단죄하는 마녀의 개념이 얼마나 자의적이고 신빙성이 없는 것인가를 나타내는 효과를 지니기 때문이다. 이 장면에서 헤스터가 숲에서 밤에 마녀가 캔다고 간주되는 약초에 대해 히빈스가 놀랄 정도로 지식이 풍부함을 보여주고 히빈스의 무리와 함께 거리낌 없이 웃고 담소하며 편안하고 즐거운 시간을 보낸다는 것은 그녀가 마을과는 대립하고 이들과는 소통할 수 있는 같은 부류의

| 사진 6 |

타자라는 것을 시사한다.

이상과 같은 속성을 지닌 헤스터가 플롯의 진전을 위해 이제 청교도 사회에서 공식적인 타자로 지목받고 핍박받기 위해서는 우선 그녀의 육체적 성을 적극적으로 분출시키는 과정이 선행되어야 한다. 이것은 많은 사람들이 이 영화를 음란 영화로까지 혹평하게 하는 악명 높은 선정적인 두 장면으로 연출된다. 사실 필자가 보기에도 헤스터의 목욕 장면에서 나신과 가슴이 완전히 노출될 필요는 없었다. 굳이 이유를 찾자면, 성이라는 자극적 소재를 통해 관객의 호기심과 관음증을 충족시킴으로써 흥행에 성공하고자 하는 할리우드 영화 제작의 관행이라고 볼 수 있을 것이다. 그러나 그 장면만 제외시키고 보면, 전체적으로는 편집에 의한 반복적 크로스 커팅에 의해 두 주인공들의 서로에게 향하는 마음과 공통되는 타자성을 잘 표현하고 있다고 할 수 있다. 헤스터는 그녀의 열정을 분출하는 방편으로서 화려한 레이스 짜기를 하고 있다. 동시간대에 딤즈데일은 그의 열정을 쏟아 인디언에게 "자유를 주기 위해" 인디언어로 성경을 번역하고 있다. 이 장면들은 그들의 열정이 타자(성)과 연결되어 있음을 나타낸다. 또한 이어지는 헤스터의 목욕 장면은 숲속 딤즈데일의 수영 장면과 오버랩 | 사진 6 | 되고 반복되어 교차 편집되는데 이러한 연출 역시 두 사람의 무의식에 공통적으로 내재해 있는 억눌린 육체와 성의 가치를 다시 한

번 각인시켜 주는 효과를 지닌다.

딤즈데일의 나체 수영 장면 및 헤스터의 목욕 장면과 더불어 이 작품이 선정적이라고 비판되는 나머지 한 장면인 사랑을 나누는 장면 역시 같은 맥락에서 유사한 해석이 가능하다. 헤스터의 남편 로저 프린(Roger Prynne)이 타고 있었던 것으로 추측되는 선박 '용맹'(Intrepid)호가 인디언 습격을 당해 모두 몰살당했다는 소문이 도는데, 이는 청교도 사회와 인디언 간의 갈등이 더 진전된 것을 암시하면서 동시에 두 주인공이 깊은 육체적 관계를 할 수 있는 정당성을 부여하는 연출이다. 이 장면에서는 육체가 클로즈업되고 헤스터와 딤즈데일의 사랑 장면은 흑인 노예 소녀 미투바의 목욕 장면과 크로스 커팅에 의해 반복적으로 교차 편집된다. 전체적으로 이 장면은 헤스터의 목욕 장면처럼 관객의 무의식적 욕구 충족을 염두에 두어야 하는 할리우드 영화의 특성으로 해명할 수 있지만 그러나 헤스터와 딤즈데일의 사랑 나누기 장면이 있는 것은 플롯의 발전상 자연스러우며 음란한 정도는 아니다. 게다가 이 장면은 주홍색 새가 숲속에서 다시 나타나 집안으로 들어오고 무의식을 깨우는 듯한 신비한 음향효과가 들리는 연출에서도 짐작할 수 있듯이 육체, 성, 사랑, 감정, 열정, 자연 본성 등 숲의 요소들이 자연스럽게 깨어나고 해방되는 상황을 나타내며 이는 특히 미투바와 관련하여 중요하다. 헤스터를 숲속으로 이끌었던 주홍색 새가 이번에는 미투바가 자신이 미처 깨닫지 못했던 육체와 여성성에 깨어나도록 전령 역할을 하는 것 | 사진 7 | 이다. 전에 헤스터가 했던 대로 헤스터의 목욕통 물속에 몸을 담근 미투바는 이제 헤스터와 연결되며 과연 둘은 앞으로 주인과 노예의 관계 이상으로 타자로서 자매애적 유대를 보여주게 된다.

헤스터가 이 사회의 공식적 타자로 지목되고 억압되기 위해 필요한 또 한 가지 과정은 독립적이고 혁신적인 사고로 마을의 가치와 본격적으로 대립각을 세우는 것이다. 이것은 헤스터가 여성들과의 모임을 형성하고 그 중심 리더가 되고 있는 장면을 연출함으로써 시작된다. 이 장면에서 감독은 무엇보다 야만적이고 악하다고 지탄받는 인디언 부족과 계몽되어 있고 의롭다고 자처하는 청교도 사회 중 진정 야만적인 쪽은 어느 쪽인가에 대해 관객에게 암묵의 질문을 던진다. 먼저 인디언에게 잡혀 포로 생활을 했던 메리는 인디언들이 잔인하지 않고 공정하였음을 증언하고 고생하고 돌아온 그녀를 대하는 마을 사람들이 오히려 잔인했음을 밝힌다. 그리고 샐리는 인디언을 "야만인"이라고 말하는 한 마을 여성에게 그녀의 죽은 남편이 결혼 전에는 창녀들과 놀았고 목사 중 한 사람은 인디언 소녀에게 치근대는 것을 보았다고 증언한다. 이들의 증거는 선/악, 문명/야만, 백인/인디언 등 청교도 사회의 이분법적이고 알레고리적인 세계관을 뒤집으며 그것이 얼마나 자기중심적이고 타당성 없는 임의적 구분인가를 관객에게 인식시킨다. 그리고 퀘이커교도 여성은 규칙보다는 마음, 의지, 의식이 중요하며 성경은 종교 자체가 아니라 단지 종교의 역사와 의식을 기록한 것일 뿐이라고 의견을 피력한다. 이에 헤스터가 동의하며 "남성들의 법은 단지 인간의 상상력에 불과"하고 자신은 신과 직접 소통한다고

| 사진 7 |

밝힘으로써 이 사회의 종교적 원칙과 남성 지도자들의 권위에 도전하는 위험한 이단적 생각을 표현한다. 헤스터의 생각이 관객에게 부자연스럽지 않게 느껴지는 것은 사실 그동안 헤스터가 당대 여성으로서는 드물게 지성을 갖추고 있다는 암시가 영화 속에 간간이 제시되어왔기 때문이다. 도착 첫날 「시편」을 인용함으로써 구약과 신약 성경을 섭렵했다는 사실을 보여주어 남성 종교지도자들을 놀라게 하고 또 존 밀턴(John Milton)의 저서 『코머스』(*Comus*)를 이미 읽었음을 보여주어 딤즈데일을 놀라게 하는 것이 그 대표적 예이다.

| 사진 8 |

| 사진 8-1 |

마을의 가치를 거스르는 육체적 성과 혁명적 사상을 모두 표출한 헤스터는 이제 플롯의 전개상 청교도 사회의 공식적 타자로 지목될 수밖에 없다. 헤스터는 결국 남성 지도자들 앞에 소환되고 그녀는 여성 모임 중단 명령을 거부하고 사생아 임신을 인정함으로써 청교도 사회의 권위와 규율에 노골적으로 저항하는 공적 타자가 된다. 이 때 감독이 연출하는 프레임 속 헤스터와 딤즈데일의 미장센이 절묘하다.

즉 프레임 안에서 딤즈데일은 헤스터 뒤에 원거리에 존재하는 것으로 배치 | 사진 8, 사진 8-1 | 되는데, 이는 딤즈데일을 보호하려는 헤스터의 결의와 헤스터의 뒤에서 죄를 숨기고 있는 딤즈데일의 상황을 영상적으로 잘 표현한 것이라 할 수 있다. 그러면서도 맞은편에 있는 벨링엄과 노 목사들을 둘이 함께 마주하고 있는 구도적 배치를 보이는데 이는 두 주인공의 공통된 처지를 시사하는 미장센이다.

이제부터 영화에서는 청교도 사회의 공식적 타자로서 헤스터가 마을의 부당한 박해를 받는 적극적 갈등과 대립 상황이 전개된다. 이 장면들에서 헤스터에게 가해진 억압은 창살이란 영화적 장치로 반복되어 상징적으로 나타난다. 헤스터의 모습이 프레임을 꽉 채운 창살 너머로 보이는 것 | 사진 9, 사진 9-1, 사진 9-2, 사진 9-3, 사진 9-4 | 이다. 헤스터가 물리적으로 감옥에 갇혀 있는 상황임이 전달되면서 동시에 이 사회에서는 헤스터의 자유롭고 독립적인 영혼이 속박되어 있음을 효과적으로 전달하는 영상적 이미지이다. 가령 감옥 안에서 창살을 가운데에 두고 성경 위에 손을 얹은 헤스터와 딤즈데일이 대화를 나누는 장면은 아이로니컬하다. 신앙 나아가 삶의 자유를 보장해줄 것이라고 생각했던 이 종교적 공동체에서 그 이상을 추구하는 사람들을 박해하고 있는 현실을 나타내는 상징적인 미장센이다. 이후에도 펄의 영아 세례를 위해 감옥에 들어온 딤즈데일과 헤스터가 감옥 안의 칼이 만든 'x'자 너머로 마주하는 미장센, 스톤홀 목사 부인이 정신적 구속으로서의 'A'를 달아줌으로써 "감옥을 그녀에게 넣으라"고 남편에게 제안하는 장면, 또한 아기를 안고 교수대로 가는 헤스터 모습이 창살 뒤로 배치된 영상 등 유사한 의미를 갖는 프레임 속 창살의 미장센이 이어진다.

헤스터를 핍박하는 청교도 사회의 남성 지도자들이 얼마나 권위주

| 사진 9 |

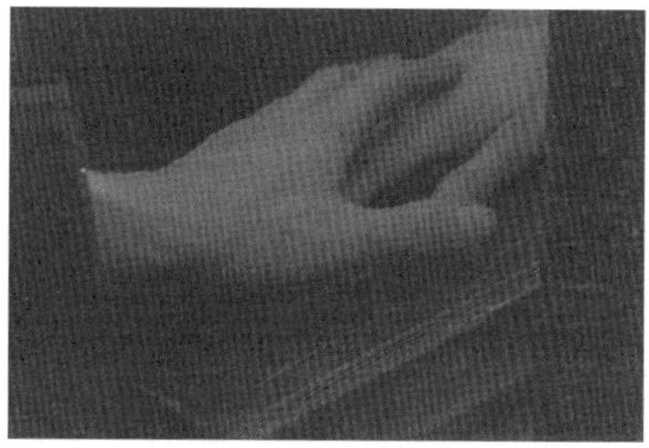

| 사진 9-1 |

| 사진 9-2 |

| 사진 9-3 |

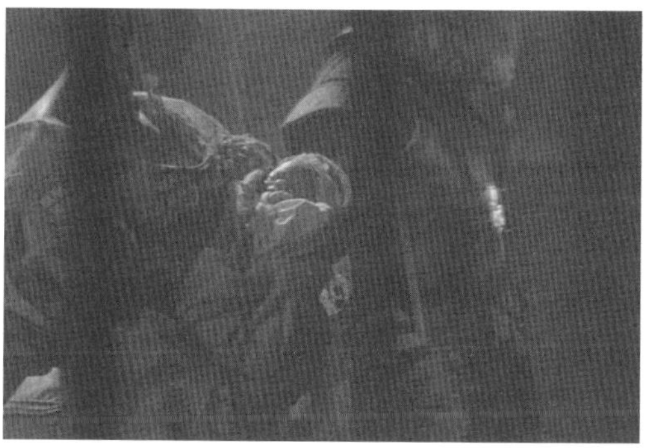

| 사진 9-4 |

의적이고 편협하며 비이성적이고 야만적인가 하는 감독의 메시지는 헤스터에 대한 그들 사이의 대화 장면으로 전달된다. 딤즈데일이 임신 5개월의 여자를 감옥에 가두고 있는 것은 "야만적"이라며 호소를 해보지만 스톤홀 목사는 "굽히지 않고" "회개할 줄 모르는" 헤스터의 의지에 분노를 표하고 치버 목사는 "공적으로 매질을 하지 않는 것이

다행"이라고 말할 정도로 왜곡된 마음을 보여준다. 이에 대해 벨링엄은 "이성적인 남자"로 이곳에 온 치버 목사가 변했다고 말을 할 정도이다.

| 사진 10 |

음울한 풍경의 마을을 배경으로 이러한 남성 지도자들의 대화 장면 | 사진 10 | 은 성도들을 사랑과 자비로 인도해야 하는 그들의 사명에도 불구하고 사고가 경직되어 있고 권위에 집착하며 정의와 형제애가 결여되어 있음을 보여주는 단적인 증거이다.

헤스터를 압박하여 고통으로 몰아갈 청교도 사회의 또 다른 남성은 바로 광적으로 악마화되어 포로로 잡혔던 인디언 부족에게서 추방된 로저 프린이다. 헤스터의 배신을 알게 된 로저 프린이 그녀에게 얼마나 위협적인 존재가 될 것인가 하는 것이 그 다음 장면의 미장센으로 암시된다. 로저 프린은 달빛을 뒤로 하여 정면과 표정이 잘 보이지 않는 암흑 속에서 말을 탄 채 헤스터 집을 내려다보는데 긴장감과 불안감을 전달하는 로저 프린의 테마곡이 흐르는 가운데 조명 부재와 로우 앵글의 영화 기법이 그의 존재를 매우 위협적이고 권위적이며 압도적으로 느껴지도록 연출하는 것이다. 집 안에서 헤스터가 부부자리를 준비할 때 그녀가 등을 돌린 채 씻고 있고 로저 프린이 뒤에서 그녀를 지켜보는 구도적 배치 | 사진 11 | 역시 로저 프린의 분노와 복수심 앞에 무방비 상태로 노출되어 있는 헤스터의 불리한 처지를

효과적으로 전달한다.

로저 프린의 존재는 딤즈데일에게도 위험할 수밖에 없다. 이러한 사실은 우선 딤즈데일이 사는 하숙집의 높은 등받이 의자 뒤에서 갑자기 나타남으로써 관객을 놀라게 하는 로저 프린의 위협적 등장 장면으로 제시된다. 그리고 같은 프레임 안에 딤즈데일은 미디엄 쇼트나 롱 쇼트로 신체의 대부분을 보여주고 칠링워스(Chillingworth)란 이름으로 변장한 로저 프린은 반쪽만 측면으로 보여주거나 시커먼 뒷모습 | 사진 12 | 으로 반복되어 나타나는데 이러한 미장센 연출은 자신의 의도를 교활하게 숨긴 채 은밀하게 딤즈데일의 비밀을 캐내려는 로저 프린의 음험한 의도와 이를 모르고 순진하게 자신을 다 드러내게 될 딤즈데일의 상황을 상징적으로 잘 반영하고 있는 것이다. 더구나 칠링워스의 외양이 목까지 완전히 감싼 검정색 제복 스타일이고 딤즈데일의 외양이 목을 자유롭게 보여주는 흰색 블라우스형 셔츠 스타일인 것도 의상 스타일과 색깔의 대비를 통해 악의 영역과 선

| 사진 11 |

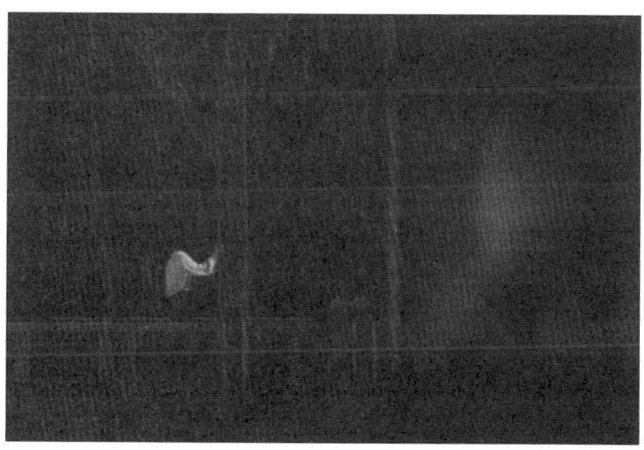

| 사진 12 |

의 영역을 각각 대변하는 두 사람의 대립적 상황을 효과적으로 나타내기 위한 연출이라 볼 수 있다.

로저 프린의 복수는 마녀와 인디언을 신성한 공동체를 무너뜨릴 악의 무리로 간주하는 마을 사람들의 비이성적 판단과 공포심을 교활하게 이용하여 이루어진다. 그는 인디언 부족이 마을에 점점 가까이 와있는 현 상황이 전쟁을 향한 일촉즉발의 위기임을 파악하고는 치버 목사와 스톤홀 목사에게 주술, 퀘이커교도, 집회, 이단의 존재 모두 인디언과의 전쟁에 대해 버지니아(Virginia)에게 신이 주신 징후였다고 거짓말을 하고 헤스터의 집회에 모였던 여성들 특히 산파 히빈스를 조사하고 아기 펄의 모반을 조사하라는 결론을 두 목사들로부터 끌어내기에 이른다. 이 때 음험한 의도를 지닌 칠링워스의 악마성은 헤스터와 딤즈데일의 연락책으로 충성을 다 하는 미투바를 잡아 치버 목사와 스톤홀 목사에게 넘겨주고 고문하게 하는 이후 장면에서 감독의 연출과 촬영 기법과 앵글 등을 통해 효과적으로 제시된다. 벙어리 미투바에게 검은 새가 있고 그것은 곧 악마이며 또한 히빈스임을 자복하라고 다그치는 두 목사의 고문 장면은 극히 비이성적이며 새디스트적이다. 이 때 눈여겨 볼 것은 두 목사들이 검은 새가 곧 악마라고 말을 할 때 검은 옷을 입고 위에서 이들을 내려다보는 섬뜩하고 음침한 로저 프린의 모습이 로우 앵글 쇼트로 제시 | 사진 13 | 되는데, 로저 프린이야말로 진짜 악마일지 모른다는

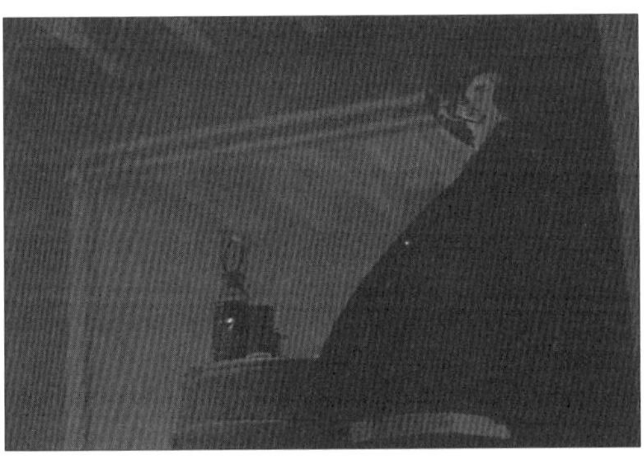

| 사진 13 |

감독의 의중이 전달되는 인상적인 영상이다. 뿐만 아니라 목사들의 미투바 고문 장면이 위에 있는 로저 프린이 내려다보는 듯한 시점 쇼트 즉 하이 앵글 쇼트로 제시되는데 마을의 종교 지도자들이 그들 머리 위에서 조종하는 로저 프린의 계략에 꼭두각시 노릇을 하고 있다는 사실을 전달하는데 매우 효과적인 미장센이다. 마을의 종교적 지도자들이 이렇게 분별력과 명철과 지혜 없이 악마적 의도를 가진 존재에게 원격조종 당하고 있는 이 장면은 순결하고 의로운 선민 공동체를 표방하는 청교도 사회가 현실 속에서 얼마나 취약하게 악에 휘둘리고 있는지 그리고 그 악은 외부가 아니라 바로 그들 자신 내부와 마음속에 있으며 무고하고 선량한 타자를 박해하는 부조리한 현상으로 나타나고 있음을 상징적으로 전달한다.

지도층 남성들과 로저 프린이 대변하는 청교도 사회와 헤스터의 갈등 구도는 마녀 재판 장면으로 절정에 이른다. 마녀 재판 장면은 인디언과의 갈등 장면처럼 원작에서 모티프를 얻어 오되 소설에는 없는 내용이다. 이는 청교도들의 정신적 이상에 모순되는 타자 박해 정신을 모티프로 결정한 롤랑 조페 감독의 선택과 집중의 자유로운 각색 결과이다. 악마가 곧 히빈스라는 결론을 내린 청교도 목사들의 미투바 고문 장면 바로 다음에 헤스터 집안에서 놀고 있는 펄이 제시되고 뒤이어 군사에게 쫓기는 히빈스를 등장시킴으로써 감독은 펄과 헤스터, 히빈스 모두 마녀 사냥의 희생자가 될 것임을 복선으로 암시하고 이러한 암시는 곧 마녀 재판 장면에서 현실로 입증된다. 히빈스는 주술로 미투바를 죽인 것으로 모함되고 산파가 되어 그녀가 받은 펄은 "마녀의 표식"으로 간주되는 주홍색 모반으로 인해 악마의 자식으로 몰림으로써 히빈스와 펄 그리고 펄을 낳은 헤스터는 단번에 모두 마녀로 등식화되는 것이다. 이 장면에서 로저 프린의 악의적 선동에 넘

어가 부조리한 공포에 사로잡힌 마을 사람들의 비이성적이고 히스테릭한 모습을 바라보는 관객의 느낌은 앞서 미투바를 고문하는 노목사들을 바라볼 때 느꼈던 정서와 유사하다고 할 수 있다. 로저 프린의 간계와 악마적 조종 아래 속수무책으로 이용당하는 마을 사람들을 롱 쇼트와 하이 앵글 쇼트 | 사진 14 | 로 동시에 바라보게 되는 관객은 '뉴 예루살렘'을 세우겠다던 청교도 선조들의 영적 취약함과 그들 자신을 세상과 구별하기 위해 만든 이분법적 세계관—청교도/이단(마녀), 선/악, 이성/광기—의 자의성을 다시 한 번 분명히 인지하게 된다. 그들이 자신들 편이라고 믿고 있는 로저 프린이 악마의 화신이라는 것은 바로 자신들 내부에 악이 있음을 시사하는 것이고 따라서 자신들이 '뉴 예루살렘'의 시민으로서 의롭고 선하고 거룩하다는 자아상은 얼마나 교만하고 터무니없는 허상인가 하는 인식을 전달하기 때문이다. 동시에 사회의 근간으로서 그들이 절대시하는 법이 집행되는 재판장이 이토록 정의와 이성과 질서가 부재함을 보여줌으로써 이 사회의 평결이 얼마나 신뢰될 수 없는가 하는 회의 역시 관객의 마음속에 들게 한다. 소설에는 없는 마녀 사냥과 마녀 재판 연출을 통해 감독은 청교도 건국 선조들의 미화된 신화에 대한 호손의 비판을 효과적 영상으로 담아내고 있는 것이라 볼 수 있다.

| 사진 14 |

청교도 사회와 헤스터의 갈등 라인이 마녀 사냥과 재판으로 절정에 이르는 것과 거의 같은 시점에 청교도 사회와 인디언의 갈등 라인 역시 유사한 형태의 인디언 사냥과 투옥으로 최고조에 달한다. 헤스터에 대한 성적 폭력을 시도한 청교도 남성으로 창조된 파렴치한 브루스터(Brewster)가 인디언에 의해 살해되었다고 착각하고 흥분한 마을 사람들은 이성을 상실하고 지금까지 마을에서 함께 평화롭게 공존하던 '개종한 인디언들'(Praying Indians)을 닥치는 대로 포획한다. 성별과 나이에 상관없이 무기를 휘두르며 인디언들을 잡으려고 쫓아가는 마을 사람들의 모습과 그에 쫓기는 여자 인디언들의 모습이 화면에 긴박감 넘치게 재현되는데 특히 무방비와 비무장 상태의 인디언과 총칼을 들고 갑옷을 입은 청교도 | 사진 15 | 가 한 프레임 안에 들어오는 미장센은 이 모든 상황이 부당하다는 느낌을 관객에게 강하게 전달한다. "우리는 당신들에게 충성을 다했다"는 한 인디언의 외침이 관객의 심중을 울리는 가운데 앞서 마녀 사냥 때만큼이나 인디언 사냥에 비이성적으로 광분한 마을 사람들의 모습이 화면 가득 어지럽게 전개된다. 빠른 템포로 진행되는 역동적인 화면 전개의 흐름을 타고 인디언 체포와 동시간대에 이루어지는 헤스터의 체포 장면이 크로스 커팅을 통해 병치되고, 좀 더 후에는 체포당한 헤스터와 히빈스의 무리들

| 사진 15 |

이 인디언이 투옥당하는 바로 그 장소에 끌려 들어와 같은 화면 속에 존재하게 된다. 개별적으로 전개되던 두 개의 플롯이 이제 완전히 하나로 수렴되어 같은 공간과 하나의 프레임 안에 들어오게 됨으로써 청교도 사회의 두 박해 대상 즉 인디언과 헤스터의 공통된 타자성이 명확해지는 중요한 순간이므로 놓쳐서는 안 되는 장면이라고 할 수 있다.

파국을 향해 빠르게 진행되는 이 혼돈스런 장면들 속에서 간과하기 쉬우나 놓쳐서는 안 되는 또 한 순간이 있다. 부조리하고 부당한 인디언 포획을 보다 못한 딤즈데일이 '개종한 인디언' 친구 조니(Johnny)에게 인디언 부족에게 가서 "동족을 구하라고 해라"고 지시를 내리는 장면이다. 이 순간을 포착하는 것이 중요한 이유는 그 동안 인디언의 마을 습격은 이 영화의 질을 떨어뜨리는 '듀 에 마키나'로서 헤스터와 딤즈데일 그리고 히빈스와 소외 여성들을 교수형에 처해질 순간에서 살려내기 위한 부자연스런 해결 장치로 비판받아왔기 때문이다. 필자의 해석으로 볼 때 마지막의 인디언의 습격 사건은 전혀 갑작스럽지 않다. 영화 초반부터 그 기초가 될 갈등 라인이 이미 형성되어 있었고 영화 틈틈이 그 갈등이 심화되어 두 집단 사이에 긴장이 고조되어가고 있음이 제시되어 왔으며 마지막의 습격 역시 청교도들이 먼저 결백한 인디언들을 공격함으로써 자초하였고 직접적으로는 인디언의 이유 없는 고통을 볼 수 없었던 딤즈데일의 판단과 지시에 따라 이루어진 것이기 때문이다. 나아가 딤즈데일이 요청한 인디언의 습격으로 동족 인디언 뿐 아니라 헤스터와 딤즈데일, 히빈스와 소외 여성들도 동시에 해방과 자유를 얻게 되는 영화적 갈등의 해결은 17세기 청교도 사회 전반에 퍼져 있던 이분법적이고 알레고리적인 세계관, 숨 막히는 억압적 분위기, 비이성적이고 무자비한 박해 현실, 따라서 신이 부여한 고귀한 사명을 수행하며 형제애로 일치단결한 의롭고 순수한 선민 공동체란 그들의 공적 자아상을 비판하기 위해 헤스터의 플롯과 인디언의 플롯을 연결하고자 한 감독의 의도가 이제 완전히 성취되었음을 말해준다.

마지막 장면은 청교도 선조 사회의 이중성과 모순을 비판하는 잣대가 되는 최초의 미국적 이상과 관련하여 의미가 있다. 감독은 'A'를 스스로 떼어낸 후 신대륙에 온 목적이 "신세계를 건설하러 온 것"임을 상기하며 마을을 떠나는 헤스터를 결말로 보여주고 이 때 자유의 테마곡을 삽입한다. 호손이 실천과정에서 나타난 청교도 선조들의 어두운 역사적 경험을 비판은 하면서도 그들이 품었던 최초의 비전 즉 부패와 죄로부터 자유로운 인류 구원과 행복의 공동체를 건설하겠다는 순수한 이상을 인정하고 있다는 사실을 포착한 감독이 이를 영상과 음악으로 표현해낸 것이다. 이 때 말고삐를 쥔 헤스터가 보여주듯 진정한 신세계를 향한 새로운 여행에서도 여전히 헤스터가 주도할 것으로 예측되지만 마차에 함께 탄 딤즈데일 | 사진 16 | 역시 이제는 자신의 공적 정체성의 기반이었던 청교도 사회를 과감히 떠날 정도로

| 사진 16 |

강인해졌고 자신 속의 숲의 가치를 수용하여 진정한 자아의 열망에 보다 충실한 모습으로 분명히 발전하였다. 마을을 떠나는 마차 위에서 사람들에게 보란 듯이 헤스터에게 키스를 하는 그의 마지막 모습이 이를 입증한다. 헤스터와 딤즈데일과 펄이 미국 내 또 다른 터인 캐롤라이나(Carolina)에 정착하여 행복하게 살았다는 보이스 오버는 호손과 롤랑 조페가 함께 믿고 소망하는 미국적 이상의 존속을 암시한다.

영화는 소설과 달리 이와 같이 해피 엔딩으로 끝난다. 이것은 청교도 사회의 박해와 억압으로 결국 죽음과 인내의 삶으로 결말지어지는 원작의 비극적 진지함과는 매우 큰 거리가 있는 결말이다. 그러나 이러한 결말의 차이에 대해서 무조건 롤랑 조페를 원작을 훼손했다며 비난만 할 수는 없다고 본다. 소설과 영화 모두 시대의 산물임을 다시 한 번 상기해본다면 말이다. 원작의 결말은 국가 정립기의 민족주의가 팽배해있어 개인의 권리보다는 공동체의 가치가 우선되었던 19세기 중반 미국 사회라는 역사적 상황에서 문학의 사회적 공리성이 중요하게 간주되었던 비평계에서 생존해야 했던 작가 호손이 홀로 책을 읽는 사적 경험을 하는 독자를 염두에 두고 창조해낸 것이다. 따라서 그는 소설 속에서 노골적으로 타자를 살릴 수는 없었을 것이다. 그러나 롤랑 조페가 활동을 한 20세기 말 미국의 역사적 상황은 전혀 다르다. 그동안 침묵 당해온 타자들의 목소리를 복원하는 경향과 탈권위와 탈중심, 다원적 세계관과 역사관 등이 주류를 이루게 된 시대이기에 사회, 국가, 민족, 공동체 등의 가치보다는 각 개인의 자유와 가치와 권리가 더 중요하고 따라서 원작과 달리 타자를 살리는 것이 가능한 것이다. 더구나 할리우드 제작 영화감독으로서 관객에게 심리적 만족감과 충일한 행복감을 채워주어야 하는 공적 책임이 있기에 원작을 "자유롭게 각색"했다는 공언 아래 해피 엔딩 결말을 선택한 감독의 결정을 이해해줄 수는 있다고 생각한다. 그리고 적어도 감독이 원작의 중요 주제를 제대로 포착하여 새롭고 변형된 줄거리로라도 그를 효과적으로 제시하고 있고 그리하여 관객이 미국 역사의 진실을 반추하고 역사의식을 바로 정립하는 기회를 얻을 수 있다면 변화된 엔딩 자체를 크게 문제 삼을 필요는 없다고 본다.

IV. 롤랑 조페: 포스트 모던적 관점과 사회 비평

이상에서 "우리 시대의 가장 영원한 고전"(Bercovitch, xxii)으로 손꼽히는 나사니엘 호손의 소설 『주홍글자』의 중심 주제와 작가 정신을 조명해보고 이것이 롤랑 조페의 영화 <주홍글자> 속에 어떻게 반영되고 재현되었는지를 분석하여 보았다. 본고의 논지에 따라 소설과 영화를 비교 고찰해본 결과 필자는 이 영화가 원작을 지나치게 훼손시켰다는 전반적 비판과 달리 오히려 원작을 "자유롭게 각색"함으로써 원작의 핵심적 시각과 중요 모티프를 영화 속에 충실히 그리고 효과적 영상으로 반영하여 원작 이해에 도움을 주고 있다는 사실을 결론으로 제시한다. 더구나 이 영화가 부각시키고 있는 원작의 주제가 타자에게 목소리를 주는 20세기 후반의 포스트 모던적 사고와 맞닿아 있기에 시대를 초월한 호손의 현대성을 문학비평계 넘어 일반 대중에게까지 깨우쳐주는 고유한 가치를 지니고 있다고 주장한다. "포스트모던 시대의 관객에게 새로운 관점을 제공하고 있다는 점에서 다시 음미해볼 수 있는 영화"(유정숙 116)인 것이다.

이 영화가 비판되는 주된 몇 가지 이유들도 필자의 분석을 통해 어느 정도 해명이 되었기를 바란다. 가령 드미 무어가 인내하고 참회해야 하는 헤스터의 역할에 맞지 않고 관능적인 요소와 강인한 여성주의자로서의 면모만 강조되었다는 비판에 대해서는, 원작 속의 헤스터가 후반에는 참회와 묵묵한 인내의 덕목을 보여주지만 애초에 청교도 사회에 의해 박해받게 된 단초는 그녀의 육체적 성의 해방에 있었고 청교도 사회의 권위에 굴하지 않는 자유분방함과 강인함과 지적 혁명성까지 함께 지니고 있었음을 기억할 것을 제안한다. 오히려 드미 무어의 캐스팅과 연기는 언어적으로 표현하는데 한계가 있는 헤스터의 육체적 가치와 정신력과 인간적 존엄성의 면모를 매우 인상 깊은 영상 이미지로 관객에게 확실히 각인시키는데 기여하고 있다고 본다. 에로티시즘, 섹스, 관음증, 새디즘, 활극 등의 할리우드적 속성의 삽입은 관객의 무의식적 욕망과 기호와 흥미를 충족시켜줌으로써 관객 동원에 성공해야 하는 자본주의 시대의 대중 영화의 특성상 이해할 수 있는 부분이라 생각한다. 다만 관객의 흥미를 돋우기 위해 영화의 포스터가 지나치게 선정적으로 연출되었다는 것이 이 영화의 심층적 주제와 내용을 제대로 파악하기도 전에 음란 영화라고까지 편견을 갖도록 하는 데에 일 몫을 하였을 것임은 인정해야 할 것이다. 시기적 배경의 변경과 원작에 없거나 존재감이 없는 사건들과 인물들 특히 마녀 사냥과 마녀 재판 그리고 인디언 문제의 삽입과 전경화는 감독이 파악한 원작의 중요 모티프와 작가 정신[2]을 보다 효과적으로 부각

2 『주홍글자』에서는 앞 주1에서 밝혔듯이 호손이 인디언 문제를 짧게 언급하고 넘어가지만 단편과 스케치—가령 「중심가」("Main-Street"), 「할아버지 의자에 대한 완전한 이야기」("The Whole Story of Grandfather's Chair"), 「운하를 왕래하는 배」("The Canal-Boat"), 「더스톤 가족」("The Duston Family"), 「7명의 방랑자」("The Seven Vagabonds") 등—에서는 보다 심도 있게 다룬 경우가 꽤 있다. 그 경우 호손은 백인들의 신대륙 정착 역사가 인디언 정복의 역사와 맞물려 있고 인디언은 백인의 희생자라는 역사적 진실을 분명히 제시하고 있으며 청교도들의 이분법적 사고를 해체하여 백인의 야만성을 드러내고 인디언을 백인과 마찬가지로

시키기 위해 "자유롭게 각색"하며 선택과 집중을 한 감독의 권한으로 양해해 줄 수 있다고 생각한다. 비극적인 소설의 결론과 완전히 대조되는 해피엔딩 역시 관객의 만족도를 염두에 두고 "자유롭게 각색"한 감독의 선택이며 특히 호손이 건국 선조의 어두운 역사적 실천 과정에 대해서는 비판을 했어도 기본적으로 인류 구원과 행복 공동체 건설이라는 미국의 높은 이상 자체를 부인하지는 않았다는 사실을 포착한 감독의 영화적 표현이 담긴 결말로 이해 가능하다고 본다. 플롯과는 관련 없는 불필요한 장면들이라고 생각된 몇몇 장면들—딤즈데일의 나체 수영, 헤스터의 나신을 드러낸 목욕, 헤스터와 딤즈데일의 성관계, 미투바의 목욕 등—은 주인공들 사이의 공통성이나 타자들 사이의 연대성을 표현하기 위한 의도적인 영화적 연출임을 본론에서 밝힌 바 있다. 그리고 '듀 에 마키나'처럼 갑작스럽고 설득력 없게 느껴지는 결말—헤스터와 딤즈데일의 사형 집행 직전 인디언들의 때맞춘 마을 습격—은 본론에서 역시 분석하였듯이 처음부터 복선으로 준비되어온 측면이 있음을 기억하여 오히려 이 영화의 잘 짜여진 플롯의 일부로 재해석할 필요가 있다고 생각한다. 또한 등장인물들의 성격이 너무나 평면화되었다는 비판에 대해서는 이 영화의 각색 초점이 인간의 심층 심리에 있지 않고 역사적인 외적 사건들에 있다는 점—그것이 바로 원작에 형상화된 딤즈데일의 정신적 사투 과정과 칠링워스의 악마적 변모 과정 그리고 순종과 저항 사이를 오가는 헤스터의 복잡다단한 심경의 변화가 영화 속에서는 섬세한 터치로 묘사되지 않거나 크게 비중을 차지하지 않는 이유일 것이다—과, 현실적인 영화 매체

고유한 영혼과 정신, 문화와 전통을 갖고 있는 인간임을 인식해야 함을 피력한다. 필자의 졸고「나사니엘 호손과 인디언 문제: 단편과 스케치를 중심으로」.『19세기 영어권 문학』 6.1 (2002): 25-54 참고.

의 특성상 인물의 심층 심리의 복잡성과 오묘함, 모호함과 신비함을 상상적인 문학이 표현하는 것만큼은 재현해내기 어려운 한계를 갖고 있다는 장르상의 특수성으로 이해해야 할 것으로 본다.

다만 이 영화가 비판받는 많은 이유들을 영화라는 매체의 특수성과 감독의 제작 의도와 "자유로운 각색"이라는 공언 등의 측면에서 위와 같이 해명하여도 필자 역시 원작과 비교하여 이 영화에서 아쉬움을 느끼는 부분이 있다. 그것은 바로 호손이 작품 속에서 보여주는 균형 감각 즉 어느 한 쪽으로 치우치지 않는 객관적인 시각이 영화 속에서는 부족하게 느껴진다는 점이다. 가령 호손은 청교도 사회의 경직성과 편협성과 잔인성을 비판하면서도 건국 초창기 그 사회가 지녔던 이상과 절박한 상황과 원로들의 지혜와 용기와 정의 등을 인정했고, 숲의 요소를 긍정하면서도 마을의 요소 역시 없어서는 안 되는 것으로서 두 요소의 조화로운 공존과 상호 수용을 소망했다. 소설 속에서 딤즈데일의 마지막 설교와 교수대 위의 공적 고백 장면이 중요한 위치를 차지하고 헤스터가 청교도 사회의 경직된 규율과 규범을 비판하는 잣대로 창조되었으면서도 궁극적으로 그 사회를 떠나지 않는 이유가 여기 있다. 이런 시각은 감독이 의식만 했다면 영화적으로 충분히 연출과 재현이 가능했을 부분이다. 그러나 이 영화에서는 청교도 사회 전반에 대해서는 매우 부정적이고 그에 의해 박해받는 타자들에 대해서는 매우 공감적으로 묘사되고 있다. 롤랑 조페는 호손의 타자적 역사의식과 건국 선조 신화에 대한 비판적 정신에 선택 집중한 결과 인간과 사회와 역사의 복합성을 균형 잡힌 따스한 시선으로 바라보았던 호손의 작가적 깊이까지는 영화 속에 살려내지 못한 것으로 보인다. 안타깝게도 호손이 그의 작품들 속에서 비판했던 알레고리적이고 이분법적인 시각이 또 다른 양상으로 이 영화에 일부 스며 있음을 인정하지 않을 수 없는 것이다.

그럼에도 불구하고 20세기 말에 소설 『주홍글자』를 신역사주의적 관점에서 비평하는 것이 문학비평계에 그동안 간과되어왔던 호손의 역사의식을 새롭게 조명하는 결과를 가져왔던 것처럼, 원작에 나타난 호손의 타자의식과 그에 기반을 둔 17세기 건국 선조 신화에 대한 비판 정신을 정확히 파악하여 원전의 내용에 크게 구애받지 않고 시기와 사건과 인물 등에 창의적 변형과 창조와 전경화를 통해 자유롭게 제작한 롤랑 조페 감독의 영화는 시대 경향에 맞는 적절한 주제 파악과 탄탄하게 연출된 그 영상적 재현 때문에 부정적 외면이 아니라 오히려 긍정적 주목을 받아야 더 마땅하다고 생각한다[3]. 특히 이 영화 전에 그가 제작한 <킬링 필드>(*Killing Field*)나 <미션>(*Mission*), <씨티 오프 조이>(*City of Joy*) 같은 영화 세계의 전반적 특징이 역사적 약자들의 입장에 목소리를 주고 백인 자아와 유색인종 타자 간의 경계 허물기를 시도하는 것이었다는 점을 인지하면 위와 같은 영화 <주홍글자>의 제작 의도 역시 영화감독으로서 그동안 그가 보여준 역사의식[4] 및 가치관과 일관성을 지닌다는 사실을 알 수 있다. 그리고 감독으로서 위와 같은 그의 성향과 정신은 성과 인종 그리고 그와 연관

---

3 롤랑 조페 자신도 "본인은 영화 비평이 매우 어려울 수 있다고 생각한다. 만약 영화가 생각이 필요한 여러 겹의 층을 갖고 있다면 처음에는 요점을 못 볼 수 있다," "만약 영화가 잘 만들어졌고 중요한 것들에 관한 것이라면 사람들은 결국 그것의 깊이를 알게 될 것이다"(www.brainyquote.com/quotes/authors/r/roland_joffe.html)라고 언급한 바 있고 필자는 본 영화에 이러한 그의 견해가 적용될 수 있다고 본다.

4 다음은 그의 역사의식을 엿볼 수 있는 예이다. "우리가 사는 세계를 바라보면 우리는 모두 정치의 영향력 하에 존재한다는 것이 진리이다," "관습적으로 사람은 역사를 과거의 어떤 것으로 바라본다. 그러나 아인슈타인 이후 과거에 존재하는 것이 무엇이고 현재에 존재하는 것이 무엇인지 누가 알겠는가?," "비록 우리가 인식하고 있지 못하다 해도 정치와 철학이야말로 우리의 삶을 구성하는 것이다," "나는 그 부족의 노인 부부와 했던 대화를 잊을 수가 없다. 그들은 내가 끝나고 나면 그들을 죽일 것인가를 물었다. 내가 왜 그런 질문을 하느냐고 그들에게 물어보았을 때 그들은 당신들 백인들은 항상 그러니까 라고 대답했다." (www.brainyquote.com/quotes/authors/r/roland_joffe.html)

된 역사와 정치의 문제를 다각적으로 바라보는 20세기 후반의 포스트 모던적 경향의 소산이라고 할 수 있고 그는 예리하게도 이러한 경향의 씨앗이 이미 19세기 중반의 미국 소설가 호손의 작품 속에 뿌려져 있었음을 발견해내었던 것이다.

참고문헌

김성곤. 『문학과 영화』. 서울: 민음사, 1997.

성경준. 「미국소설 강의에서 영화텍스트의 사용」. 『문학과 영상』 1 (2000): 97-117.

손홍기, 송원문. 『문학, 영화, 비평이론』. 서울: 한신문화사, 2004.

유정숙. 「영화로 본 소설 『주홍글자』」. 『영어영문학연구』. 35.2 (2009): 115-34.

이향만. 「텍스트의 안과 밖: 『주홍글자』의 영화 만들기」. 『문학과 영상』. 1.2 (2000): 189-210.

Bercovitch, Sacvan. *The Office of The Scarlet Letter.* Baltimore: Johns Hopkins UP, 1991.

Budick, Emily Miller. "Hester's Skepticism, Hawthorne's Faith: or, What Does Woman Doubt? Instituting the American Romance Tradition." *New Literary History.* 22 (1991): 199-211.

Buell. Lawrence. *New England Literary Culture: From Revolution through Renaissance.* New York: Cambridge UP, 1986.

Daniels, Bruce. "Bad Movie/Worse History: the 1995 Unmaking of *The Scarlet Letter.*" *Journal of Popular Culture.* 32.4 (1999): 1-11.

Dunne, Michael. "*The Scarlet Letter* on Film: Ninety Years of Revisioning." *Literature/Film Quarterly.* 25.1 (1997): 30-9.

Elliott, Emory. "The Dream of a Christian Utopia." *The Cambridge History of American Literature: Vol. I. 1590-1820.* Ed. Sacvan Bercovitch. Cambridge: Cambridge UP, 1994. 183-204.

Fluck, Winfried. "'The American Romance' and the Changing Functions of the Imaginary." *New Literary History.* 27 (1996): 415-57.

Hawthorne, Nathaniel. *The Scarlet Letter.* Eds. Sculley Bradley, et al. New York: Norton, 1961.

James, Caryn. "Film Review: Passion, Nudity, Puritans and, Oh, Yes, That Scarlet Letter 'A'." *The New York Times.* Oct. 13, 1995.

McWilliams Jr. John P. *Hawthorne, Melville, and the American Character: A Looking-glass*

Business. Cambridge: Cambridge UP, 1984.

Welsh, Jim. "Classic Folly: *The Scarlet Letter.*" *Literature / Film Quarterly.* 23.4 (1995): 299-300.

Wish, Harvey. *The American Historian: A Social-Intellectual History of the Writing of the American Past.* New York: Oxford UP, 1960.

http://en.wikipedia.org/wiki/The_Scarlet_Letter_(1995_film)

http://www.brainyquote.com/quotes/authors/r/roland_joffe.html

http://www.imdb.com/title/tt0114345

위대한 개츠비 *The Great Gatsby*

영화 <위대한 개츠비>에 나타난 이상향에의 꿈

김옥례_한국철도대학

* 이 글은 『영상영어교육』 제12권 1호(2011년)에 게재되었던 논문을 수정·보완한 것임.

I. 들어가며

클레이튼(Jack Clayton) 감독의 영화 『위대한 개츠비』를 보는 도중 내내 몇 해 전 보스턴 근교 브루클라인(Brookline)에 머무를 때 저녁 무렵 조깅을 하다가 우연히 마주친 부룩농장(Brook Farm, 1841-1847)의 쓸쓸한 흔적들이 마음속을 맴돌았다. 19세기 미국의 지성인들인 리플리(George Ripley), 호손(Nathaniel Hawthorne), 풀러(Margaret Fuller) 등이 이상적인 공동체 사회를 세우고자 하는 열망으로 모여들었으나 결국은 좌절과 씁쓸한 패배감으로 그들의 꿈을 단념하였던 곳이다. 이제 그들 이상주의자들의 터전은 사람들의 시선에서 벗어난 듯이 마을 공동묘지 맞은 편, 빛바랜 안내판 뒤에 고적하게 자리 잡고 있었다. 호손은 이 경험을 바탕으로 이상주의들이 빠지기 쉬운 관념론적 이상추구와 그 위험성을 지적하며 그들의 좌절을 다룬 『블라이데일 로맨스』(*The Blithedale Romance*)를 집필한 바 있다.

피츠제럴드(F. Scott Fitzgerald)가 1925년 발표한 『위대한 개츠비』도 가난 때문에 잃었던 옛 연인 데이지(Daisy)를 되찾으려는 꿈을 추구하는 개츠비의 사랑 이야기 속에 이상주의자의 딜레마와 고뇌라는 주제를 담고 있다. 작가의 사회비판의식과 예술적 기법을 바탕으로 1920년대 미국사회에 대한 분석 뿐 아니라 미국인들의 꿈, 더 나아가 인간의 이상향에의 염원과 그 좌절 등의 보편적인 주제를 다루고 있어서 현대에 이르러서 까지 대표적인 세계고전문학으로 평가받고 있다. 피츠제럴드는 이 작품 집필이 작가로서 자신의 의무였다고 주장할 정도로 심혈을 기울여 썼으며 엘리옷(T. S. Eliot), 워튼(Edith Wharton) 등 문단의 격찬을 받았다.

그동안 대부분 미국 영화감독들은 파라마운트, 워너브러더즈 같은 거대기업의 상업주의 논리에 좌우되는 스튜디오 시스템 속에서 일해야 했으므로 제작사의 피고용인이라는 역할을 벗어나기가 힘들었다(자네티 507). 그러나 1960년대와 70년대에 이르러 인권운동과 반전운동 등 기존 권위에 도전해 나가던 전반적인 시대 분위기에 발맞춰 미국 영화계에서도 뉴욕을 중심으로 '아메리칸 뉴 시네마 그룹'이 등장하게 된다. 이들은 헐리우드 영화 시스템의 구속에서 벗어나고자 했으며 허위로 가득 찬 세련된 영화가 아니라 거칠더라도 살아있는 영화를 제작해내겠다는 결심을 밝히게 된다(오영미 44-45). 1974년 파라마운트 사에서 제작된『위대한 개츠비』의 각색자 코폴라(Francis Coppola)와 클레이튼 감독의 경우도 스튜디오 시스템의 논리에 함몰되지 않고 자신들의 메시지를 힘들여 담아내게 된다.『위대한 개츠비』는 그동안 영화뿐 아니라 뮤지컬, 오페라, 연극 등으로 상연되어 왔으며 지금까지 네 편의 영화가 제작되었다. 1945년 브레넌(Herbert Brenon)감독의 첫 작품과 1949년 너전트(Elliot Nugent) 감독의 두 번째 영화에서는 화자이며 주인공인 닉(Nick)의 역할이 생략되거나 소홀히 다뤄졌고 최근 2001년도에 제작된 마코위츠(Robert Markowitz) 감독의 영화는 구성이 산만하고 감상적인 로맨스에 초점을 맞춘 수준 이하의 작품이라는 혹평을 받았다. 사회 범죄는 개인의 탓이라기보다는 균등한 기회의 부족, 극심한 가난 등 사회구조적인 문제 때문에 발생한다며 미국 자본주의 사회를 비판하는 갱영화 장르의 특성(자네티 384-85)을 보여주는 클레이튼의『위대한 개츠비』는 대부분 소설의 큰 줄거리를 따르고 있으나 부의 집중, 전통적인 도덕과 가치관의 붕괴 등 사회 문제들을 제시하고자 하는 감독의 의도가 보다 반영되어 있다. 즉 자신의 소신을 담아내는 작가주의 감독에 의해 제작되었으며 원작의 정신을 구현하면서도 기존의 문학적 소재를 새롭게 접근하는 독립된 예술로서의 특성을 보여준다.

II. 이상향에의 꿈과 좌절, 그리고 극복

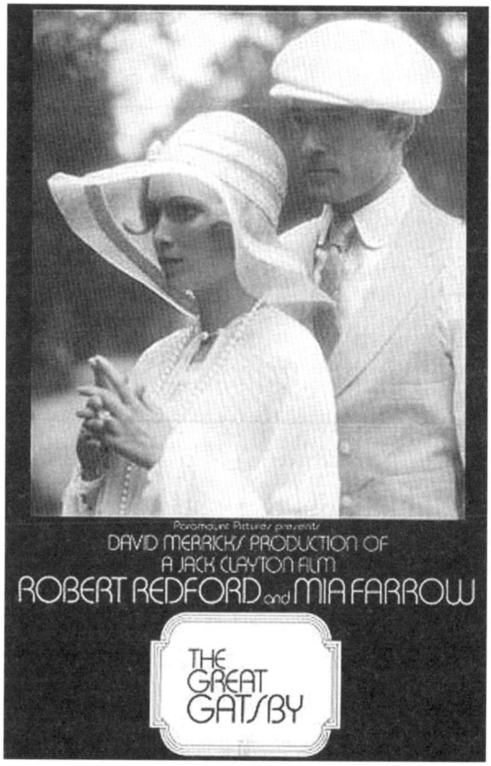

<위대한 개츠비> (1974)

1974년에 발표된 영화 『위대한 개츠비』는 원작의 핵심적인 내러티브 구조를 유지하면서도 텍스트를 독창적으로 재해석해내는 비판적 각색을 바탕으로 제작되었다. 그 과정에서 어떤 변화가 이뤄졌으며 기법들을 사용했는지, 아울러서 1920년대 미국사회의 특성이, 더 나아가 미국인들과 미국문화의 특성이 어떻게 함축되고 있는지 살펴보고자 한다. 작가주의 감독들 작품에서는 원작소설에는 나오지 않는 장면이지만 자품의 주제나 정신을 부각시킬 수 있는 시퀀스를 추가하기도 한다.

영화에서는 등장인물들의 비극적인 죽음 장면이 소설에 비해 더 상세하게 다뤄진다. 즉 풀장에서 수영하던 중 윌슨(Wilson)의 총에 맞아 피범벅이 된 채 물 아래로 가라앉는 개츠비의 죽음과 윌슨이 극도의 긴장상태에서 총구를 자신의 입에 넣는 자살 장면이 총성소리와 더불어 재현된다. 아울러서 데이지의 빼소니 운전차에 치어 죽은 머틀의 모습도 여러 번 익스트림 클로즈업 된다. 또한 더러운 먼지와 잿더미로 가득한 재의 계곡에 살며 사회 최하위층의 고단한 삶을 대변하는 윌슨 부부의 역할이 소설보다 비중 있게 다뤄진다. 특히 머틀(Myrtle) 역을 맡았던 캐런 블랙(Karen Black)의 연기가 돋보이며 그녀는 이 역할로 골든 글로브 조연상을 받았다. 가령 머틀이 뉴욕 행 기차 앞좌석에 앉았던 부유한 옷차림의 톰(Tom)을 처음 만났던 순간을 회고하는 장면에서 "이런 식으로 영원히 살 수는 없는 것"이고 자신이 그를 만났을 때가 일생 최고의 날이었다고 되뇌이는 그녀의 입 부분을 클로즈업함으로써 가난을 벗어나고자 하는 그녀의 갈망을 그려낸다. 사실주의 감독과 달리 형식주의 감독들은 대상의 표면적인 사실성을 왜곡시킴으로써 오히려 더 큰 진실을 재현해 낼 있다고 믿기 때문에 흔히 익스트림 클로즈업, 클로즈업 같은 극단적인 앵글을 사용한다(자네티 14). 뒤에 뉴욕 아파트에서 톰을 만나왔던 머틀의 불륜을 알아차린 윌슨은 그녀를 이층 방에 감금시키게 된다. 그러나 톰이 자신을 현재의 가난한 처지에서 구원해줄 존재로 착각하는 머틀은 주유소에 들른 그에게 알리기 위해 필사적으로 자신이 감금되어 있던 방의 창문을 두드린다. 결국 깨트린 유리창에 부상당한 손의 피를 핥는 머틀의 강렬한 연기는 날카로운 음향 효과와 더불어 견딜 수 없는 가난을 탈피하기 위한 그녀의 절박함을 생생하게 전달한다. 또한 그녀의 육신 뿐 아니라 영혼도 감금된 상태에 있음을 보여주기 위해 카메라는 익스트림 클로즈업과 하이 앵글로 덫에 걸린 듯이 무력한 그녀의 모습을 효과적으로 영상화 한다. 그 뒤 머틀은 뉴욕에서 돌아오던 데이지가 모는 개츠비 차를 톰의 차로 오인하고는 결국 방에서 뛰쳐나와 도로로 뛰어 들어서 목숨을 잃게 된다. 머틀의 핏자국으로 얼

| 사진 1 |

룩지고 사고로 깊게 파인 개츠비 차의 헤드라이트 부분이 에클버그 광고 간판과 겹쳐지는 장면이 익스트림 클로즈업되고 이에 강력한 불협화음의 음향이 수반됨으로써 물질기계문명의 희생자로서 머틀의 비극적인 죽음을 관객들에게 깊이 각인시킨다 | 사진 1 |.

윌슨은 아내를 죽인 범인을 수소문하기 위해 집을 떠나게 된다. 그가 재의 계곡을 굽어보고 있는 안과 개업의 광고판을 바라보며 신에게 다짐하듯이 자신의 잘못을 빌며 모든 것을 바로 잡겠다는 결심을 하는 장면은 어두운 전체 배경 속에서 약간의 하이라이트가 촬영대상에만 비춰지는 로우 키(보그스 153)와 익스트림 롱 샷으로 제시된다. 아주 먼 거리에서 촬영된 익스트림 롱 샷은 극중인물을 이해하는데 중요한 단서가 되며 인물이 배경의 일부가 되어 마치 그림 속의 인물을 보듯 철저히 대상화, 객관화된다. 이로써 자신이 처한 환경에서 벗어나기가 힘든 미약한 인간의 모습, 사회 희생자로서 개인의 모습을 효과적으로 전달한다(자네티 11, 이형식, 정연재, 김명희 128) | 사진 2 |.

소설과 달리 두 에그(Egg) 지방 사이를 자동차가 아니라 모터 보트를 타고 물살을 가르며 닉이 힘들여 건너가는 모습이 첫 장면에 등장한다. 이스트 에그(East Egg)의 톰의 집을 방문하기 위해 익숙하지

| 사진 2 |

| 사진 3 |

도 않은 모터보트를 작동해 나가느라고 모자를 물속에 빠뜨리는 등 닉의 곤혹스런 모습 위로 웨스트 에그(West Egg)라는 좀 뒤처지는 지역에, 대저택들이 있는 이스트 에그와 상반되는 특성을 지닌 곳에 자신이 살았다는 닉의 보이스 오버가 흐른다 | 사진 3 |.

이로써 웨스트 에그와 이스트 에그라는 두 지역이 대변하는 바 빈부차이, 출신배경의 차이가 개인이 극복하기에는 힘들 정도로 간극이 큰 당대 실상이 함축적으로 제시된다. 다시 말해서 80달러에 월세를 사는 웨스트 에그의 닉의 빈한한 처지와 이와 대조적으로 궁궐 같은 저택들이 늘어선 이스트 에그에 사는 부유한 톰의 차이를 통해 부가 소수에게 편중되어 있던 1920년대 미국사회의 문제를 제시해준다. 블루스톤(Bluestone)의 지적대로 영화는 인물들이 생각하고 느끼고 말하는 모습을 재현할 수는 있지만 그들의 생각과 느낌, 꿈, 기억들을 직접 제시하지는 못한다(48). 따라서 인간의 이상향에의 꿈과 그 좌절을 중점으로 다루는 클레이튼 감독의 영화에서는 이를 보다 설득력 있게 전달해내기 위해 화면밖에 있는 사람의 목소리, 즉 보이스 오버에 의한 해설이라는 비영화적인 절충물을 사용하게 된다. 보이스 오버는 배경에 관한 중요한 정보를 전달하거나 극적상황으로는 표현하기 힘든 부분을 보충 설명해줄 수 있기 때문이다(자네티 353, 보그스 172). 또한 톰의 집에서 돌아와 이웃 개츠비 집에서 막대한 양의 다양한 음식들이 준비되는 파티 장면을 지켜보는 닉의 단촐한 식사, 즉 프라이 팬 속의 스테이크 한 쪽이 클로즈업됨으로써 그의 궁핍한 상황이 다시 한 번 강조된다.

원작에서는 개츠비가 데이지의 친구인 조던(Jordan)을 통해 데이지가 자신을 버리고 톰과 결혼하게 된 상황에 대한 이야기를 듣게 된다. 이와 달리 영화에서는 개츠비가 유럽전선에 있던 자신을 기다리겠다는 약속을 지키지 않고 톰과 결혼한 이유를 말하라며 데이지를 직접 추궁한다. 이에 부잣집 딸은 가난한 남자와 결혼하지 않는다며 흐느껴 우는 데이지의 모습이 클로즈업됨으로써 당대 심각했던 물질지상주의적인 사고방식에 대한 감독의 비판적인 시각을 읽어낼 수 있다. 이 대면장면은 한 사람은 카메라와 등지고 있고 다른 한 사람은 카메라와 마주하는 오버더 숄더 쇼트로 제시되는데 데이지가 결혼 당시를 이야기할 때 거울 속에 그녀의 뒷모습이 비춰지게 함으로써 그녀에 대한 부정적인 이미지와 불신감을 관객이 갖게 한다(이소영 195). 또한 닉이 타락한 물질지상주의의 동부사회 가치관을 대변하는 톰과 데이지를 비판하는 모습이 영화에서는 더욱 부각된다. 가령 조던과의 대화 중에 톰과 데이지는 개츠비 장례식에 참석하지 않은 것은 말할 것도 없고 꽃이나 전보조차 보내지 않았다며 자신들이 망쳐놓은 일을 다른 사람들이 처리하게 하는 무책임한 사람들이라고 비난한다. 또한 개츠비가 죽은 이후 닉이 거리에서 우연히 톰을 만나는 소설 장면과 달리 영화에서는 호텔에서 톰을 만나게 되며 그의 악수제의를 거절한 채 윌슨에게 뭐라 말했냐며 그를 다그친다. 뉴욕에 갈 때 개츠비의 노란색 차를 몰았던 톰을 기억하며 범인을 수소문하러 자신을 찾아온 윌슨에게 톰은 사고 차의 주인이 개츠비라는 것을 알려줌으로써 암묵적으로 개츠비를 범인으로 몰아 세웠기 때문이다. 그들에 대한 작가의 함축적인 비판은 머틀의 유품들을 버리는 그녀의 여동생 캐서린(Catherine)의 모습을 담은 재의 계곡 장면과 호텔 커피숍에서 대면하게 되는 톰 일행, 즉 자신들에 의해 희생된 이들의 불행한 삶에 아랑곳하지 않고 여전히 호화로운 생활을 즐기는 부유계층의 모습이 뚜렷이 대조를 이룬 채 평행편집됨으로써 제시된다.

소설에서는 닉이 자연스럽게 파티에 참여한 개츠비를 만나게 되지만 영화에서는 집사의 안내로 여러 겹으로 둘러싸인 출입문들을 거쳐 주위사람을 압도하는 분위기의 개츠비를 두려움 속에서 처음 대면하게 된다. 이들 장면에서 감도는 팽팽한 긴장감이 미장센으로 설득력 있게 묘사된다. 구체적인 행동을 하지 않았음에도 영상을 팽팽한 사선으로 구성함으로써 닉이 느낀 불안감을 나타냈으며(자네티 68) 두 사람을 구도의 가장자리에 두어 그들 사이의 거리를 최대한으로 멀게 해 서로에 대한 어색함과 의혹 등이 효과적으로 전달되게 한다. 또한 소설

에서는 개츠비가 죽은 후 닉이 혼자서 데이지 집 부근의 만을 바라보며 옛 네덜란드 선원들이 신선한 초록색의 신세계를 눈앞에 대면하고 느꼈을 경이로움을 상상해 본다. 반면에 영화에서는 닉과 개츠비가 함께 롱아일랜드 만을 쳐다보며 옛 미국 선조들의 꿈을 생각해 본다 | 사진 4 |.

즉 개츠비가 데이지의 집 앞에서 그녀의 신변의 안전을 우려하며 밤을 새우고 난 뒤 닉의 집에 건너와 담배 한 대를 나눠 피운다. 그 뒤 닉은 그와 함께 네덜란드 선원들이 처음 미국에 왔을 때 그 섬이 어떻게 보였을지에 대해 의견을 나눈다. "선원들이 맨 처음 보았을 때 어떠했을지 상상이 가요? 산뜻한 초록색이었을거에요. 마치 신세계에 대한 꿈처럼"이라는 닉의 말에 개츠비는 "그들은 숨죽였을 거에요, 자신들이 만져보기도 전에 없어질까 두려워서"라고 동의한다. 이 장면에서 이상주의자 개츠비의 세계관에 다가가게 되는 닉의 모습이 함축적으로 제시되고 있음을 볼 수 있다.

이 영화에 유기적으로 짜여져 들어간 색채는 주제 전달에 있어서 중요한 역할을 한다. 즉 영화에서는 카메라 뿐 아니라 대화, 제스처, 음악, 색채, 빛, 의상, 혹은 화면 밖의 공간과 소리도 내러티브 역할을

| 사진 4 |

하는 중요한 구성요소들이다(McFarlane 17). 위의 닉과 개츠비의 대화 장면에서 개츠비가 밤마다 응시하곤 하던, 옛 사랑을 다시 찾고자 하는 개츠비의 꿈을 상징하는 초록색 불빛이 미국 선조들이 대면해 가슴 설레 했던 초록색으로 묘사되는 신세계에 대한 꿈과 연결된다. 이로써 개츠비의 꿈은 바로 이상적인 공동체를 세우려던 미국 선조들의 꿈을 대변하고 있음을 알 수 있다. 이러한 연관성을 여러 비평가들이 지적한 바 있다. 가령 뷰울리(Marius Bewley)는 미국의 꿈의 쇠퇴가 『위대한 개츠비』의 주요 주제(37)라고 평하고 온스타인(Robert Ornstein)의 경우도 단순히 재즈시대의 풍속소설이 아니라 타락한 사회에서 순진한 미국의 꿈이 배신당한 것을 극화한 것(54)이라고 주장한다. 또한 미국의 꿈, 정체성 등 미국 그 자체에 관한 것이 작품의 주제라는 트릴링(Lionel Trilling)의 평(110)과 이 작품에서 미국 역사적 전통에 대한 작가의 인식을 볼 수 있다는 왓킨즈(Floyd C. Watkins)의 의견(201), 닉은 개츠비를 신세계를 세운 이상주의자의 원형으로 파악한다는 샤무엘즈(Samuels)의 지적(157)들을 그 예로 들 수 있다. 개츠비의 꿈이 지닌 이러한 사회적 의미는 프랭클린(Benjamin Franklin)과의 연관성에서도 드러난다. 개츠비 장례식 장면 위로 목사의 성경 말씀과 겹쳐지며 개츠비 아버지는 소년시절 그가 읽었던 책에 적어놓았던 결심들, 즉 프랭클린의 자서전을 연상시키는 계획표를 읽어 내려간다(Watkins 202). 개츠비는 꿈을 실현해 나가기 위해 미국의 꿈을 이룩한 전형적인 미국인인 프랭클린을 자신의 모델로 삼았던 것이다.

또한 소설에서는 서부의 골드러시를 통해서 백만장자가 된 도금시대의 인물인 댄 코디(Dan Coddy)가 개츠비에게 결정적인 영향을 미치는 것으로 그려지나 영화에서는 생략된 채 그의 특성은 울프샤임(Wolfsheim)이라는 인물에 압축된다(Hoffman 139, Ornstein 58). 닉은 울프샤임을 통해 개츠비가 부를 어떻게 축적했는지를, 또한 그 과정에서 타락한 현실과 타협했음을 알게 된다. 그 당대 밀주를 판매하거나 도박으로 단기간에 많은 재산을 모은 벼락부자들이 많았는데 울프샤임과 손을 잡은 개츠비도 그 대표적인 경우이다. 개츠비는 자신이 옥스퍼드에서 교육받은 부유한 명문가 출신이며 세계대전에 참가한 공로로 훈장까지 받았다는 자랑을 초면의 닉에게 했으나 그 뒤 만난 울프샤임은 자신의 도움으로 극도로 가난했던 개츠비가 부자가 될 수 있었다는 상반되는 얘기를 해준다. 이로써 닉은 개츠비를 의심하게 된다. 개츠비의 후원자이며 동료이기도 한 울프샤임의 정체는 세 가지 단서로, 즉 사람 어금니로 만든 그의 셔츠 소매부분의 단추, 1919년 월드 시리즈(World Series)를 조작한 사실, 친구 로젠탈(Rosenthal)의 죽음에 관한 이야기로 함축된다. 그의 소매단추는 다른 사람을 희생시키면서까지 자신의 이익을 추구하는 그의 이기적이며 냉혹한 특성을 제시해준다. 또한 다른 갱단원들에 의해 살해된 로젠탈 이야기를 통해 이들 일행은 수단방법을 가리지 않고 돈을 벌던 갱단원들과 깊이 연루되어 있음을 알 수 있다. 울프샤임이 레스토랑을 떠난 뒤 그가 1919년 월드시리즈를 조작하고도 감옥에 가지 않을 정도로 수완이 좋은 대도박꾼이라는 사실을 닉은 개츠비로부터 전해 듣는다. 아메리칸 리그(American League)와 내셔날 리그(National League)에서 이긴 팀들의 최종시합, 즉 월드 시리즈가 매해 열리는데 1919년의 경우 악명 높은 스캔들이 발생했다. 이는 뇌물을 받고 시카고 화이트 삭스(White Sox) 팀 야구선수들이 신시내티 레즈(Reds) 팀과의 경기에서 일부러 진 사실이 뒤늦게 밝혀짐으로써 구단에서 영구 제명되었던 사건으로서 그 뒤 1989년 로빈슨(Phil Alden Robinson) 감독의 『꿈의 구장』(*Field of Dreams*)이라는 영화로 제작되기도 했다.

영화를 시작하는 서두의 장면들은 어떻게 내러티브가 진행되어 갈 것이며 어디서 끝날 것인지를 암시하는 중요한 부분이다(자네티 257). 『위대한 개츠비』의 경우 오프닝 크레딧에서 개츠비의 대저택과 데이지를 추억하는 개츠비의 소장품들, 즉 데이지에 대한 기사와 스냅 사진들을 카메라가 훑어나가는 장면 위로 재즈 음악이 흐른다. 특히 오프닝 크레딧과 함께 시작되는 음악은 영화의 전반적인 분위기나 정신을 설정해주는 일종의 서곡 역할을 하며 영화의 주무대가 되는 특정시대를 사실적인 것으로 만든다(자네티 232, 보그스 183). 이로써 피츠제럴드가 재즈시대라고 명명한 1920년대 사회배경이 작품에서 중요한 역할을 할 것임을 알 수 있으며 또한 당대 사회에 대한 감독의 비판적인 시각이 함축되어 있음을 읽어낼 수 있다. 1차 세계대전 이후 미국은 정치적으로는 세계 강국으로 부상하고 경제적으로도 풍요로운 생활을 누리게 되었으나 화려한 물질문명 이면에 도덕적인 혼란이 극에 달했으며 심각한 부의 편중 등으로 우울한 시대이기도 했다. 사람들이 정신적인 공허함을 채우고자 향락적인 삶에 빠져 지내는 모습은 영화에서 재즈 음악과 찰스턴 춤, 소란스런 파티로 재현된다. 아울러서 가난에 허덕이던 사회 하위계층의 삶은 먼지로 뒤덮인 재의 계곡에서 자동차 정비소와 주유소를 운영하는 윌슨 부부의 황량한 생활, 이에서 필사적으로 탈출하기 위해 불륜도 마다하지 않는 머틀의 절규, 닉이 전해주는 시카고의 우울한 정경 등으로 제시된다.

닉이 이전에 뉴욕에서 증권 담당 세일즈맨으로 일할 때 머물렀던 롱아일랜드 지역에서 한 여름동안 일어났던 일들을 회고하는 장면으로 영화는 시작된다. 몇몇 비평가들이 『위대한 개츠비』를 닉의 정신적 성장과정을 다룬 성장소설로 간주한 바 있는데 1974년 영화에서 특히 주인공으로서 닉의 역할을 부각시키고자 하는 감독의 의도를 볼

| 사진 5 |

수 있다. 영화 전반에 걸쳐서 사건이나 인물들을 관찰하는 닉의 모습들이 클로즈업되고 있는 것은 그의 역할이 개츠비 못지않게 중요하게 다뤄지기 때문이다. 닉이 이상주의자 개츠비의 꿈을 이어나갈 후계자임은 작품 전반에 걸쳐 유기적으로 짜여 들어가 있는 '새'라는 상징을 통해서도 알 수 있다. 저녁식사 도중 톰의 정부로부터 걸려온 전화 때문에 마음 상해하던 데이지는 먼 곳에서 날아온, 잔디밭에 있는 새를 보고는 낭만적이라고 말하는데 여기서 새는 꿈을 추구하는 개츠비를 상징한다. 새에게 모이를 주다가 닉은 개츠비 파티 초대장을 받게 되며 나중에 그는 개츠비 집 근처 해안가로 떠밀려온 죽은 새를 바위 위에 안전하게 올려놓는다 | 사진 5 |.

이로써 개츠비가 죽은 뒤 그의 꿈의 의미를 인정하고 실현해나가게 될 닉의 모습을 예견할 수 있다. 이러한 개츠비 꿈의 계승자로서 닉의 역할이 이 작품의 성공에 기여했으며(Hoffman 123) 도덕적인 중심을 이룬다(Hanzo 62). 어떤 측면에서 보면 이 작품의 주요 행동들은 닉에게 일어난 이야기이며 그가 경험한 바를 토대로 내리는 결론은 작품 주제의 중요한 부분을 차지한다고 말할 수 있다. 카울리

(Malcom Cowley)는 닉을 등장인물들 중에서 타락하지 않은 유일한 사람이며 물질지상주의적인 사고방식에서 벗어나 있다(139)고 평한 바 있으나 닉도 개츠비처럼 시대에 뒤 처지고 남루하게 느껴지는 중서부를 떠나 증권업으로 돈을 벌기 위해 뉴욕으로 왔다. 둘 다 예일대학을 졸업한 엘리트이나 유한계급출신의 톰과 달리 부모로부터 재산을 받지 못한 닉은 고향에서 가업을 잇기보다는 물질적인 성공에의 꿈을 이루고자 뉴욕의 증권가에 투신하게 된다. 첫 장면에서 그의 보이스 오버로 남을 섣불리 비판하지 말라는 아버지 가르침을 받아들여 이를 실천해 왔다는 점이 제시된다. 닉의 이러한 중도적인 특성, 즉 개츠비처럼 꿈을 이루기 위해서 집을 떠나지만 아버지의 가르침이 의미하는 바 전통적인 도덕과의 연결끈을 결코 놓지 않는 점은 영화 마지막 장면에서 개츠비의 꿈을 좌절시키는 타락한 동부 사회의 실상을 깨닫고 중서부로 가 새로운 출발을 결심하게 되는 그의 성숙된 모습을 예견하게 한다.

닉은 처음 방문했던 톰의 집에서 뉴욕 아파트에 그의 정부가 있다는 조던의 이야기를 듣게 되고 남편의 폭력을 비난하며 감옥 같은 결혼생활 때문에 고통스러워하는 데이지의 마음을 읽게 됨으로써 톰 부부의 황량한 결혼생활의 실상을 파악하게 된다. 이는 곧 그 뒤에 이어지는 황무지 이미지로 묘사되는, 현대 물질문명 사회 이면의 절망스러운 비인간적인 상황을 상징하는 재의 계곡의 특성을 보여주는 것이기도 하다. 닉이 이들 부유층의 타락한 삶에 씁쓸해하며 집에 돌아와 보트를 정박시키다가 이웃집 정원에서 만 건너편 데이지 집 근처의 초록색 불빛을 응시하는 개츠비의 외로운 모습을, 다른 이들과 구분되는 그의 초월적 특성(Marx 359)을 감지하게 된다. 이 장면의 전체 배경은 무대전체는 어두우며 약간의 하이라이트만으로 촬영대상을

비추는 로우 키(보그스 153)로 제시되고 있으며 개츠비의 모습을 로우 앵글로 잡아 그의 영웅성이 부각된다 | 사진 6 | .즉 로우 앵글은 피사체를 밑에서 바라보는 각도로서 화면 속의 인물이 자신을 내려다보고 있다고 느끼기 때문에 촬영대상이 지닌 위압감, 힘, 권위, 그리고 영웅적인 면모 등을 드러낼 때 유용하다(오영미 78).

개츠비는 밤마다 맞은 편 이스트 에그의 부두에 켜진 초록색 불빛을 혼자 바라보고 서 있곤 하는 신비로운 사람으로 사람들 사이에 그가 살인자, 스파이라는 나쁜 소문들이 떠돈다. 초록색 불빛은 옛 연인 데이지를 되찾으려는 개츠비의 꿈을 상징하는 것으로 이 장면을 목격함으로써 닉은 이제 그의 꿈의 추구에 동참하게 될 것임이 암묵적으로 제시된다. 개츠비의 꿈을 상징적으로 제시한 장면과 뒤이어 쓰레기 처리장이라 할 수 있는 재의 계곡이 병치됨으로써 타락한 현실 때문에 꿈의 실현이 어렵다는 함축적인 작가의 메시지를 읽을 수 있다. 또한 닉을 통해서도 동일한 시각이 제시된다. 즉 개츠비의 꿈이 실현되지 못했던 가장 큰 이유는 사회탓이라는, 작가의 대변인 역할을 하는 닉(Marx 362, Trask 216)의 인식은 초록색 불빛을 쳐다보는

| 사진 6 |

개츠비의 모습을 클로즈업 시킨 장면 위로 "결국 개츠비는 옳았다는 것이 판명되었다. 그의 꿈을 따라 떠돌던 먼지가 바로 개츠비를 잠식시킨 것이다"라는 보이스 오버로 흐른다. 여기서 먼지는 재의 계곡과 연결되는 상징으로 무책임하고 비도덕적인 사회의 특성을 함축한다. 그 뒤 이어지는 톰 집에서 열린, 물질중심의 사고방식에 젖어 쾌락적인 삶에 탐닉하는 무리들인 상류층 파티장면과 개츠비가 홀로 어두운 바다에서 초록색 불빛을 향해 손을 뻗쳐 뭔가 잡으려는 듯 하는 모습을 담은 장면이 병치됨에서도 작가의 이러한 메시지가 반복된다. 이 장면에서 개츠비의 꿈에 대한 열망이 성배를 찾아 나선 기사에 비교될 수 있을 정도로 경건하게 제시된다. 이처럼 영화는 흔히 현대시에서 쓰이는 바, 이미지들로 이루어진 시퀀스들을 평행 편집하는 몽타주 기법으로 작가의 메시지를 효과적으로 전달한다(리처드슨 166).

현대사회가 황무지에 불과하다고 보는 시인 엘리엇의 진단과 시각을 같이하는 『위대한 개츠비』의 메시지를 클레이튼의 영화에서도 잘 담아내고 있다. 뉴욕으로 가기 위해서 등장인물들은 재의 계곡을 거쳐 가야 한다. 이러한 지리적인 위치로 함축되듯이 뉴욕이 대변하는 바 1920년대 화려한 물질문명사회의 실상은 더러운 먼지와 잿더미로 가득한 세계이다. 쓰레기 처리장 옆에서 자동차 정비업을 하는 윌슨 부부가 사는 재의 계곡 장면은 산업폐기물로 자연 풍경들이 오염된 현대산업사회라는 괴기한 지옥 같은 세계의 특성을 보여주는데 잿빛 필터로 이 부분을 처리해 효과적으로 영상화한다. 큰 안경너머로 재의 계곡을 내려다보고 있는 안과 개업의 에클버그의 광고간판은 이 지역의 특성을 함축하는 대표적인 상징으로 영화에서 이 지역이 다뤄질 때마다 광고판이 클로즈업 된다. 가령 가난을 벗어나기 위해 톰에게 도망가려는 머틀을 설득하며 윌슨이 신은 모든 것을 보고 계시기 때문에 속일 수 없다고 말하는 장면에서 안과의사의 선전간판이 클로즈업되는데 개업의 광고간판을 신으로 생각하는 윌슨이 대변하듯이 물질을 신처럼 숭배하는 물질지상주의적인 사고방식이 팽배해 있었음(Schneider 46)을 알 수 있다.

빈곤 계층인 윌슨 부부 뿐 아니라 아이러니칼하게도 유한계급 출신의 톰도 이곳의 전형적인 거주자(Miller 32)라는 작가의 함축적인 메시지를 또한 읽을 수 있다. 즉 이 소설의 제목을 작가는 한때 "쓰레기 더미와 백만장자들"로 붙이려고 한 바 있다(Piper 98)고 하는데 재의 계곡 세계가 그려내고 있는 정신적인 불모성과 도덕적인 혼란 등의 특성은 특히 톰에게서 압축적으로 제시된다. 가령 데이지 이름을 함부로 부른다며 파티에 참석한 사람들 앞에서 머틀의 코를 세게 때려 피투성이가 되게 만드는 장면은 익스트림 클로즈업됨으로써 사회약자에 대한 톰이 대변하는 바 유한계급의 폭력성을 부각시킨다. 그는 바람둥이로서 아내에게도 폭력을 행사함으로써 데이지는 야수처럼 덩치만 크다며 그를 닉 앞에서 비판한다. 또한 다양한 계층의 사람들이 모인 개츠비의 파티를 동물원 같다고 비웃는가 하면 최근에 자신이 읽은 책 『유색인종 제국의 출현』을 거론하며 유색인종이 사회지배계층이 될 것을 염려하기도 한다. 더 나아가 뉴욕호텔 장면에서 데이지와 개츠비의 관계를 흑백의 만남으로 빗댐에서 볼 수 있듯이 세습받은 기존의 부유계층만이 문화인이며 백인에 속한다는 극단적으로 폐쇄적인 인종차별 의식과 계급차별의식을 보여준다. 톰은 또한 데이지의 부주의한 운전으로 인한 머틀의 죽음에 대한 책임을 개츠비에게 전가시키는 부도덕성을 보여준다. 톰과 데이지가 대변하는 부유한 사회 기득권층의 무책임한 세계가, 그들의 마비된 도덕의식이 결국 개츠비와 머틀과 윌슨을 모두 비극적인 죽음에 이르게 하는 요인이 되는 것이다(Bewley 51). 윌슨이 톰의 집을 방문한 장면에서의 마굿간 말들의 음울한 울음소리, 피하려 해도 자꾸 대면하게 되는 윌슨의 모습에 소스라치며 놀라는 데이지의 모습이 클로즈업됨으로써 스토리가 비극적인 파국으로 치닫고 있음을 함축한다.

당대 벼락부자의 전형으로 단기간에 많은 돈을 번 개츠비는 데이지 집을 가장 잘 지켜볼 수 있는 장소에 있는 웨스트 에그의 대저택을 구입하고 데이지가 찾아올 날을 기다리며 파티를 연다. 즉 한 달에 두 번 여는 호화스러운 파티는 데이지를 만나고자 하는 그의 꿈을 이루기 위한 수단인 것이다. 그러나 파티에서 그녀를 발견하지 못하게 되자 우연히 만나게 된 조던이 데이지의 친구임을 알고 도움을 청한다. 따라서 조던은 뉴욕시내에 있는 닉의 사무실을 방문해 그의 집을 만남 장소로 이용하고 싶다는 개츠비의 부탁을 전하게 된다. 개츠비의 저택이 잘 들여다 보이는 닉의 집에서 개츠비는 데이지를 8년 만에 재회하게 되고 그동안 모아왔던 자신의 부를 과시하며 그녀의 환심을 사게 된다. 모두 개츠비 집으로 건너가게 되는데 오버랩으로 촬영되는 방 장면들은 개츠비 저택의 엄청난 규모를 강조하는 효과를 보여준다. 데이지는 집을 구경하다 드레스 룸에서 개츠비가 자신에게 던진 화려한 셔츠 더미 속에서 울음을 터트리게 된다. 그동안 남편의 불륜, 무관심, 폭행 등으로 인한 감옥 같은 결혼 생활에 좌절해왔던 데이지가 그렇게 아름다운 셔츠들을 이전에 본 적이 없다며 셔츠 더미 위에 얼굴을 파묻고 흐느껴 우는 모습이 클로즈업 샷으로 처리된다 | 사진 7 |.

그녀는 자신에 대한 개츠비의 순수한 사랑에 감동하게 되었기 때문이다. 개츠비는 장교시절 가난 때문에 잃었던 첫 사랑을 다시 찾기 위해 수단방법을 가리지 않고 돈을 모으게 된다. 즉 그는 물질 자체만을 추구하는 그 시대 대부분 사람들과 달리 자신의 이상을 실현하기

| 사진 7 |

위한 수단으로 재산을 축적한 것이다. 따라서 셔츠는 단순히 최신 유행스타일의 비싼 의복을 의미하는 것이라기보다는 초록색 불빛과 마찬가지로 신성한 특성을 지니는 주요한 상징이다. 이 영화 이후 남자들은 흰 드레스 셔츠 대신에 파스텔 색조의 셔츠를 입기 시작했으며 개츠비 의상을 디자인한 신참 디자이너 로렌(Ralph Lauren)은 패션계를 리드하는 일급 디자이너가 되었다고 한다.

8년 만에 재회한 데이지와 새로운 삶을 시작하기로 약속 할 때 개츠비의 꿈은 이루어지는 것처럼 보인다. 데이지를 다시 만난 개츠비가 옛 군복을 입고 서로 사랑했던 옛날을 회상하며 춤을 추는 장면에서 이들 연인의 머리 주위에 후광 효과가 나도록 촬영되어 낭만적인 분위기가 전달되며(자네티 22) 카메라가 춤추는 사람들과 함께 움직임으로써 이들의 행복감을 재현한다(자네티 155). 개츠비는 데이지와 재결합하려는 계획을 밝히고자 톰의 집에 간다. 그러나 톰과 개츠비 사이의 팽팽한 갈등과 앞으로 폭발하게 되는 극적 긴장감을 상징하는 후덥지근한 날씨 때문에 말도 꺼내지 못한 채 모두 뉴욕 플라자 호텔로 이동하게 된다. 톰은 개츠비와 차를 바꿔 타고 뉴욕으로 가는 도중 주유소에 들르게 되는데 거기서 아내의 불륜 때문에 서부로 떠나려고 하는 윌슨의 계획을 듣게 된다.

주요 등장인물들이 모두 모여 있는 뉴욕 호텔에서 개츠비는 톰을 정면으로 대면하여 데이지가 그를 사랑한 적도 없으며 그를 떠나 자신에게 올 것이라고 이야기한다. 이에 하인에게 뒷조사를 시켰던 톰은 개츠비가 부정한 방법으로 돈을 번 사실을 거론하면서 그를 강력히 비난하게 된다. 그들이 서로 맞서서 대결하는 모습은 화면 가득히 표출됨으로써 이들 사이의 팽팽한 긴장과 적대감이 미장센으로 효과적으로 제시된다. 또한 개츠비는 데이지에게도 톰을 사랑한 적이 없다는 말을 하도록 강요한다. 이에 그녀는 지난 일에 대해서는 어쩔 수 없다며 결국 울음을 터뜨리게 된다. 지난 8년 세월의 흔적을 전적으로 부인하라는 개츠비의 요구를 데이지는 현실적으로 따를 수 없는 것이다. 지난 결혼생활을 입증하는 그녀의 딸 페미(Pammy)를 보고 충격에서 쉽게 헤어 나오지 못하는 개츠비의 모습이 클로즈업됨으로써 과거를 반복할 수 있다는 그의 신념을 실현하는 것이 사실 불가능하다는 감독의 메시지가 전달된다.

개츠비는 가난한 농부의 아들로 태어났으나 자신의 꿈을 실현하기 위해 이름을 제임스 개츠(James Gatz)에서 제이 개츠비(Jay Gatsby)로 바꾸게 된다. 즉 소설에서 "제이 개츠비는 자신의 이상주의적 관념에서 태어났다"(Fitzgerald 98)라고 묘사되듯이 그는 부모와의 연결까지 끊고 자신의 관념에서 만들어낸 이상을 실현하고자 결심하게 된다. 자신이 원하는 삶의 목표를 실현하기 위해서 흡족하지 않은 과거의 흔적들을 완전히 지워버릴 수 있다는 것이다. 가령 개츠비는 자신과 데이지가 헤어져있던 지난 세월은 지워질 수 있으며 그 옛날 데이지와 사랑을 나눴던 아름다웠던 과거를 그대로 재생해낼 수 있다고 믿는다. 그는 인간이 시공간의 제약을 받는 유한한 존재임을 거부하게 되는 셈이다. 이는 넓은 의미에서 본다면 미국 선조들이 이상을 실현하는 과정에서 범한 오류를, 즉 과거 세월의 흔적인 역사, 전통과 단절된 채 자신들의 관념 속에서 만들어낸 이상 자체에만 매달리던 특성을 압축적으로 보여준다. 개츠비의 이야기는 미국이라는 신세계에 도착해 그들의 꿈을 실현하려던 전형적인 유럽인들, 즉 미국 선조들의 이야기이기도 하다(Marx 356). 그들은 의도적으로 기존의 문화유산과 단절하고 무한한 재물을 축적함으로써 이상상태에 도달할 수 있다고 믿으며 자신들의 꿈을 실현하고자 하였다.

반면에 작품의 또 다른 주인공인 닉은 과거는 반복할 수 없다며 인간은 시공간의 제한을 받는 역사적인 존재라는 사실을(Piper 97), 대대로 이어져오는 전통과 도덕의 중요성을 받아들인다. 뉴욕 플라자 호텔에서 인물들의 갈등을 지켜보던 닉은 자신이 이제 서른 살이 되었음을, 즉 성숙한 나이가 되었음을 밝히게 된다. 이는 상징적으로 그가 현실에 대한 통찰력을 갖게 됨으로써 세상일에 보다 적극적으로 개입하게 될 것임을 함축한다. 진실과 허위를 구분하기 힘든 현실 속에서 등장인물들 중 오직 닉만이 통찰력을 점차 갖춰나가 결국 옳게 볼 줄 알게 된다(Samuels 154). 따라서 그는 개츠비를 둘러싼 모든 상황을 목격한 뒤 동부는 손을 쓸 수 없을 정도로 타락한 곳임을 깨닫고 난 뒤 개츠비의 꿈을 이어나가기 위해 옳은 방법을 취해야 함을 직시하고 자신의 고향인 중서부로 돌아갈 결심을 한다. 닉이 고향으로 돌아가는 것은 전통에 토대를 둔 도덕적인 방법으로(Miller 30-31) 이상을 실현하게 될 것인을 의미한다.

뉴욕에서 돌아오던 중 톰, 닉과 조던은 군중이 몰려있던 윌슨의 주유소에 들러서 개츠비 차에 치여 머틀이 죽었음을 알게 된다. 집으로 돌아가는 길에 데이지 집 앞에 있던 개츠비와 마주치게 되자 닉은 왜 차를 멈추지 않았냐고 항의하지만 답변 대신 데이지 걱정만 하는 개츠비에게 분노를 느끼게 된다. 그에게서 머틀의 죽음에 대한 죄책감을 전혀 볼 수 없기 때문이다. 개츠비는 자신의 차를 데이지가 운전했다는 사실을 밝히지 않고 톰이 데이지를 해칠까 염려하면서 데이지 방 앞에서 밤을 지새우게 된다. 밤새 데이지를 지켜보던 개츠비는 아침에 닉의 집으로 건너와 자신이 새벽 4시까지 기다렸으나 아무 일도 일어나지 않았다고 말한다. 왜 차를 멈추어 서지 않았느냐며 닉이 다시 질문을 던지자 "그녀가 겁에 너무 질려있었고 핸들을 잡으려고 했는데, 그런데 그녀가…"라고 대답하는 과정에서 데이지가 차를 운전했다는 사실을 무심결에 밝히게 된다. 이때 그녀의 죄까지 짊어지려 했던 개츠비의 순수한 마음에 닉은 감동하며 그를 다시 신뢰할 수 있게 된다.

닉은 처음엔 개츠비의 무질서하고 부도덕하게 보이는 삶에 그를 경멸하였으나 아버지 충고대로 판단을 미루고 그의 삶을 지켜보는 과정에서 점차 이해하게 된다. 닉이 개츠비를 긍정하게 될 것임은 그들의 첫 대면 장면에서부터 이미 함축적으로 제시된 바 있다. 즉 닉이 처음 개츠비를 만나기 위해 문 밖에서 기다리고 있을 때 거울에 비춰진 자신의 모습을 보는 장면 뒤에 이어서 거울과 유사한 역할을 하는 문틈사이로 개츠비를 바라보는 장면은 닉이 개츠비를 무의식적으로 자신의 확장된 자아로서 생각하고 있다는 것에 대한 영상적인 표현이다(이소영 191) | 사진 8 |.

작품 후반에 이르러서 특히 담배를 나눠 피우며 건너편 만을 함께 바라보면서 옛 선조들의 꿈을 회고해보는 장면에서 닉과 개츠비 사이의 일체감이 더욱 뚜렷이 드러난다. 한 화면 안에서 같은 방향을 향하

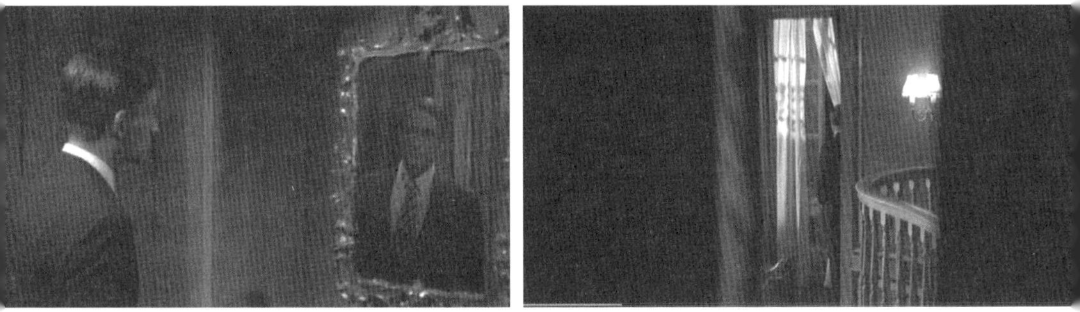

| 사진 8 |

고 있는 두 사람의 모습을 나란히 담은 장면은 처음 그들이 개츠비의 집에 서 대면하였을 때 서로 다른 화면이나 화면 양 끝에서 대치되던 관계에서 변모하였음을 보여준다(이소영 199). 따라서 처음 개츠비를 대면할 때의 팽팽한 긴장감이 감돌고 거리감이 있던 모습에서 벗어나 개츠비 꿈의 위대함을 인정하고 공감하며 그의 꿈을 계승하게 될 것임을 예견하게 한다. 개츠비가 죽기 직전에 그와 만난 뒤 헤어지며 닉은 데이지와 톰은 타락한 사람들이며 개츠비는 그들과 달리 가치 있는 존재임을 직접 그에게 말해준다. 개츠비가 죽은 이후에 닉은 그의 유일한 친구로서 개츠비의 시신을 처리하기 위한 지시를 내리고 장례식을 주관하며 데이지, 울프샤임 등 참석이 가능할 것 같은 사람들에게 일일이 전화를 한다. 개츠비 시체가 실려나갈 때 관 밑으로 늘어뜨려진 개츠비 손에 끼워진 초록색 반지가 익스트림 클로즈업되는 장면 위로 개츠비의 위대성, 즉 희망에 대한 개츠비의 비상한 재능과 다른 이에게서는 찾기 힘든 희망에 대한 그의 낭만적인 준비성을 설명하는 닉의 보이스 오버가 흐른다. 이로써 죽음을 무릅쓰면서까지 이상에 매달려왔던 개츠비의 위대성을 다시 한 번 강조하는 닉의 입장을 볼 수 있다.

III. 나오며

보통 존경받는 인물이 영화 끝 부분에 등장해 앞 장면들의 의미를 다시금 요약해준다(자네티 228). 클레이튼 감독의 영화에서도 닉의 얼굴을 클로즈업 시켜 마무리 짓는 마지막 장면에서 닉이라는 또 다른 주인공의 역할을 부각시킴으로써 부패한 현실에 대한 비판에서 더 나아가 이상향 건설에 대한 감독의 긍정적인 비젼과 대안책을 찾아볼 수 있다. 어두운 바다를 배경으로 초록색 불빛이 여전히 깜빡이는 장면 위로 "이 잔디밭으로 오기까지 그는 많은 과정을 거쳤는데 나는 개츠비가 데이지의 부두 끝에 있는 초록색 불빛을 찾아냈을 때 그가 느낀 경이로움에 대해 생각해 보았다"라는 닉의 보이스 오버가 흐른다. 짙푸른 색의 저녁하늘과 바다가 함축하는 바 우울한 현실 속에서 닉은 개츠비의 꿈의 소중함을 다시금 강조하고 그의 이상을 실현할 것을 다짐한다. 닉은 개츠비의 삶을 통해 이상주의자의 꿈이 동부 지방이 대변하는 바 타락한 현실에 의해 변질되고 좌절됨을 깨닫고 옳은 방법으로, 즉 전통적인 도덕과 가치관을 지켜나가며 개츠비의 꿈을 이어나갈 결심을 하게 된다. 이러한 메시지를 카메라를 정면으로 응시하는 닉의 모습을 클로즈업함으로써 전달한다. 닉이 관객을 향하여 직접 말을 건네는 이 장면에서 관객에게도 함께 자신의 여정에 가담할 것을 요청하는 함축적인 의미를 발견할 수 있다(자네티 75).

클레이튼의『위대한 개츠비』는 원작의 내용을 따르면서도 이를 적절하게 변형시켜 감독 자신의 메시지를 전달하고 있다. 다시 말해서 데이지와 개츠비의 낭만적 사랑을 부각시키려는 것이 주요 목적이었던 다른 세 편의 개츠비 영화들과 달리 1974년 영화에서 관객들은 개츠비의 사랑 이야기를 넘어서 미국이상주의자들의 꿈과 좌절, 그리고 그 대안에 대한 통찰을 읽어낼 수 있다. 즉 이 영화를 통해서 미국 사회의 특성과 미국인들의 사고 근저를 이루는 미국의 꿈, 더 나아가 경이적인 기술과 과학의 발달 이면에 정신세계는 더욱 황폐화되고 있는 현대인들의 고뇌가 어떻게 함축되고 있는지 생생하게 대면할 수 있다. 따라서 클레이튼 감독의 『위대한 개츠비』는 제작된 지 40여 년이라는 많은 세월이 흘렀음에도 여전히 그 중요성을 인정받고 있다. 다만 현대 영화와 차이를 느끼게 하는 제작 당시의 영화적 스타일이나 기법 때문에 이즈음 관객에겐 다소 지루한 점이 있기는 하지만 이런 고전 영화 감상에 있어서 관객들이 보다 적극적으로 그 작품 제작 당시의 맥락으로 감상하고 평가할 필요가 있다.

참고문헌

김옥례, 이소영. 『위대한 개츠비』. 서울: 스크린영어사, 2002.

리처드슨, 로버트. 이형식 역. 『영화와 문학』. 서울: 동문선, 2000.

자네티, 루이스. 박만준, 진기행 역. 『영화의 이해』. 서울: K-books, 2008.

보그스, 조셉. 이용관 역. 『영화분석론: 영화보기와 영화읽기』. 서울: 제3문화사, 1995.

오영미. 『문학과 만난 영화』. 서울: 월인, 2007.

이형식, 정연재, 김명희. 『문학텍스트에서 영화텍스트로』. 서울: 동인, 2004.

Bewley, Marius. "Scott Fitzgerald' s Criticism of America". ed. Ernest Lockridge. *Twentieth Century Interpretations of The Great Gatsby*. Englewood Cliffs: Prentice-Hall. 1968.

Blueston, George. *Novels into Film*. Baltimore and London: The Johns Hopkins UP, 1957.

Cowley, Malcom. "The Romance of Money". ed. Henry Dan Piper. *Fitzgeral's the Great Gtsby: The Novel, The Critics, The Background*. New York: Charles Scribner's Sons, 1970.

Fitzgerald, F. Scott. *The Great Gatsby*. New York: Simon & Schuster. 1953.

Hanzo, Thomas A. "The Theme and Narrator of *the Great Gatsby*". ed. Ernest Lockridge. *Twenties Century Interpretations of the Great Gatsby*. Englewood Cliffs: Pretice-Hall, 1968.

Hoffman, F.J. *The Twenties*. New York: Collier Books. 1962.

Marx, Leo. *The Machine in the Garden: Technology and the Pastoral Ideal in America*. London: Oxford UP, 1996.

McFarane, Brian. *Novel to Film: An Introduction to the Theory of Adaptation*. Oxford UP,.1996.

Miller, James E. Jr. "Boats Against the Current". ed. Ernest Lockridge. *Twenties Century Interpretations of the Great Gatsby*. Englewood Cliffs: Pretice-Hall, 1968.

Ornstein, Robert. "Scott Fitzgerald' s Fable of East and West". ed. Ernest Lockridge. *Twentieth Century Interpretations of The Great Gatsby*. Englewood Cliffs: Prentice-Hall. 1968.

Piper, Henry Dan. *Fitzgerald's the Great Gatsby: The Novel, The Critics, The Background*. New York: Charles Scribner's Sons, 1970.

Samuels, Charles Thomas. "The Greatness of Gatsby". ed. Henry Dan Piper. *Fitzgerald's the Great Gatsby: The Novel, the Critics, The Background*. New York: Charles

Scribner's Sons, 1970.

Schneider, Daniel J. "Color-Symbolism in the Great Gatsby". ed. Henry Dan Piper. *Fitzgerald's the Great Gatsby: The Novel, the Critics, The Background.* New York: Charles Scribner's Sons, 1970.

Trask, David F. "The End of the American Dream". ed. Henry Dan Piper. *Fitzgerald's the Great Gatsby: The Novel, The Critics, The Background.* New York: Charles Scribner's Sons, 1970.

Trilling, Lionel. "F. Scott Fitzgerald' s Fable of East and West". ed. Ernest Lockridge. *Twentieth Century Interpretations of The Great Gatsby.* Englewood Cliffs: Prentice-Hall. 1968.

Watkins, Flyod C. "Fitzgerald's Jay Gatz and Young Ben Franklin", ed. Henry Dan Piper. *Fitzgerald's the Great Gatsby: The Novel, The Critics, The Background.* New York: Charles Scribner's Sons, 1970.

빌러비드 *Beloved*

토니 모리슨의 다중적 『빌러비드』와 조나단 드미의 그로테스크 <빌러비드>

신진범_서원대학교

I. 원작 『빌러비드』의 주요주제

토니 모리슨(Toni Morrison)의 『빌러비드』(*Beloved*, 1987)는 대서양 중앙항로를 통한 아프리카인들의 이산, 노예제도, 재건시대를 배경으로 빌러비드(Beloved)의 원혼이 세드(Sethe)와 덴버(Denver)가 살고 있는 124번지를 장악하고, 육화된 빌러비드가 124번지를 황폐하게 하고 떠나가는 것을 다룬 작품이다. 3부로 구성된 이 소설은 각각 "124 WAS SPITEFUL"(3), "124 WAS LOUD"(169), "124 WAS QUIET"(240)라는 말로 시작되고 있으며 1부는 18장으로, 2부는 7장으로, 3부는 3장으로 되어 있다. 서술적으로 1부가 많은 부분을 차지하면서 다양한 등장인물들의 외상이 소개되고 있고, 2부는 124번지 안에 고립된 세드, 덴버, 빌러비드를 극화하고 있다.

모리슨은 소설에 유령을 등장시켜 고딕요소와 환상적인 요소를 섞으며 소설의 장르를 혼성화시키고 있으며 마가렛 가너(Margaret Garner)가 살해한 유아[1]를 무덤에서 끌어내면서 아프리카계 미국문학을 탄생시킨 노예설화를 다시 쓰고 있다. 모리슨은 너무나 끔찍해서 말 할 수 없었던 유아살해 사건을 중심으로, 노예제도의 해악, 재건시기의 상황, 인종차별의 상흔, 탈주 노예 이야기, 공동체의 와해와 화해 등을 다루면서 중심인물인 세드와 폴 디(Paul D.), 덴버의 온전한 생존을 다루고 있다.

이 소설은 끔찍한 노예제도의 상흔에서 해방되는 방법, 재기억(rememory)의 중요성, 억울한 죽음을 당한 조상을 위한 합당한 애도,

1 모리슨은 랜덤 하우스(Random House)에서 편집장을 하면서 『흑인역사』(*The Black Book*)를 편집해서 발간한 적이 있다. 이 책의 자료 수집을 하던 모리슨은 마가렛 가너(Margaret Garner)의 유아살해 사건에 대한 기사를 읽게 되었다.

목소리와 정체성의 회복, 복합적인 흑인 종교의 치유력, 모녀 관계의 회복과 화해, 화난 유령의 회귀, 너무나 진한 사랑, 살풀이, 치유, 노예제도의 정신적 충격, 노예설화(slave narrative) 다시 쓰기, 생존 전략 제시, 개인과 공동체의 관계 등을 다루고 있다.

이 소설에서 가장 중요한 인물은 아기 때 영문도 모른 채 엄마에게 살해된 후 억울한 영혼에서 인간의 몸으로 저승에서 돌아온 빌러비드이다. 빌러비드는 다중적인 정체성을 보여주는 등장인물로 세드가 목잘라 죽인 딸이자 무수한 흑인 조상의 영혼들, 촉매, 애도의 장소, 끔찍한 과거, 트릭스터 형상, 대서양 중앙항로를 통해 끌려온 노예들 등 다양하게 해석되고 있다. 모리슨은 빌러비드가 육화되어 124번지로 돌아온 후 세드를 압도하고 자신의 잘못을 용서받기 위해 맹목적으로 빌러비드에 집착하는 세드가 생중사의 삶을 살게 되는 과정을 단계별로 보여주고 있다.

빌러비드가 과거의 딸이라면 덴버는 미래의 딸이다. 세드는 "빌러비드의 눈물 한 방울이라도 되돌리기 위해"(242) 자아를 잊고 빌러비드에게 몰입하다가 "헝겊 인형"(243)과 같은 신세가 된다. 그래서 덴버는 모두를 살리기 위해 그동안 너무나 무서워서 나갈 수 없었던 세상 밖으로 나가 공동체와 소통하고 일을 하게 된다.

소설의 결말부에 제시되는 살풀이 장면은 지금까지 흑인문학에서 흑인들이 엉뚱한 대상에 화풀이를 하거나 분노를 참아서 정신이상이 되던 관행을 다시 쓰는 아주 중요한 장면이다. 모리슨은 과거에 일어난 유아살해와 비슷한 장면을 제시한다. 이때 세드는 자신의 딸을 죽이기 위해 뛰어가지 않고 딸을 잡으러 왔다고 생각되는 백인을 향해 얼음송곳을 들고 돌진한다. 이 장면을 본 빌러비드는 웃다가 사라지게 되는데 빌러비드의 웃음은 화해와 용서를 나타내는 것이다.

II. 영화 <빌러비드>와 소설 비교

『빌러비드』는 1999년에 같은 제목으로 조나단 드미(Jonathan Demme) 감독에 의해 영화화되었다. 모리슨의 소설이 영화로 재탄생하는데 가장 큰 역할을 한 사람은 나이든 세드 역할을 한 오프라 윈프리(Oprah Winfrey)였다. 윈프리는 소설을 읽고서 곧 바로 영화로 만들어야겠다는 계획을 세웠고, "10년에 걸친 부단한 노력"(Travers 79) 끝에 소설을 영화로 만들었다.[2]

| 사진 1 | <빌러비드> (1999)

<빌러비드>의 평가는 대체적으로 부정적인 평이 더 많고, 길이와

2 윈프리는 자신이 태어난 이유가 『빌러비드』를 스크린에 옮기기 위한 것처럼 느꼈다고 말한 바 있다("Post People", 12). 윈프리는 <빌러비드>에서 세드의 역할을 하기 위해 집의 서재 벽을 온통 노예와 관련된 사진으로 꾸미고, 이름 없이 잊힌 많은 흑인 영령들에게 자신을 도와달라고 애원하기도 했다. 영화 제작과 관련된 윈프리의 노력에 대해서는 "The Courage to Dream!"과 윈프리를 참고 할 것. 윈프리의 경우 지금까지 앨리스 워커(Alice Walker)의 <컬러 퍼플>(*The Color Purple*)을 1985년에 제작했고, 조라 닐 허스턴(Zora Neale Hurston)의 <그들의 눈은 신을 쳐다보고 있었다>(*Their Eyes Were Watching God*)를 2005년에 제작했다. <컬러 퍼플>에서는 직접 억척스러운 소피아(Sofia)역을 맡기도 했다.

배역 등에서 문제점을 지적하기도 하지만 전체적으로 영화의 가치를 재발견하는 논평들도 많이 있다. 비평가들은 주로 배우들이 배역을 잘 소화해 냈는가에 대해 많은 평을 하고 있는데 빌러비드를 연기한 탠디 뉴턴(Thandie Newton)은 부정적인 평가를 받고 있고, 윈프리가 연기한 세드의 경우 다소 과장된 연기를 했다는 평가를 받고 있으며, 덴버로 등장한 킴벌리 엘리스(Kimberly Elise), 베이비 석스(Baby Suggs)를 연기한 베아 리차즈(Beah Richards), 폴 디를 연기한 대니 글로버(Danny Glover), 세드의 어린 시절을 연기한 리사 게이 해밀턴(Lisa Gay Hamilton) 등은 비교적 호평을 받고 있다.

이 영화는 흑인 문학 작품을 영화로 옮긴 영화나 일반 흑인영화들[3]에 비해 174분이라는 상연시간 때문에 관객들을 몰입할 수 없게 만드는 단점이 있고, 방대한 소설의 복잡한 스토리를 소화해내지 못하고 있는 부분들이 자주 등장한다. 또한 <양들의 침묵>(*The Silence of the Lambs*)과 <필라델피아>(*Philadelphia*)를 감독한 백인 남성 감독이 흑인 여성의 텍스트를 충분히 이해하고 영화를 제작했는지 의구심이 들게 하는 작품이기도 하다. 그리고 각본의 경우 아코수아 버시아(Akosua Busia), 리차드 리그라비네스(Richard LaGravenese), 그리고 애덤 브룩스(Adam Brooks)가 함께 작업을 했기 때문에 일관성에 있어서 다소 집약적이지 못하고 흩어지며, 소설을 총체적으로 이해했다기보다는 퍼즐이나 퀼트처럼 이해하고 각본을 썼다는 생각을 들게 한다.

3 흑인 영화 가운데 대표적인 영화로는 1977년에 12시간짜리 텔레비전 영화로 만들어져 "1억 3천명 이상의 사람들이 관람한"(Terrell 74) 알렉스 헤일리(Alex Haley)의 <뿌리>(*Roots*), 1989년에 출시되어 아카데미상을 3개나 수상한 미국 최초 흑인 부대를 다룬 <글로리>(*Glory*), 노예무역과 노예선 반란을 다룬 <아미스타드>(*Amistad*)와 <컬러 퍼플>등이 있다. 흑인 영화에 대해서는 자네티의 책 443-53을 참고할 것.

소설 『빌러비드』에서는 한 맺힌 빌러비드의 영혼이 처음에는 원혼으로 124번지를 장악하고, 폴 디가 와서 고함을 쳐서 쫓아낸 이후에는 처녀의 몸으로 물속에서 걸어 나와 124번지에 도착하게 된다. 영화에서 인간의 몸으로 저승에서 현세로 온 빌러비드의 몸은 야성으로 가득차고 너무나 그로테스크한 모습으로 등장하고 있다. 여러 학자들은 빌러비드의 언행이 마치 <엑소시스트>(*Exorcist*)나 <폴터가이스트>(*Poltergeist*)[4]와 유사해서 소설에서 볼 수 있는 빌러비드의 진정성을 대변하지 못한다고 주장하고 있다.[5] 빌러비드는 모리슨이 이 소설을 헌정한 "육천만 명 이상"(Sixty Million and More)의 흑인들—노예선을 타고 대서양 중앙 항로로 끌려오다 죽거나 노예제도 하에서 죽은 무수한 흑인들—이자, 세드가 목잘라 죽인 막내딸이다. 하지만 영화에서 빌러비드는 세드의 딸로 더 많이 조명되고 있으며, 두 세상을 넘다 들며 세드에게 치유자의 역할과 더불어 파괴자의 역할을 하는 소설에서의 모습을 잃어버리고, 이상한 소리를 지르며, 기괴하게 걸어 다니고 어린아이처럼 투정을 하는 모습만 보이다가 마지막 장면에서 갑자기 소리를 지르다 사라지고 만다.[6]

소설 『빌러비드』와 영화 <빌러비드>에서 가장 큰 차이를 보이는

4 "폴터가이스트"라는 단어의 뜻은 "시끄러운 소리를 내는 장난꾸러기 요정"이다. <빌러비드>에서 가구가 움직였듯이 <폴터가이스트>에서도 갑자기 집에 있는 가구와 물건들이 저절로 움직이는 현상이 벌어진다. 가족들은 이런 현상이 TV와 교신하는 막내딸과 관계가 있음을 알아내고는 공포에 휩싸인다. 그러던 어느 날 집 앞의 나무가 움직이고 천둥이 치면서 집기류가 난동을 부리는 와중에 막내딸이 실종된다. 가족들은 초심리학자를 초대하여 막내딸을 찾지만 텔레비전에서 도와달라는 소리만 들릴 뿐 초심리학자도 원인을 찾아내지 못한다. 단지 그 집터가 원래 공동묘지였다는 사실만 밝혀진다.

5 리처드 블레이크(Richard Blake), 존 C. 티벳츠(John C. Tibbetts), 브라이언 D. 존슨(Brian D. Johnson)의 글을 참고 할 것. 존슨은 드미 감독이 이 영화를 마술과 현실 사이의 중간지역에서 헤매게 했다고 혹평을 하였다(Johnson 85).

6 클레노라 허드슨-윔즈(Clenora Hudson-Weems)는 소설에서 빌러비드가 폴 디를 유혹하면서 남녀관계에 대해 점점 더 눈뜨고 말도 조금씩 더 많이 하지만 영화에서는 자라다 만 혀짤배기 아이의 모습만 보여준다고 평하고 있다(203).

| 사진 2 |

것 가운데 하나가 빌러비드가 나타나고 떠나는 장면이다. 영화에서 빌러비드가 인간의 몸으로 돌아오는 장면에서는 곤충들이 윙윙 거리는 소리와 나비와 수많은 무당벌레가 등장한다. 특히 많은 무당벌레는 빌러비드의 온몸으로 기어 다니면서 괴기스런 분위기를 형성하고 있다. | 사진 2 | 소설에서는 깨끗한 신발과 옷을 입고 몸을 가누지 못해서 나무에 의지한 채 등장하지만 영화에서는 여러 곤충들의 이미지를 동원하여 저승에서 현실로 돌아온 빌러비드를 포착하고 있는데 이 장면은 괴기스러운 장면으로 변해 감독이나 카메라 감독이 원했던 효과를 거두지 못하고 있다고 할 수 있다.[7]

특히 영화에서 무당벌레 외에도 들판에서 자유롭게 뛰어 다니는 동물과 날아다니는 곤충들—새, 벌, 애벌레, 나비, 꽃, 여우, 철새—과 나무들을 뒤흔드는 바람이 자주 등장하고 있는데 이는 애니사 재닌 와디(Anissa Janine Wardi)가 지적했듯이 빌러비드를 야성적이고 거친

7. 이 영화를 블랙 호러 영화와 트라우마 영화로 분석한 엘렌 C. 스코트(Ellen C. Scott)는 이 영화의 포스터에 대해서 긍정적이고 다양한 해석을 하고 있다. 스코트에 따르면 빌러비드가 나무에 기대있는 장면은 린치를 당한 모습과 흐느적거리는 허수아비, 십자가에 못 박힌 예수 그리스도와 비슷하다(Scott par. 15). | 사진 1, 포스터 |

자연과 연결시키기 위한 감독의 노력인데 동물이 등장하는 장면들은 영화의 주제를 부각시키기 보다는 초점을 잃게 하고 있다(520).[8]

또한 영화에서 빌러비드의 언행은 왠지 괴기스럽고 부자연스러운 점들이 있다. 소설에서 빌러비드는 처음에는 어린아이처럼 행동하지만 시간이 흐름에 따라 "비교적 자신의 목소리를 내면서"(Tibbetts 76) 조금씩 성숙해 가고 있다. 하지만 영화는 그와 같은 느리지만 섬세한 변화를 포착하지 못하고 있다. 다음은 빌러비드 역을 맡은 뉴턴이 빌러비드 역을 준비하면서 드미 감독이 준 자료를 참고했다는 내용의 인용이다.

> "드미 감독은 저에게 아이티의 신들림 현상을 다룬 몇 편의 비디오를 주었는데 그것이 도움이 되었어요. … 또한 나는 정신병과 관련된 자료들을 보기 시작했어요. 그때 우연하게도 좋은 자료를 발견했어요. 아기 때부터 유아용 변기에 묶여 있었던 14살 된 소녀에 대한 자료를 보게 되었어요. 그 아이는 걸을 수도 말할 수도 없었고 기저귀를 차고 있었어요. 제가 찾은 그 자료는 그 소녀에 대해 신문 잡지 기자가 쓴 책이었어요. 저에게 있어서 그 소녀가 바로 빌러비드였어요." (Chambers 74)

드미 감독이 뉴턴에게 준 자료 중 『빌러비드』와 관련이 있는 자료는 아이티의 부두교(Voodoo)에서 볼 수 있는 신들림 현상을 다룬 비디오였을 것이다. 하지만 <빌러비드>에서 뉴턴은 신들린 인물을 연

8. 와디는 영화와 소설에 등장하는 카니발에 대해 분석하고 영화 속 빌러비드도 카니발에 나오는 기형적인 인물로 해석될 위험이 있다고 지적하며 영화 속에 등장하는 동물들과 빌러비드의 관계에 대해 "…영화는 그녀(빌러비드)의 실재를 암시하기 위해 야생동물의 형상을 이용한다. 산포해 있는 야생동물 장면은 빌러비드의 출현을 강조하는데, 이 같은 사실은 빌러비드의 비인간적인 행위를 암시한다. 영화에서 추가된 거의 모든 장면들은 야생동물들 즉, 여우들, 오리들, 사슴들, 이주하는 새들이다. 이렇게 자연으로 후퇴하는 것은 아름답게 보일지 모르겠지만 빌러비드의 야성을 강화하는 것이다."(520)라고 말한다.

기하기 보다는 위에서 언급한 정신병과 관련된 자료에서 본 소녀를 흉내 낸 것 같아 보인다. 이 외에도 뉴턴은 자신의 목소리 흉내 내기는 영화 <스타 워즈>(*Star Wars*)에 나오는 요다(Yoda)를 흉내 내면서 연습했다고 말한바 있다(Wardi 525).

소설에서 빌러비드는 아프리카에서 꽃을 꺾은 경험을 이야기하기도 하고, 노예선에서 여러 사람들과 함께 지내던 일과 성폭행을 당한 경험과 죽은 흑인 노예들이 바다로 버려진 일들을 말한다. 또한 다리 위에서 어머니를 기다렸는데 어머니가 오지 않았다고 말하면서 자신의 존재가 여럿이자 하나라는 사실을 거듭 강조하고 있다. 하지만 영화에서는 숨 막히는 노예선상의 현실에 대해서는 빌러비드가 조금 이야기를 하고 있지만, 아프리카와 미국에서의 경험한 일에 대해서는 아주 짧게 말하거나 생략이 되어 있어, 빌러비드의 다중적인 정체성이 설득력 있게 다루어지지 않고 있으며 세드의 딸로서의 역할만 주로 부각된다.

드미 감독은 세드 배역에 큰 비중을 두었고 더 어린 세드 역할은 해밀턴이 맡고 나이가 더 많은 세드는 윈프리가 맡았다. 영화에서 세드 역할을 한 해밀턴이 오하이오 강에서 에이미 덴버(Amy Denver)의 도움을 받고 덴버를 출산하는 장면은 더 넓은 오하이오 강을 배경으로 감동적인 영상과 그에 어울리는 보컬 음악이 울려 퍼지는 장면이 연출되면서, 당시 "탈주 노예를 도와주던 비밀 조직"(Underground Railroad)의 활약상이 소개된다. 스탬프 페이드(Stamp Paid)는 갓 태어난 덴버를 안고 숨어 있던 세드를 작은 배로 강 반대편으로 실어 나른다. | 사진 3 | 영화는 이 같은 비밀 조직이 맡았던 임무의 일부분을 묘사하고 있고 세드의 대사에서 스탬프 페이드와 엘라(Ella)가 목숨을 걸고 활동했던 비밀 조직이 짧게 언급되고 있는데, 소설의 경우 베이비 석스가 살고 있던

| 사진 3 |

124번지가 신시내티 공동체 구성원들에게 그와 같은 비밀 조직과 같은 역할을 한 공간이었다는 것을 여러 번 강조해서 표현하면서 마을 공동체의 구심점이었던 장소가 유령이 지배하는 폐쇄된 공간으로 변하게 된 것을 대조시키고 있다.

영화에서 폴 디의 배역은 대부분 긍정적인 평가를 받고 있다. 하지만 소설에서는 폴 디와 관련된 중요한 몇 가지 일들이 깊이 있게 다루어지는 반면 영화에서는 그러한 요소들이 무시되거나 거의 언급되고 있지 않다. 세드와 빌러비드, 덴버, 베이비 석스, 엘라가 흑인 여성의 처참한 삶을 보여준다면 폴 디와 핼리(Halle), 그리고 식소(Sixo), 스탬프 페이드, 폴 에이(Paul A.) 등은 그 당시 흑인 남성의 처절한 삶을 조명하는 역할을 하고 있다. 화형을 당하면서도 자신의 자손이 사랑하는 여인의 배속에서 자라고 있다는 생각에 목청이 터져라 웃는 식소의 사랑이야기도 영화에서는 볼 수 없다. 폴 디와 관련하여 소설에서 중요하게 소개되는 두 가지가 수탉 미스터(Mister)를 바라보는 폴 디의 모습과 빌러비드와 성관계를 할 때 기적적으로 열리는 담뱃값이다. 폴 디는 재갈이 물리고 양손이 묶인 채 끌려가며 혼자 알을 깨고 나올 수 없어서 자신이 부화하는 것을 도와준 수탉 앞을 지나며 자신의 존재가 수탉보다 못하다고 생각한다.

> 미스터는 있는 그대로의 자신이 될 수 있었고 그 상태로 머물 수 있었다. 하지만 나는 있는 그대로의 내 자신이 될 수도 없었고 그 상태로 머물 수도 없었다. 미스터를 요리해서 먹는다 해도 미스터라는 이름이 있는 수탉을 요리하는 것이다. 하지만 살든 죽든, 내가 다시 폴 디가 될 수 있는 방법은 없었다. 학교선생이 나를 변하게 했다. 나는 다른 어떤 존재였고 그 존재는 햇빛을 받으며 함지 통 위에 앉아있는 닭보다 못한 존재였다. (72)

조지아의 앨프레드 수용소에서 인간 이하의 수모를 겪고[9], 눈앞에서 형제들이 팔려가거나 교수형 당하는 것을 보고, 핼리가 미친 모습을 보고, 식소가 불에 타서 죽어가며 총살당하는 모습을 보고, 자신의 존재가 수탉보다 못하다고 생각하는 폴 디는 말 그대로 남성성이 거세된 모습으로, 들판의 돌멩이나 나무같이 해롭지 않은 것이나 "풀잎, 불도마뱀, 거미, 딱따구리, 딱정벌레, 개미들의 왕국"(162) 등을 아주 조금만 사랑하는 사람이다. 폴 디는 자신이 목에 두르고 다니는 담뱃갑에 "앨프리드 수용소, 조지아 주, 식소, 학교선생, 핼리, 형제들, 세드, 미스터, 강철의 맛, 버터의 기억, 히코리의 냄새, 공책"(113)과 관련된 상흔들을 가두어 놓고, 이 세상의 어느 것도 이 담뱃갑[10]을 열

9. 폴 디가 앨프레드 수용소에서 마치 관이나 우리 같은 커다란 구조물 안에 감금되기도 하며 강제 노동에 시달린 것과 미국의 초기 감옥 시설에 관한 연구는 데니스 차일즈(Dennis Childs)의 글을 참고할 것. 소설에서 는 폴 디가 여러 장소에서 5번이나 탈출을 시도했지만 영화에서는 거의 다루어지지 않고 있다.

10 모리슨의 『빌러비드』와 클로드 란즈만(Claude Lanzmann) 감독의 나치의 유태인 학살을 다룬 <쇼아>(*Shoah*)를 비교분석한 리사 가버스(Lisa Garbus)는 이 두 작품들은 거대한 무덤들을 다시 열어 망자들에게 목소리를 부여하고 그들을 적법하게 다시 매장하는 것을 보여준

수 없을 것이라고 생각한다.

하지만 이 담뱃값은 빌러비드와 폴 디가 헛간에서 사랑을 나눌 때 기적적으로 열리게 된다. 영화는 소설에서 중요하게 다루고 있는 "자유를 구체화한 형상이자, 남성성의 메타포인"(Harris 181) 수탉이 등장하는 장면과 폴 디의 담뱃값이 기적적으로 열리는 순간을 다루지 않고 있다. 그리고 폴 디와 빌러비드가 관계를 맺는 장면은 무엇인가에 홀려 자신의 의지와 상관없이 빌러비드와 관계를 맺지만 "붉은 심장"(Red heart)이라고 외치며 자신의 상흔을 극복하고 이상하고도 기적적인 치유를 경험하게 되는 과정을 세밀하게 묘사하고 있는데, 영화에서는 폴 디와 빌러비드의 치유적인 몸짓을 극화하지 못하고, 헛간에서 붉은 빛이 발산하는 것으로 묘사하고 있다.

『빌러비드』에서 모리슨은 다층적인 서술전략을 통해 세드의 유아살해 사건을 여러 각도에서 관찰할 수 있게 하는 동시에 각 서술들을 차이 있게 반복해서 특정 사안을 강조하는 의도로 사용한다. 특히 빌러비드, 세드, 덴버의 내면 독백이 서로 섞이면서 서로가 그동안 숨겨왔던 속마음을 이야기하는 장면은 소설의 명장면 가운데 속한다고 할 수 있을 것이다.[11] 하지만 영화에서는 소설속의 내면독백이나 다중시점의 역할을 대신하면서 비슷한 효과를 주는 기법들이 부각되지 않는다. 대신 영화는 자주 플래시백 기법을 사용하여 과거의 일을 재현하는데, 이 영화에서는 의미 있는 장면에 대한 플래시백 기법이 사용될

다고 말하며, 모리슨의 경우 무덤들뿐만 아니라 세드의 등에 난 상처와 폴 디 가슴에 걸려 있는 담뱃값을 열어 젖혀 상흔을 치유하고 다시 닫는 것과 관계가 있다고 말한다(59).

11. 린다 쿨리쉬(Lynda Koolish)는 모리슨이 독백 장면에서 영화의 점프 컷(jump-cut) 기법을 동원해서 불쾌감, 혼돈, 부조화 등의 효과를 누리고 있다고 설명한다(423). 점프 컷은 장면들 간의 비약적인 전환으로서, 때로는 의도적으로 시간과 공간의 연속성을 혼란시키는 기법이다(자네티 559).

| 사진 4 |

때 "갈색과 흰색을 혼합한 듯한 노란색"(Alleva 19)을 반복적으로 사용하고 있다. 이 영화에서는 노란 색이 과거 장면을 회상할 때 사용되기도 하고 특히 베이비 석스와 관련해서 부각되고 있다. 베이비 석스의 "설교 장면은 원작의 취지와 맞게 도입되었으며 노란빛을 화면 전반에 깔아 신비스러운 효과를 더하고 있다"(장정희 293).

여러 비평가들은 베이비 석스가 공터(Clearing)에서 가진 종교 집회를 이 영화의 가장 멋진 장면으로 평가한다.[12] 베이비 석스는 아버지들에게 춤을 추라고 말하고, 아이들에게는 웃으라고 말하며, 어머니들에게는 마음껏 울라고 말한다. 춤추는 아버지, 웃는 아이들, 통곡하는 어머니들로 이루어진 종교 모임은 노예제도와 인종차별로 인한 한 맺힌 일상을 초월하는 흑인종교와 문화의 일면을 보여주는 장면이다. | 사진 4 | 영화에서 베이비 석스는 사람들 무리 속에 서서 종교 모임을 이끌고 있는 것으로 등장하지만 소설에서는 이와 다르게 자신도

12. 데이비드 앤선(David Ansen)은 베이비 석스 역을 맡은 베아 리차즈가 스크린에 등장할 때마다 영화는 활기를 띤다고 강조하며 설교 장면이 매혹적이라고 평한다(Ansen 76).

그 모임에 융화되어 조화를 이루며 마치 공연을 하는 역동적인 배우 같은 모습을 보여준다.

> 그녀는 일어나 자신의 일그러진 엉덩이를 흔들며 심장이 못 다한 말들을 춤으로 표현했고, 다른 이들은 입을 벌리고 춤추는 그녀에게 음악을 제공해 주었다. 사랑받는 그들의 육신에 꼭 어울리는 완벽한 4부 합창이 나올 때까지 이어진 길고 긴 음악이었다. (89)

영화에서 베이비 석스의 설교 장면은 세 번 등장하는데 소설과 다르게 마지막 장면에도 등장하여 결말을 더욱 밝게 만들고 있다. 베이비 석스는 흑인의 신체는 백인들에게 이용당하고 린치당하고 있다고 말하며 무엇보다 "가슴"을 열렬히 사랑하라고 말하고 있다. 베이비 석스가 흑인들에게 가장 사랑하라고 하는 가슴은 베이비 석스, 세드, 폴 디가 비인간적인 노예제도 때문에 모두 잃어버린 대상이다. 폴 디는 미스터의 볏처럼 새빨간 붉은 심장이 뛰고 있지 않다는 걸 세드가 알까봐 고민을 한다. 베이비 석스는 노예제도로 유린당한 심장을 복원하는 설교로 신시내티 공동체를 결속하게 한다.

흑인에게 이해되지 않는 기독교의 교리로 설교를 하는 대신, 베이비 석스는 자신이 체득한 신의 메시지를 흑인들에게 전달하고 있으며, 흑인들이 한을 풀 수 있도록 형식과 내용이 변형된 살아 숨 쉬는 종교의식을 통해 흑인들의 온전한 생존을 강조하고 있다. 베이비 석스가 강조하는 "심장"은 폴 디가 빌러비드와 성관계를 가질 때 외치는 "붉은 심장"과 연결되면서 강인한 생명력과 희망의 메시지와 연결되고 있다.

모리슨은 「뿌리내림: 토대로서의 조상」("Rootedness: The Ancestor as Foundation")에서 아프리카계 미국 문학 속에 나타나는 조상의 중요성에 대해 다음과 같이 강조하고 있다.

> 이 문제에 대해서 내가 첨언하고 싶은 유일한 것은 조상의 실재이다. 흑인문학에서 작가가 조상의 실재를 어떻게 다루었는지에 대해 살펴보는 것은 흥미롭게 보인다. … 그리고 이 조상들은 단순한 부모가 아니라 등장인물들과의 관계가 호의적이고, 가르침을 주며, 보호해주는 초시간적인 사람들이다. 그들은 어떤 지혜를 주는 사람들이다.(200)

베이비 석스의 경우 『빌러비드』에서 흑인 조상의 실재와 흑인 조상의 저력을 분명하게 보여주는 인물이다. 베이비 석스는 신시내티 공동체를 규합하고, 만신창이로 도망쳐 나온 며느리를 구석구석 씻겨주며 며느리를 치유시키기 위해 갖은 노력을 한 인물이다. 세드의 유아살해로 인한 충격 속에서 자신의 모든 행적에 대해 회의를 품다가 세상을 떠난 베이비 석스는 소설과 영화에서 한 번 더 후손에게 한 줄기 빛을 주는 인물로 등장한다.

『빌러비드』에서 또 다른 유령으로 등장하는 베이비 석스는 124번지의 유일한 희망인 덴버에게 세상 밖으로 나가라고 저승에서 현실로 돌아와서 이야기를 한다.[13] 신비스러운 이 장면은 영화에서는 자연스럽게 제시되어 벼랑 끝에 서 있던 덴버는 할머니의 격려와 조언에 용기를 가지고 세상 밖으로 생존을 향한 발을 내딛게 된다.

모리슨은 영화를 보고 난 후 덴버에 대해 "덴버를 보는 것은 너무나 좋았습니다. … 그녀가 화면에 나올 때 마다 전 행복했어요."(Corliss 74)라고 말하면서 덴버 역할에 대해 긍정적인 반응을 보였다.[14] 소설

13. 피터 라모스(Peter Ramos)는 베이비 석스가 저승에서 현세로 환영의 모습으로 돌아와서 덴버에게 도움을 주고 있다고 말한다(63).

14 모리슨은 세드 역을 맡은 오프라가 감정을 주체하지 못하고 소설에서는 울지 않는 장면에

과 영화에서 가장 성장한 인물로 제시되는 덴버는 영화에서 더욱 빛을 발하고 있으며 세드를 빌러비드로부터 지켜내고, 쓰러져가는 가정을 지키고, 소원해진 자신의 가정과 신시내티 공동체를 연결시키는 역할을 하고 있다.

덴버에 대한 긍정적인 평을 한 모리슨은 세드의 어머니가 교수형을 당하는 장면에서 느낀 감정에 대해서 다음과 같이 말한다. | 사진 5 |

> "세드의 엄마가 교수형을 당하는 장면에서 여러분들은 그녀의 두 눈을 보게 됩니다. 그 장면이 영화로 옮겨진 것을 보는 것은 정말 깜짝 놀랄만한 일이었어요. … 영화 제작자들이 절대 하지 못할 것이라고 생각한 일을 해냈어요. 그건 바로 추상적인 노예제도가 아니라 개개인과 가정적인 것, 그리고 그 결과를 재현해내는 영화를 만드는 일이죠." (Corliss 74)

『빌러비드』에서 볼 수 있는 모리슨의 서술전략은 흑인음악을 반영하고, 순환되기도 하며, 반복서술 되는 경향을 보이기도 한다. 또한

| 사진 5 |

서 눈물을 흘렸다고 평한다. 또한 124번지의 경우 자신이 생각한 집은 훨씬 더 우아한 중산층의 집이었는데 영화에서는 더 허름하게 재현되었다고 말한바 있다(Corliss 74).

중요한 서술전략으로 한 사건을 여러 등장인물의 목소리를 통해 여러 번 재조명하는 것이다. <빌러비드>는 촬영 기법[15], 플래시 백 기법, 컴퓨터 생성 화상(CGI)[16] 등을 동원하여 소설의 서술전략을 재현해내려고 노력하고 있다.

영화에서 빌러비드가 과거에 가너(Garner) 부인에게 받았던 세드의 귀걸이에 대해 묻고, 세드의 어머니에 대한 이야기를 해 달라고 말하는 장면에서 세드는 빨래를 개면서 과거를 회상하고, 덴버와 빌러비드에게 이야기를 들려준다. 이 장면은 소설과 비슷하게 영화로 옮겨졌지만 이와 반대로 소설의 서술전략이나 기법이 영화에서는 생략되거나 다르게 재현된 경우도 있다.

소설에서 세드가 폴 디에게 유아살해에 대해서 이야기를 하는 장면에서 세드는 폴 디가 앉아 있는 주위를 빙글 빙글 돌면서 "중요한 말은 피하며 다른 이야기를 갉작거리고 있는"(162) 모습을 보인다.

15 <빌러비드>에서는 "원거리 촬영"(long shot)과 "익스트림 로우 앵글"(extreme low angle) 등의 카메라 기법이 사용되었다. 세드와 덴버가 살고 있는 124번지는 먼 거리에서 촬영되어 공동체로부터 소외되어 있다는 점을 강조하고 있으며 | 사진 6 |, 스위트 홈(Sweet Home)에서 세드가 학교 선생과 그의 조카들에게 학대를 받을 때 학교 선생은 익스트림 로우 앵글로 찍혀 있어 학교 선생은 상대적으로 위협적이고 강하게 보인다 | 사진 7 |. 원거리 촬영과 익스트림 로우 앵글 기법이 주는 효과에 대해서는 자네티의 책 11-18을 참고할 것.

| 사진 6 |

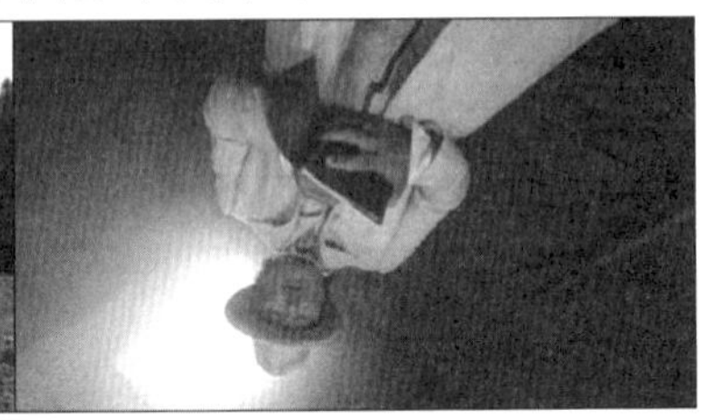

| 사진 7 |

16 서커스 구경을 하고 돌아오는 날 폴 디, 세드, 덴버는 비록 서로 손을 잡고 있지 않았지만 그림자는 서로 손을 잡고 있다. 소설과 영화에서 이 장면은 동일하게 제시되었다. 드미 감독은 그림자를 이용해 자연스러운 장면이 연출되지 않자 CGI 기법을 사용해서 이 장면을 찍었다(Rogers의 글을 참고). 그리고 맞잡은 손과 관련해서 소설에서는 세드가 이 그림자를 보면서 행복한 미래에 대한 꿈을 가지지만, 영화는 세드의 꿈을 포착하지 못하고 있다.

이같은 세드의 움직임과 주변적인 일에 대한 이야기들은 자신이 하고 있는 이야기가 얼마나 힘든 것인지를 나타내는 것이다. 같은 장면을 옮긴 영화에서 폴 디는 가만히 앉아 있고, 세드도 큰 움직임 없이 그 날의 비극을 이야기한다. 하지만 이 장면이 주는 여운은 세드가 하기 싫은, 입 밖에 내고 싶지 않은 말을 겨우 하는 소설의 장면이 주는 심미적인 여운이 사라져 무미건조한 느낌을 주고 있다.

특히 소설에서는 같은 문장이 여러 번 반복되며, 문장 속의 단어가 조금씩 변하는 경우가 있고, 세드가 자신을 잡으러 온 학교선생(Schoolteacher) 일행이 124번지로 오자 아이들을 헛간으로 데리고 가서 모두 죽이려고 한 장면은 백인들의 시점과 흑인들의 시점을 서로 대조적으로 제시한다. 모리슨은 세드의 행동을 백인들의 시점을 통해 제시하다가 베이비 석스와 스탬프 페이드의 시점 등을 통해 다시 반복한다. 소설에서 스템프 페이드는 어느 넋 나간 흑인 할아버지가 되고 텃밭에서 일을 하던 베이비 석스는 모자에 꽃을 꽂은 미친 할머니로 백인들의 눈에 비쳐진다.

> 학교선생과 조카는 집의 왼쪽을 향했다. 그의 오른쪽에는 보안관이 함께 했다. 한 명의 미친 늙은 검둥이가 도끼를 든 채 장작더미에 서 있었다. 그 늙은이가 낮은 고양이 소리를 냈기에 단번에 그 늙은이가 미쳤다는 것을 알 수 있었다. 그 늙은이가 있는 곳에서 약 11미터 떨어진 곳에 또 한 명의 모자에 꽃을 꽂은 미친 여자가 있었다. 아마도 그 여자도 미쳤음이 분명했다. 왜냐하면 그 여자도 가만히 서서 자신 앞에 있는 거미집을 헤치는 것처럼 손을 내젓고 있었기 때문이다. (149)

모리슨은 백인들의 시점과 흑인 등장인물의 시점을 나란하게 제시하여 한 사건을 다양한 관점에서 볼 수 있게 한다. 그래서 유아살해라는 비극적인 사건을 저지른 세드의 복잡한 내면이 독자들 앞에 펼쳐지는 것이다.

『빌러비드』의 종결 부분에서 중요한 것은 빌러비드의 웃음이다. 빌러비드의 웃음은 자신을 죽인 어머니를 용서하는 웃음이자 죽음보다 더 강하고 깊은 어머니의 사랑을 확인한 웃음이다. 소설의 끝 부분에서 엘라를 선두로 한 신시내티 공동체의 30여 명의 여성들이 124번지 앞에서 씻김굿과 같은 의식을 거행하는 장면이 펼쳐진다. 소설에서 그들이 124번지에 도착했을 때 그들이 제일 먼저 본 것은 젊은 시절 그들의 모습이다. 영화에서 30여명의 여성들이 124번지에 도착했을 때 플래시 백 기법을 사용하여 그들이 124번지에서 함께 기뻐하고 울음을 나누던 시절을 보여 주었다면 이 장면이 주는 울림은 더 강했을 것이다.

마치 씻김굿과 같은 이 장면에서 빌러비드의 웃음이 사라진 영화는 <엑소시스트>에 한 발 더 다가선 것처럼 보인다. 마을 여성들이 빌러비드를 내쫓기 위해서 가지고 온 것은 기독교와 관련된 물건들과 자신이 효험 있다고 느끼던 여러 가지 것들이다. 신시내티 마을 여성

| 사진 8 |

들의 살풀이 장면은 혼성화된 흑인 종교의 일면을 볼 수 있다. 흑인 여성들은 기도를 하고 찬송가를 부르기도 하며 기도 이전의 표현을 하기도 하고 고함을 치고 울기도 한다. | 사진 8 | 소설에서 이 장면은 혼성화된 흑인 종교의 일면을 보여주면서 빌러비드를 사악한 존재로 규정하고 이를 축출하는데 초점을 맞추기 보다는, 슬픈 흑인 선조의 영혼, 후손을 사랑하지만 올바른 방법을 찾지 못하는 원한 맺힌 선조의 영혼, 빙의 된 처녀의 신체에 깃든 불쌍한 영혼들 이 모두를 빌러비드를 통해 투영시키고 있다.

하지만 영화에서 세드가 얼음송곳을 들고 보드윈(Bodwin)을 향해서 뛰어가자 | 사진 9 | 빌러비드는 히스테리적인 비명을 지르며 절규하다가 사라지고 그 자리에는 나비들만이 날아오른다. | 사진 10 | 달리 말해서 관객들은 웃으면서 사라지는 빌러비드를 보는 대신 괴성을 지르며 억지로 쫓겨 가는 것 같은, 마치 구마의식(驅魔儀式) 중에 도망가는 듯한 빌러비드를 보다가 나비가 날아가는 모습을 볼 뿐이다. 그리고 와디의 지적처럼 마지막 장면에서 빌러비드의 나체를 전부 보여줄 필요가 있었는지에 대한 의문이 남는다(523). 물론 빌러비드가 폴 디와 성관

| 사진 9 |

| 사진 10 |

계를 가져서 임신했다는 사실과, 귀신인데도 임신을 했다는 사실을 보이기 위해서 빌러비드의 나체를 보여주어야 했을 수 있다. 하지만 소설의 내용과 상관없는 전체 나체를 보여준 것은 소설의 첫 장면 등에서 볼 수 있었던 관객의 흥미를 끌기 위해서 준비한 불필요하고 확대 해석된 장면이라 할 수 있을 것이다.[17]

또한 소설에서는 빌러비드의 실재를 발자국을 통해 남기고 있지만 영화에서는 빌러비드의 발자국에 대한 언급이 없다. 소설에서 빌러비드의 발자국은 몇 가지 의미를 남기고 있다.

> 124번지 뒤로 흐르는 시냇가에, 그녀의 발자국이 나타났다 사라지고, 나타났다 사라진다. 그 발자국들은 너무나 친근하다. 아이든 어른이든 발을 대어보면 꼭 맞을 터이다. 발을 빼면 아무도 그 위를 걸은 적 없는 것처럼 다시 사라진다. (275)

17 영화의 초반 부 장면에서 관객들은 SF 영화나 공포영화에서처럼 물체가 이동하고 파괴하는 장면들을 접하게 된다. 이는 아기 유령이 124번지를 장악하여 여러 장난을 하기도 하고 집을 흔드는 것을 영화로 옮긴 것이다. 소설에서는 집채가 흔들리고 마루 판자가 떨거나 삐걱거리며 덜그럭거리는 것으로 되어 있고, 식탁이 폴 디를 향해 돌진한다. 하지만 영화에서 이 장면은 확대 해석되어 물체가 날아다니고 아기 울음소리까지 더해져 공포감을 조성하고 있다. 이 장면을 할리우드의 특수 효과와 비교한 글은 존슨(Johnson)의 글을 참고할 것.

마지막 장면에 등장하는 빌러비드의 발자국은 빌러비드의 이야기가 그 이후로도 계속 이어질 수 있다는 것을 암시한다. 또한 모리슨은 빌러비드를 발자국의 형태로 남겨둠으로써 빌러비드가 계속 일상과 역사에 개입하고 있음을 나타내고 있다. 모리슨은 발자국을 통해 빌러비드와 같은 억울한 일을 당한 사람들은 빌러비드처럼 다시 저승에서 살아와 인간의 현실에 개입할 수 있다는 다층적인 의미를 남김으로써 억압자들에게 공포를 불러일으키면서 다시는 이런 만행을 저지르지 못하게 하고 있다.

하지만 영화는 발자국을 다루지 않고 소설보다 "더 밝은 결말로 끝이 난다"(Corliss 74). 마지막 장면에서 폴 디와 화해를 한 세드는 자기 자신의 소중함을 깨달으며 새로운 미래를 계획한다. 드미 감독은 영화의 마지막 부분에서 폴 디와 세드의 밝은 표정과 베이비 석스가 공터에서 행한 연설을 다시 소개하며 희망적으로 영화를 끝내고 있다.

흑인 문학이 영화로 제작될 가능성은 백인 문학과 비교해 보면 훨씬 더 적은 것이 사실이다.[18] <빌러비드>도 윈프리의 10년 간에 걸친 노력이 없었다면 영화로 제작될 수 없었을 것이다. 오프라의 지나친 열정을 반영하듯 이 영화는 무려 3시간이나 되기 때문에 관객들이 집중해서 영화를 감상하지 않으면 이야기를 놓칠 가능성이 있다. 그리고 상영시간이 너무 길다는 사실에 지레 겁을 먹고 영화를 보러 오지 않을 가능성도 있다.

영화 <빌러비드>는 소설의 화려한 테크닉이나 서술기법을 담아내지 못하고, 이를 특수 음향, 카메라 촬영 기법, 플래시백 기법 등으로

18. 이와 관련하여 한국에서 진행된 선행연구의 경우, 로레인 한스베리(Lorraine Hansberry), 리처드 라이트(Richard Wright), 워커를 분석한 글과, <드림걸즈>(*Dreamgirls*, 2006)에 대한 논문이 있다. 자세한 사항은 김정호, 배윤기, 배만호, 김종욱의 논문을 참고 할 것.

처리하고 있긴 하지만 전체적으로 소설이 주는 울림을 반영시키지 못하고 있다. 특히 『빌러비드』에서 가장 중요한 인물이라 할 수 있는 빌러비드는 괴기스러운 인물로 재현되고 있어서, 하나이자 여럿인 빌러비드의 복합적인 정체성을 재현하지 못하고 있다.

한편 임신한 세드가 오하이오 강을 건너는 장면과 베이비 석스가 공터에서 행한 설교와 설교에 참석한 신시내티 공동체가 보여 주는 종교행사를 담은 장면들은 영화에서 가장 훌륭한 장면에 속한다고 할 수 있을 것이다. 그리고 전체적으로 그 당시 신시내티 공동체의 모습이나 돼지를 키우는 모습, 서커스, 공장 등이 사실적으로 반영되어져 있는 점은 영화이기에 가능한 것이었다. 그리고 너무나 끔찍해서 입 밖에 낼 수 없었던 유아살해와 가혹한 노예제도의 해악을 영화로 만들어 흑인들의 입장을 담아냈다는 사실과 거장 모리슨의 소설을 재현하는데 있어 충실하게 소설의 내용을 따르려 했다는 점은 <빌러비드>가 흑인문학의 영화화에 크게 기여했다고 할 수 있을 것이다.

참고문헌

김정호. 「"스크린 속의 건포도": 핸스베리의 『햇볕 속의 건포도』(*A Raisin in the Sun*) 영화 각색 연구」. 『현대영어영문학』 35권 2호 (2009): 57-75.

_____. 「할리우드로 간 『토박이』: 미국 영화에 나타난 인종차별 연구 :소설과 연극, 그리고 영화의 각색과정을 중심으로」. 『현대영어영문학』 32권 3호 (2006): 61-83.

김종욱. 「두 편의 『컬러 퍼플』에 대한 소고(小考): 백인 남성의 영화, 흑인 여성의 소설」. 『미국학논집』 35집 1호 (2003): 56-77.

배윤기, 배만호. 「영상 언어로 번역된 흑인(여성)의 혼: 『드림걸스』」. 『문학과영상학회』 8권 1호 (2007): 177-200.

신진범. 「토니 모리슨의 『빌러비드』: 영화와 소설의 비교」. 『비교문학』 51권 (2010): 229-46.

자네티, 루이스. 박만준, 진기행 역. 『영화의 이해』(전면수정판). 서울: 도서출판 K-books, 2010.

장정희. 「흑인 여성 정체성의 재편: 원작 소설과 영화 <빌러비드>연구」. 『문학과 영상』 1권 2호 (2000 가을): 281-302.

Alleva, Richard. "Mistranslated 'Beloved'." *Commonweal* 125.20 (1998): 18-20.

Ansen, David. "The Ghosts of Slavery." *Newsweek* 132.16 (1998): 76.

Blake, Richard A. "Free at Last." *America* 179.14 (1998): 24-5.

Chambers, Veronica & Allison Samuels. "The Women of 'Beloved.'" *Newsweek* 132.16 (1998): 74.

Childs, Dennis. ""You Ain't Seen Nothin' Yet": *Beloved*, the American Chain Gang, and the Middle Passage Remix." *American Quarterly* 61.2 (2009): 271-97.

Corliss, Richard, Georgia Harbison & Jeffrey Ressner. "Bewitching Beloved." *Time* 152.14 (1998): 74.

Demme, Jonathan, dir. *Beloved.* Perf. Oprah Winfrey and Danny Glover. Touchstone Pictures, 1998.

Garbus, Lisa. "The Unspeakable Stories of *Shoah* and *Beloved.*" *College Literature* 26.1 (1999): 52-68.

Harris, Trudier. *Fiction and Folklore: The Novels of Toni Morrison.* Knoxville: The University of Tennessee Press. 1991.

Hudson-Weems, Clenora. "*Beloved*: From Novel to Movie." *Western Journal of Black Studies* 23.3 (1999): 203.

Johnson, Brian D. "Oprah's Labor of Love." *Maclean's* 111.42 (1998): 85.

Koolish, Lynda. "Fictive Strategies and Cinematic Representations in Toni Morrison's *Beloved*: Postcolonial Theory/Postcolonial Text." *African American Review* 29.3 (1995) 421-438.

Morrison, Toni. *Beloved.* London: Picador, 1987.

_____. "Rootedness: The Ancestor as Foundation." *Black Women Writers (1950-1980): A Critical Evaluation.* Ed. M. Evans. New York: Anchor, 1983. 339-45.

"Oprah's Summer Dream." *Time* 152.14 (1998): 78.

Ramos, Peter. "Beyond Silence and Realism: Trauma and the Function of Ghosts in *Absalom, Absalom!* and *Beloved.*" *The Faulkner Journal.* 23.2 (2008): 47-66.

"Post People." *Saturday Evening Post* 271.1 (1999): 12.

Rogers, Pauline, "A *Beloved* Peace." *International Cinematographers Guild Magazine.* Oct 1998 Cover Story.

http://www.cameraguild.com/index.html?magazine/stoo1098.htm~top.main_hp

Scott, Ellen C. “The Horrors of Remembrance: The Altered Visual Aesthetic of Horror in Jonathan Demme’s *Beloved.*” *Genders* 40 (2004).

http://www.genders.org/g40/g40_scott.html

Terrell, Kenneth & Sara Hammel. “Emancipation Perturbation.” *U.S. News & World Report* 125.15 (1998): 74.

Tibbetts, John C. “Oprah’s Belabored *Beloved.*” *Literature Film Quarterly* 27.1 (1999): 74-76.

Travers, Peter. “Oprah... Oscar; Oscar... Oprah.” Rolling Stone 798 (1998): 79.

Wardi, Anissa Janine. “Freak Shows, Spectacles, and Carnivals: Reading Jonathan Demme’s *Beloved*.” *African American Review* 39.4 (2005): 513-26.

Winfrey, Oprah & Pearl Cleage. “The Courage to Dream!.” *Essence* 29.8 (1998): 80.

영화로 읽는 영미소설 2 세상이야기

제인에어	*Jane Eyre*
트리스트람 섄디	*Tristram Shandy*
주드	*Jude the Obscure*
어둠의 심연	*Heart of Darkness*
하워즈 엔드	*Howards End*
파리대왕	*Lord of the Flies*
프랑스 중위의 여자	*The French Lieutenant's Woman*
주홍글자	*Scarlette Letter*
위대한 개츠비	*The Great Gatsby*
빌러비드	*Beloved*

| 지은이 | 고영란

서울대학교 사범대학 영어교육과를 졸업하고 충남대 대학원 영어영문학과에서 박사학위를 취득하였으며 현재 수원대학교 영어영문학과 부교수로 재직 중이다. 저서로 『영미소설의 서술방법과 구조』, 『에밀리 브론테의 <폭풍의 언덕>』, 『페미니즘 시각에서 영미소설 읽기』(공저), 『영화로 읽는 영미소설1 사랑이야기』(공저) 등이 있고, 역서로 『영국소설사』(공역), 『미국소설사』(공역)가 있다. 주요 논문으로는 「비전의 극적 형상화의 성과와 한계: 『연애하는 여인들』 연구」, 「고전비극 형식과 멜로드라마 내용의 불협화: 『귀향』 연구」 등이 있다.

| 지은이 | 김옥례

이화여자대학교 대학원에서 박사학위를 받고, 수원대학교 영어영문학과 교수, 하버드대학교 여성학과 연구교수, 스탠포드 대학교 영문학과 연구교수를 역임했으며, 현재 한국철도대학 교수로 재직중이다. 저서로는 『영미소설 해설총서: 모비딕』, 『익시온의 고뇌: 멜빌 작품에 나타난 예술가의 추상』 등이 있고, 역서로는 『파워』, 『미국소설사』(공역). 『영국소설사』(공역), 『근대미국단편선』(공역) 등이 있다.

| 지은이 | 김종석

고려대학교 영어영문학과와 동대학원을 졸업하고, 미국 미주리 주립대학교에서 문학석사와 문학박사 학위를 받았다. 현재 인하대학교 문과대학 영어영문학과 교수로 재직중이다.

| 지은이 | 김현숙

부산대학교 사범대 영어교육과를 졸업하고, 서울대학교 영문과에서 석사와 박사학위를 받았다. 현재 수원대학교 영어영문학과 교수로 있으며, 풀브라이트 연구비로 미국 하버드대학교 영문과에서 방문교수로, 학술진흥재단 해외파견교수로 미국 스탠퍼드대학교에서 방문교수로 연구한 바 있다. 저서로『디킨즈 소설의 대중성과 예술성』,『영미소설 속의 여성, 결혼, 그리고 삶』(2007년 학술원 우수학술도서 선정),『영미명작, 좋은 번역을 찾아서 1, 2』(공저),『19세기 영어권 여성문학론』(공저), 역서로『이성과 감성』,『황폐한 집』(편역),『아시아계 미국문학의 길잡이』(공역),『인간 등정의 발자취』(공역) 등과, 그외 다수의 논문이 있다.

| 지은이 | 민진영

이화여자대학교 영어영문학과를 졸업하고 동대학원에서 박사학위를 받았다. 현재 안산대학교 관광영어과 교수로 재직 중이다. 논문으로는『주홍글자: 텍스트의 역사성, 역사의 텍스트성』,『지배이데올로기로서 가정성의 형성, 재현, 전유』,『초당과 동양, 서양으로 가다에 나타난 강용흘의 코스모폴리타니즘』 등 다수가 있다.

| 지은이 | 배현

서강대학교 영문학과를 졸업하고 동대학원에서 영문학 박사학위를 취득하였으며 현재 목포대학교 영어영문학과 교수로 재직 중이다. 저서로『영국소설 명장면 모음집』(공저),『영문학 교육과 연구의 문제들』(공저),『담론의 질서』(공저),『문학 고전의 산책』(공저) 등이 있으며, 주요 논문으로는「현대 소설가들의 딜레마와 존 파울즈의 응전」,「존 파울즈의『마법사』: 픽션과 리얼리티의 유희적 세계」 등이 있다.

| 지은이 | 신진범

중앙대학교 영문학과를 졸업하고 동대학원에서 박사학위를 취득하였으며 현재 서원대학교 영어영문학과 전임강사로 재직 중이다. 저서로『토니 모리슨』(공저),『미국 흑인문학의 이해』(공저), *Encyclopedia of Asian-American Literature*(공저),『20세기 영국 소설의 이해 2』(공저) 등이 있고, 역서로『타

르 베이비』, 『가장 푸른 눈』, 『아시아계 미국문학의 길잡이』(공역), 『미국문화의 이해』(공역) 등이 있다. 주로 토니 모리슨과 아프리카계 미국 소설, 아시아계 미국소설, 영미아동문학 등을 연구하고 있다.

| 지은이 | 양원경

이화여자대학교 영어영문학과를 졸업하고 미국 위스콘신주립대에서 영문학 석사학위를, 서강대학교에서 박사학위를 받았다. 현재 서울여자대학교에서 교양영어를 가르치고 있다. 옮긴 책으로 『꼬마 작가 폼비의 악당 이야기』, 『폭풍의 비밀』 등이 있다.

| 지은이 | 이소영

이화여대 영어영문학과를 졸업하고 동대학원에서 영문학 박사학위를 취득하였으며 현재 이화여대 교양영어실 전임강사로 재직 중이다. 저서로 『영화 위대한 개츠비 해설』(공저), 『영화로 읽는 영미소설1 사랑이야기』(공저)역서로 『연애소설-영미편』(공역)이 있으며 주요논문으로 The Female Gaze and Multiple Selves in *Jane Eyre*, *Wuthering Heights* and Their Film Adaptations 가 있다.

| 지은이 | 최영순

런던대학교 킹스칼리지에서 영문학 박사학위를 취득했으며 현재 경북대학교 강사로 재직 중이다. 관심사는 근현대 영국소설, 특히 근대도시/소비/부르주아사회의 내러티브이며, 주요 논문으로 "'All Glittering with Broken Light': Katherine Mansfield and Impressionism" (Edinburgh University Press, 근간); "Writing Food (for Thought): Katherine Mansfield's *In a German Pension*" (Wright University Press, 2010) 등이 있다.

영화로 읽는 영미소설1 사랑이야기

한국근대영미소설학회 지음 / 13,000원 / 신국판 / 280쪽

영화로 읽는 영미소설 2
세상이야기

1판 1쇄 찍음 • 2011년 5월 25일
1판 1쇄 펴냄 • 2011년 5월 30일

지은이 • 한국근대영미소설학회
발행인 • 정 현 걸
발　행 • 신 아 사
인　쇄 • 성실인쇄

출판등록 • 1956년 1월 5일 (제9-52호)
서울특별시 은평구 녹번동 28-36 2F
전화 02.382.6411 • 팩스 02.382.6401
홈페이지 • www.shinasa.co.kr
이메일 • shinasa@chol.com

ISBN 978-89-8396-736-7

정가 **13,500**원